PSYCHO-PATHOLOGIE
DE LA RIVALITÉ FRATERNELLE

AF136728

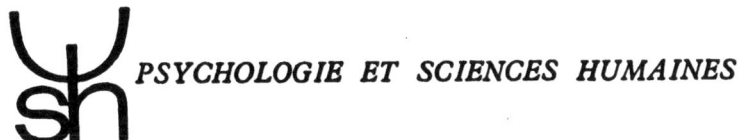
PSYCHOLOGIE ET SCIENCES HUMAINES

Louis Corman

psycho-pathologie de la rivalité fraternelle

CHARLES DESSART, ÉDITEUR

2, GALERIE DES PRINCES, BRUXELLES

AUTRES OUVRAGES DE L'AUTEUR
SUR LA PEDAGOGIE
ET LA PEDO-PSYCHIATRIE

L'Education dans la confiance, Stock, 1945.

L'Enfant fatigué — Conseils, Oliven, 1954.

Le test PN. Manuel tome I, P.U.F., 1961.
   Planches du test, Centre de Psychologie appliquée, Paris.

Le test du dessin de famille, P.U.F., 1964.

Le gribouillis. Un test de personnalité profonde, P.U.F., 1966.

L'examen psychologique d'un enfant, Dessart, Bruxelles.
   1968.

INTRODUCTION

La rivalité fraternelle est de tous les jours dans l'existence des enfants et elle pose sans cesse des problèmes aux parents comme aux éducateurs.

Il semble bien par là qu'elle devrait être un objet d'études privilégié pour les psycho-pédagogues. Et cependant, les travaux qui lui ont été consacrés ne sont point particulièrement nombreux. Parmi ceux de langue française, il nous faut faire une mention spéciale des études d'*André Berge,* en particulier celles où celui-ci a souligné la nécessité, pour comprendre les troubles de l'enfance, d'examiner tous les éléments de la « constellation familiale » *(4);* de l'ouvrage de *Paulette Cahn* sur « *La relation fraternelle* », ouvrage très bien documenté et comportant une bibliographie étendue *(7);* du remarquable article de *J. L. Faure* dans le « *Vocabulaire de psychopédagogie et de psychiatrie de l'enfant* » *(20),* où se trouve montrée toute la complexité du problème de rivalité et amorcée l'étude des déviations de celle-ci; des chapitres étendus qu'y consacre

Maurice Porot dans son livre sur « *L'enfant et les relations familiales* » *(27);* enfin des analyses qu'en donne *Madeleine Rambert* en exposant sa méthode à la fois diagnostique et thérapeutique du *psychodrame avec marionnettes (28).*

A la suite de ces Auteurs, nous décrirons à notre tour les manifestations les plus habituelles de la rivalité entre frères et sœurs, en insistant toutefois davantage qu'on ne l'a fait jusqu'ici sur l'opposition entre la rivalité de corps à corps et la rivalité de rejet, opposition dont l'importance est grande, comme on le verra.

Nous ferons voir d'emblée qu'il n'est possible de bien comprendre les conflits de rivalité, et par conséquent d'adopter à leur endroit une juste attitude pédagogique, que si on les rattache au dynamisme général de la vie, dont ils sont une manifestation naturelle. Nous montrerons comment notre conception personnelle du dynamisme vital, du jeu alterné des forces d'expansion et de conservation, éclaire les principaux aspects de la rivalité et permet d'en saisir la signification profonde.

Nous avions espéré trouver dans les travaux psychanalytiques une analyse approfondie des conflits de rivalité fraternelle. Mais notre attente a été déçue. Une grande place est donnée dans ces travaux à l'enfant (au *singulier*), à son développement, à ses relations duelles avec sa mère, puis à ses relations triangulaires dans la situation œdipienne, mais même lorsque est abordée l'étude spéciale de « psychanalyse et éducation », il est dans ces travaux très peu parlé des enfants (au *pluriel*) et de leurs relations, ce qui ne laisse pas d'étonner [1].

---

[1] Nous tenons à mentionner les ouvrages que nous avons consultés et auxquels nous faisons ici allusion, afin que s'il en est quelque autre ignoré de nous et qui ne serait pas passible de la

Quelques auteurs font cependant exception. *Charles Baudouin* a consacré à la rivalité fraternelle plusieurs chapitres de son ouvrage sur « L'âme enfantine et la psychanalyse », sous le titre de « complexe de Caïn », et il a par ailleurs beaucoup insisté sur l'importance du mécanisme de régression *(3)*. *Françoise Dolto-Marette* a scruté d'une manière approfondie les réactions de jalousie des enfants, et elle a pour les expliquer élaboré une interprétation bio-dynamique personnelle *(18)*. *Louisa Düss* s'est servie de la projection pour amener à l'expression les complexes refoulés, et elle a imaginé en particulier pour la rivalité fraternelle la Fable de l'agneau, dont nous aurons souvent à parler dans notre ouvrage *(19)*.

Il nous a paru cependant qu'aucun de ces Auteurs ne s'est posé systématiquement le problème du devenir des pulsions agressives de rivalité fraternelle dans la perspective conflictuelle de la défense du Moi contre les pulsions, ainsi qu'on devrait le faire aujourd'hui dans tous les cas, en accord avec l'évolution de la psychanalyse. Il est assez surprenant qu'*Anna Freud* elle-même, dans son livre si remarquable par son originalité *(22)*, ne fait pas l'application à la rivalité fraternelle des mécanismes de défense qu'elle décrit (en dehors de l'exemple particulier de la « cession al-

même critique, le lecteur veuille bien nous excuser de n'en avoir pas fait mention:

Favreau et Doumic. Psychanalyse et éducation. in Psychanalyse d'aujourd'hui; P.U.F. 1956.

Freud Anna. Initiation à la psychanalyse pour éducateurs. Privat 1968.

Lebovici Serge et Soulé Michel. Connaissance de l'enfant par la psychanalyse; Quatrième partie, ch. 3. P.U.F. 1970.

Mauco Georges. Psychanalyse et éducation. Aubier-Montaigne 1967.

truiste » que nous aurons à citer au cours de notre étude. (L. I Ch. III par 5).

L'expérience clinique est pourtant là pour nous montrer que la censure du Moi sur la rivalité fraternelle a souvent pour effet de transformer celle-ci au point qu'elle ne se manifeste plus sous sa forme agressive première, ce qui ne l'empêche pas, tout au contraire, d'exercer une influence importante sur la personnalité de l'enfant, sur son comportement affectif et intellectuel. L'étude que nous en avons faite sur de nombreuses observations nous a amené à décrire, à côté des formes manifestes de la rivalité fraternelle, des *formes masquées* dont la connaissance éclaire remarquablement bien des problèmes psycho-pathologiques de l'enfance, comme on le verra.

C'est ainsi que dans le *Livre premier,* nous avons pu faire correspondre aux différents mécanismes de défense du Moi contre les pulsions des types bien individualisés de comportement enfantin:

Au refoulement inhibiteur avec formations réactionnelles correspond le type de l'enfant « trop sage ».

Au retournement contre soi le type de l'enfant « dépressif et anxieux ».

A la régression le type de l'enfant « qui redevient bébé ».

A l'isolation le type de l'enfant « solitaire et indifférent ».

Qu'à l'origine des comportements que nous venons de mentionner, il y ait un conflit intérieur de rivalité fraternelle, la psychologie clinique peut à certains indices le soupçonner; mais elle ne peut en apporter la preuve, du fait que, comme nous l'avons dit, l'agressivité n'est plus visible ici, étant masquée par l'action de la censure.

Pour une telle preuve, il faut pouvoir mettre en évidence, sous le comportement conscient qui exprime la défense du Moi, les pulsions agressives inconscientes qui ont à l'origine motivé l'entrée en jeu de cette défense. Autrement dit, il faut pouvoir faire accéder de nouveau à la conscience du sujet les pulsions inconscientes.

On peut y parvenir à l'aide de techniques psychologiques spéciales, les *techniques projectives,* ainsi appelées parce qu'elles facilitent l'extériorisation des tendances refoulées, leur *projection* au dehors. Le problème n'est toutefois pas simple: le refoulé qui se projette et se révèle ainsi au psychologue est un état complexe, composé à la fois des pulsions instinctives censurées et des événements affectifs qui ont marqué le conflit, notamment l'anxiété et les sentiments de culpabilité; à quoi il faut ajouter que l'instance refoulante elle-même appartient non au conscient mais au Moi inconscient. L'ensemble des pulsions, des sentiments, désirs et craintes qui y sont liés, et de la défense du Moi constitue ce qu'on appelle un *complexe.*

Il en résulte que lors d'un « défoulement », les divers éléments du complexe accèdent à peu près en même temps au conscient, et fournissent des thèmes projectifs où l'on retrouve par conséquent tout le conflit initial. Le protocole d'un test projectif nécessite donc de la part du psychologue qui le recueille un véritable travail d'interprétation, travail d'ailleurs très fructueux. Il ne servirait en effet à rien de déceler par la projection les seules tendances refoulées, puisque celles-ci sont communes à tous les individus; dire par exemple qu'on constate chez un enfant une forte agressivité de rivalité fraternelle ne nous avance guère dans la compréhension de son cas; ce qu'il nous faut savoir, c'est la manière particulière dont cet enfant a vécu son agressivité, quel compromis il a pu établir entre ses pulsions et sa défense du Moi, et s'il a pu trouver à son conflit intérieur une solution satisfaisante qui lui permette de sauvegarder son adaptation.

Dans cette perspective dynamique, nous exposerons une méthode d'interprétation projective où le jeu mouvant des pulsions et des défenses occupera la première place, et nous nous efforcerons de montrer comment une *analyse-synthèse* des protocoles projectifs permet de rejoindre la Clinique en l'éclairant en profondeur. Ce sera l'objet du *Livre II*, où nous examinerons comment s'exprime dans la projection la rivalité fraternelle et les conflits que celle-ci entraîne.

Nous décrirons en premier lieu les tests projectifs dont nous avons fait un constant usage parce qu'ils nous ont paru les mieux adaptés à la mentalité enfantine.

En second lieu, nous montrerons comment s'expriment dans la projection les diverses modalités de rivalité fraternelle que nous avons examinées au Livre I. Tandis qu'en ce qui concerne les formes manifestes de cette rivalité, la projection ne nous apprendra pas, sur les symptômes agressifs eux-mêmes, beaucoup plus que nous ne sachions déjà, par contre, pour les formes masquées, elle nous permettra de lever le masque en extériorisant les pulsions refoulées, et elle nous fera en même temps saisir l'action inhibitrice de la défense du Moi, que la Clinique ne montre pas clairement.

D'autre part, dans l'un comme dans l'autre cas, les

thèmes projectifs pourront nous révéler certains des facteurs qui ont été déterminants dans le conflit de rivalité fraternelle, par exemple ce qu'ont été les frustrations résultant de la naissance d'un petit frère, et cela non pas tant dans la valeur objective des faits que dans leur valeur subjective, c'est-à-dire tels que ces facteurs ont été ressentis de manière plus ou moins traumatisante par l'enfant lui-même.

Nos conclusions auront une double visée: pédagogique et psychothérapique.

Nous soulignerons d'abord que l'agressivité a une fonction utile, en tant que manifestation de l'expansion vitale, et qu'il est d'une saine pédagogie de ne jamais jeter un interdit pur et simple sur ses manifestations.

Nous ferons voir ensuite qu'il est possible de trouver pour cette agressivité de rivalité les voies d'une sublimation efficace qui puisse préparer l'enfant aux futures compétitions de son existence; que par contre l'inhibition de la rivalité et son refoulement ont des effets néfastes sur le développement affectif et intellectuel.

Nous serons conduits par ces remarques à considérer l'équilibre de la personnalité comme *un équilibre non point statique, mais dynamique,* dans lequel chaque instance a tour à tour son rôle à jouer, l'expansion vitale se portant au début dans toutes les directions pour adopter plus tard une direction privilégiée où elle se montrera créatrice.

D'où se déduira qu'une bonne pédagogie doit permettre à l'enfant une très grande liberté dans l'expression de tous ces rôles qu'il a en lui, que rien n'est plus dangereux par contre pour la formation d'une personnalité que le blocage par lequel on prétend limiter un enfant, sous la contrainte de règles d'adaptation rigides, à un rôle imposé, car on risque par là de stériliser toutes les possibilités créatrices qu'il a en lui.

Dans nos développements, nous rencontrerons à maintes reprises le problème du normal et du pathologique. Nous ferons voir qu'une opposition trop stricte entre les deux, avec comme critère principal l'absence ou la présence de conflits, conduit à un double jeu d'erreurs. D'une part on croit pouvoir assimiler l'état normal à des situations artificiellement dédramatisées, où de strictes règles d'adaptation se substituent à la spontanéité vitale, au grand dam de toutes les forces de réalisation ultérieures.

D'autre part on est exposé de la sorte à de graves erreurs de diagnostic, en interprétant toutes les situations de conflit comme pathologiques et ayant sur la personnalité une influence gravement perturbante. alors que le jeu alterné des tendances et des défenses peut dans beaucoup de cas avoir une action dynamisante, par l'exaltation de la vie affective et la stimulation de la curiosité intellectuelle qu'il provoque.

La question est essentielle, car devant un cas d'enfant présenté à une consultation médico-psychologique, il importe de savoir si de simples conseils pédagogiques. ou un changement de milieu, ou une autre orientation scolaire suffiront à rétablir l'équilibre perturbé, ou bien s'il faudra avoir recours à une psychothérapie pour lever les obstacles profonds à l'adaptation.

Nous pensons avec *Anna Freud* que, tant que la situation reste mobile, tant que l'activité pulsionnelle et les défenses du Moi se manifestent par un souple jeu d'alternances, tant qu'il reste dans la personnalité de l'enfant un *secteur libre,* c'est-à-dire non dominé par le conflit, une psychothérapie n'est pas nécessaire, l'expansion vitale de croissance étant dans la plupart des cas suffisante pour rétablir l'équilibre, si besoin est avec l'aide de quelques conseils pédagogiques simples. Ainsi voit-on des enfants « difficiles » de par l'intensité de leurs conflits avec la fratrie, devenir quelques années après des sujets équilibrés et s'entendant bien avec leurs anciens rivaux.

Par contre l'indication d'une psychothérapie est formellement posée lorsqu'il y a blocage d'inhibition, lorsque l'enfant, englué dans un conflit qui monopolise toutes ses forces vitales, n'a plus aucun secteur libre pour son adaptation familiale ou scolaire et paraît incapable par lui-même de progresser.

LIVRE I

LES MANIFESTATIONS CLINIQUES
DE LA RIVALITÉ FRATERNELLE

Chapitre I

LES FORMES MANIFESTES
DE LA RIVALITE FRATERNELLE

Rivalité fraternelle, jalousie entre frères et sœurs, manifestations d'agressivité sont d'observation quotidienne dans les familles et, pour peu qu'elles soient intenses, il est d'usage de les considérer comme de « vilains défauts », avec toutes les conséquences de censures et de punitions que cela entraîne.

Il est de règle que ce soient les manifestations les plus bruyantes de cette rivalité qui sont réprimées comme les plus dangereuses. On craint surtout la violence des coups que peuvent se porter des enfants impulsifs, incapables de se contrôler, et on redoute les blessures qui peuvent en résulter. Remarquons-le toutefois: il est assez rare, sauf circonstances particulières que nous étudierons, que les disputes fraternelles causent des sévices graves, et, en opposant comme nous allons le faire la rivalité de corps à corps et la rivalité de rejet, nous allons montrer qu'il est des formes d'agressivité plus dangereuses parfois dans leurs conséquences pathologiques que les batailles ouvertes.

I. LA RIVALITÉ DE CORPS A CORPS

Il est bien connu que frères et sœurs se disputent souvent, résolvant leurs difficultés d'entente par des coups. Chez les très jeunes enfants, c'est-à-dire vers 2 et 3 ans, à cet âge que les psychanalystes appellent *sadique* précisément en raison de la force particulière des pulsions agressives (sadique-oral et sadique-anal) et qu'on peut caractériser aussi comme *stade moteur impulsif,* l'enfant réagit à toute situation contrariante par un déchaînement de brutalité. Il mord son rival (sadisme oral), lui crache à la figure ou lui lance des choses sales (sadisme anal), lui donne des coups de poing ou des coups de pied, lui tire les cheveux, le pousse pour le faire tomber... etc.

Aux stades ultérieurs, quand la motricité est contrôlée, l'impulsivité fait place au combat, où les coups sont prémédités, où la force brutale le cède en partie au calcul et à la ruse. Il peut arriver alors que l'agressivité s'accumule sous une tension croissante et aboutisse à des réactions de décharge parfois dangereuses (comme nous le verrons un peu plus loin dans l'exemple tiré de *La femme de trente ans* de Balzac.

Les rapports de force entre rivaux jouent bien entendu un rôle déterminant. Le plus fort peut s'imposer sans brutalité excessive, en dosant les coups qu'il donne. Le plus faible, ou bien se laisse aller à une violence inconsidérée qui est le signe même de sa faiblesse, ou bien emploie des conduites de détour, par coups sournois ou taquineries ou entraves au jeu des autres. Où l'on voit bien que la rivalité fraternelle repose sur la loi du plus fort, c'est que tous les procédés sont bons pour s'assurer la maîtrise de la situation. Nous venons de voir que le plus fort s'assure cette maîtrise par sa seule force physique ou par l'autorité de son caractère; c'est assez souvent le cas des aînés. Quant au plus faible (par exemple le benjamin), il découvre de bonne heure la ruse qui consiste à taquiner le plus fort pour le faire « sortir de ses gonds », et quand il a reçu quelques coups, crie et pleure pour appeler les parents au secours, renforçant ainsi sa faiblesse par la force des puissants. Ainsi s'explique aussi, comme on le verra, la fréquence avec laquelle il se forme dans les familles des groupes opposés à d'autres groupes.

II. LA RIVALITE DE REJET
LA NEGATION DE L'EXISTENCE DU RIVAL

Le corps à corps garde presque toujours quelque chose de « fraternel » : l'on voit souvent frères et sœurs, après s'être battus, se retrouver amis et s'unir à nouveau dans leurs jeux. *Ils se disputent tout le temps,* disent les parents, *mais ils ne peuvent se passer l'un de l'autre.* Nous verrons au chapitre suivant comment il convient d'interpréter ce fait.

La rivalité de rejet a un tout autre aspect. Ici il n'y a pas corps à corps, mais rupture de contact avec le rival, que l'on refuse d'accepter. Par exemple dans un jeu, le rival dont on ne veut pas est éliminé: *Va-t-en! On ne veut pas jouer avec toi!* Il convient de rapprocher cette attitude de la réaction d'exclusion dans les rapports parents-enfants. Il .arrive que des mamans, se refusant à la violence des fessées, croient exercer une meilleure action éducative en disant à l'enfant répréhensible: *Tu n'es pas gentil, maman ne t'aime plus!* Or l'expérience enseigne qu'il n'est pas de situation plus angoissante pour un enfant (pour un adulte aussi très souvent) que d'être exclu, rejeté d'un groupe ou de la famille, car cela implique la rupture des échanges affectifs indispensables à la vie, et cela peut dans les cas graves signifier un danger de mort. De la part de celui qui prononce l'exclusion, cela signifie que tous liens affectifs sont rompus avec le rival, et en quelque sorte qu'on refuse à celui-ci le droit d'exister, qu'on *nie son existence*.

III. VERBALISATION DE L'AGRESSIVITE

Lorsque le langage apparaît, au stade moteur contrôlé, vers deux ans et demi, trois ans, l'agressivité se *verbalise,* s'exprimant alors par des injures, des menaces, des paroles de haine, qui tantôt accompagnent les gestes hostiles pour en accroître les effets, tantôt s'y substituent et représentent dans une certaine mesure des formes d'agressivité atténuées.

Derechef il faut distinguer ici le corps à corps et le rejet, encore que l'agressivité verbale, s'opérant à une certaine distance, se situe entre les deux modes précités, tantôt plus près de l'un, tantôt plus près de l'autre.

Apparentées au corps à corps brutal sont les injures, les menaces de coups, les souhaits de mort. Bien des enfants à qui l'on parle de la venue possible d'un petit frère, dans l'incapacité où ils sont d'accepter un partage, disent: *Je le noierai!* ou bien comme un certain Jean-Paul: *Oui! à la poubelle!* Un petit garçon de 5 ans, fortement contrarié un jour par sa sœurette, qu'il aime pourtant bien, dit dans sa colère: *Je veux que Ziquette elle va à la guerre et qu'on la tue!* Et une petite fille de 4 ans, comme on lui expliquait que le nouveau-né allait grandir, répondit, farouche: *Il ne grandira pas, car je le tuerai!*

Le rejet peut utiliser des formules plus subtiles. A côté des paroles brutales: *Va-t-en! on ne veut plus de toi!*, il fait souvent appel au mécanisme de dépréciation, s'attaquant, non à la personne physique du rival, mais à sa personnalité, sous une forme méchante: *T'es bête! T'es fou!* sont on le sait, des injures très courantes entre enfants.

Il est des formules plus atténuées. Quand un aîné n'ose exprimer ouvertement son hostilité à l'égard d'un nouveau-né, il essaie de réduire l'importance de celui-ci. *C'est rouge, ça crie et ça pue* dit le petit Trott de Lichtenberger. *Oh! il n'a pas de pieds!* disait devant nous une fillette. *Pourquoi vous avez acheté ça?* dit une petite fille à ses parents; le *ça* a bien entendu ici signification de mépris. Une autre petite fille, enfant unique jusqu'à l'âge de 6 ans, farouchement hostile au petit frère qui lui est né alors, l'avait surnommé « *rien du tout* ». Et un garçon nanti de trois petits frères les avait baptisés « *zéro zéro zéro* ».

Plus subtilement le rejet peut s'exprimer par le refus de reconnaître le rival comme enfant des parents. *Où elle est la maman de Françoise?* demandait une petite fille en parlant de sa petite sœur. Et une autre, très jalouse de son petit frère, disait: *C'est le conducteur d'autobus qui l'a donné à maman; même que papa n'était pas content et moi non plus!*

Plus subtils encore sont les rejets qui prennent la forme d'une critique morale. Ainsi un grand garçon n'ose frapper le petit frère André, mais il le censure en lui disant d'un ton sévère: *Tu es méchant, André, tu es méchant!* et le petit, sous ce verdict, pâlit, se trouble et répète désespérément: *Non, pas méchant, mia, pas méchant, mia!*

IV. LES GROUPES

Ce sont les rapports de force, nous l'avons dit, qui règlent la rivalité fraternelle dans ses différentes manifestations. On pourrait être tenté de considérer chaque enfant pris à part et de définir des modes de rivalité bien déterminés suivant qu'il s'agit de l'aîné, du benjamin ou de l'enfant du milieu, suivant qu'il s'agit de garçons ou de filles. Effectivement nous verrons qu'il y a jusqu'à un certain point des problèmes particuliers à chacune de ces situations dans la fratrie. Mais dans ces appréciations il faut tenir le plus grand compte des alliances qui se font entre deux ou plusieurs enfants, alliances qui dépendent des différences d'âge, du sexe, et aussi des circonstances particulières de la vie familiale. Des alliances de ce genre sont constantes sous des formes variées, car il faut considérer que rien ne répugne autant aux enfants que d'être isolés, qu'ils ont besoin des échanges et du soutien d'un groupe.

Les différences d'âge ont à ce point de vue un rôle important: la rivalité de corps à corps est souvent intense entre deux frères qui se suivent à peu de distance, mais elle se résout souvent par des compromis d'union, la similitude des forces et des intérêts conduisant les deux rivaux à des jeux où ils s'entendent bien.

Par contre quand la différence d'âge est importante, la rivalité prend plus volontiers la forme du rejet. Les deux aînés pourront par exemple faire bloc contre le troisième qui vient maladroitement troubler leur jeu: *Tu es trop petit; on ne veut pas de toi pour jouer!*

S'il y a un quatrième, voisin d'âge du troisième, ces deux-ci pourront de leur côté constituer un couple bien uni.

Le sexe joue aussi, tantôt facteur de division, filles et garçons tendant à aller chacun de leur côté, tantôt facteur de lien, surtout à la faveur d'un éveil de la sexualité.

Ces alliances peuvent varier d'ailleurs au gré des circonstances, et l'équilibre des forces rivales alors se modifie. Par exemple voici deux frères en continuelle dispute à la maison, qu'on met ensemble en pension; eh bien! ils feront bloc contre les attaques des camarades, tant il est vrai que la haine de l'étranger est, pour les peuples comme pour les individus, un facteur d'union souvent plus fort que l'amour entre les membres d'une même communauté.

V. LA FONCTION « FRERE »

Il faut toujours avoir présent à l'esprit que dans la prime enfance les rapports avec autrui ne sont pas des rapports de personne à personne, mais des rapports fonctionnels. Ainsi les rapports d'un jeune enfant avec sa mère sont centrés sur la fonction nourricière de celle-ci et sur les gratifications qu'elle dispense. Au point que lorsque la mère se montre frustrante, les relations avec elle s'altèrent jusqu'au refus de la considérer comme mère; en pareil cas, l'enfant cherche d'instinct un substitut qui lui apporte ce que la mère ne lui donne pas. Ce pourra être une grand-mère ou une domestique; c'est parfois encore le père qui devient le nourricier aimé; ainsi s'explique, comme l'a découvert le test PN, la fréquence du *thème du Père nour-*

ricier, faisant les petits et les nourrissant, aux lieu et place de la mère.

Pareillement il faut considérer que le jeune enfant, dans ses relations de rivalité, ne se réfère pas au livret de famille, que ses sentiments ne lui sont donc pas dictés par les liens du sang, mais pas les relations fonctionnelles qu'il entretient avec n'importe quels enfants introduits dans son espace vital. *Serge Lebovici (25)* fait très justement remarquer que les enfants placés en Institution nouent avec leurs petits camarades des relations de type fraternel qui font revivre les sentiments de rivalité qu'ils ont pu avoir antérieurement à la maison.

C'est pourquoi, quand dans une consultation médico-psychologique, on est amené à soupçonner l'influence perturbante de la rivalité fraternelle, alors qu'on n'en trouve pas la raison dans la structure de la fratrie, il faut toujours enquêter sur la présence possible dans la famille d'éléments étrangers.

Il nous est arrivé, faisant passer le test PN à une étudiante en psychologie dans le dessein de lui en enseigner l'interprétation, de voir s'exprimer dans le protocole des thèmes d'intense rivalité fraternelle que l'histoire personnelle de cette jeune fille ne paraissait pas au premier abord susceptible d'expliquer, car elle était enfant unique. Comme nous l'invitions à prendre conscience de sa tendance agressive et à en rechercher les motivations possibles, elle finit par reconnaître que, lorsqu'elle avait 4 ans, elle avait vécu pendant une année entière avec deux cousins qui avaient à peu près son âge, sa mère les ayant pris pour les soustraire à l'atmosphère parisienne de guerre et aux privations alimentaires en résultant. La rivalité de cette fillette à l'égard de ses cousins avait été d'autant plus forte qu'il s'agissait d'enfants du même âge qu'elle et, ce qui aggravait encore le conflit, c'est que sa mère avait tenu, ces deux enfants dont elle avait la responsabilité n'étant pas les siens, à les entourer de soins particulièrement vigilants.

La situation est analogue quand les parents prennent des enfants en nourrice, les mêlant à leurs propres enfants, leur prodiguant les mêmes soins.

VI. L'AINE, LE CADET ET LE BENJAMIN
L'ENFANT UNIQUE ET LES JUMEAUX

L'aîné. Il apparaît que c'est l'aîné qui est le plus perturbé par la rivalité fraternelle. Dans une statistique faite sur l'activité du Centre psycho-pédagogique de Paris, G. *Mauco (26)* note que c'est pour les aînés qu'on consulte le plus souvent. Sans avoir fait de statistique, nous devons constater que la majorité de nos observations (comme on le verra dans cet ouvrage) concernent effectivement des aînés.

Cela peut se comprendre, puisque l'aîné jouit pendant un certain temps d'une situation privilégiée d'enfant unique, qui se voit un jour dépossédé de ses droits et de ses avantages. Sa réaction dépendra toutefois de plusieurs facteurs: son caractère, l'éducation plus ou moins gratifiante qu'il a reçue, l'attitude des parents à la naissance du second. Surtout sa réaction dépendra de la différence d'âge entre lui et son frère. Si cette différence ne dépasse pas dix-huit mois, l'agressivité de corps à corps parfois très vive n'empêche pas que se nouent des liens d'affection à la faveur des intérêts communs. Si la différence est de 3 à 4 ans, l'adaptation de l'aîné au puîné se fera difficilement, d'autant plus difficilement que c'est l'âge où les parents commencent à exiger du plus grand qu'il soit sage « parce qu'il est le plus grand », qu'il soit propre, docile et qu'il aille à l'école.

Quand la différence d'âge est plus importante, 6, 7, ou 8 ans, tout dépend de la maturité acquise par l'enfant. S'il a atteint l'âge de raison, qu'il a appris à supporter les inévitables frustrations, a pu trouver des intérêts dans les jeux et le travail scolaire, il ne sera pas jaloux du nouveau venu et prendra plutôt vis-à-vis de lui une attitude protectrice, en jouant au petit papa ou à la petite maman. Mais s'il manque de maturité, (par exemple s'il a été très gâté jusque là), la rivalité fraternelle pourra être intense, rarement manifestée toutefois de manière ouverte à la naissance, mais se traduisant par des troubles du caractère ou une déficience scolaire plus ou moins liés, comme nous le montrerons, à une identification régressive au nouveauné. La rivalité se montrera plus nettement quand le second aura grandi et sera d'âge à taquiner son aîné, lui prenant et lui cassant ses jouets; elle s'exprime alors très souvent par une tendance autoritaire et « commandeuse ». *Ch. Baudouin* cite l'exemple remarquable de *Charles Maurras,* qui écrit dans ses *Souvenirs d'Enfance: Mon père m'avait annoncé l'arrivée de mon jeune frère en chantant et en dansant... J'avais les mœurs du fils unique et regardais d'un œil jaloux le petit rival nouveau-né: que de caresses perdues pour moi! Mon père me prenait par la main: « Allons viens, disait-il, nous sommes des hommes! Et l'on peut voir, écrit Baudouin,* dans la situation d'aîné de *Maurras* l'origine de sa politique conservatrice d'Action française *(3).*

A. Berge fait très justement remarquer que la position d'aîné est aussi rendue plus difficile par le fait que les parents très jeunes sont souvent plus sévères, plus exigeants pour leur premier enfant, une plus grande tolérance éducative se faisant jour peu à peu au cours des naissances successives *(4)*. Nous soulignerons de notre côté qu'il s'y ajoute parfois une certaine intolérance profonde de la mère quand celle-ci, mariée trop jeune, se trouve blessée dans son narcissisme de jeune fille par une maternité qu'elle n'a pas bien acceptée et en veut inconsciemment à son premier enfant.

Le benjamin bénéficie en général, tout à l'inverse, d'une situation d'enfant gâté, et il est très fréquent de voir les grands accuser ouvertement leurs parents d'accorder au dernier-né des privilèges qui leur ont été à eux refusés. Ils le lui feront payer plus tard en se montrant à son égard autoritaires et censurants. Lorsque la différence d'âge entre le benjamin et celui qui le précède n'est pas très grande, ils constituent à deux le couple habituel d'affection et de rivalité mêlées. Mais quand il y a un grand écart, le benjamin se trouve très isolé: ou bien il se complaît dans l'atmosphère de protection-bébé où ses parents le maintiennent; ou bien il recherche la société des plus grands, et pour être admis à leurs jeux, se soumet à leurs exigences tyranniques, développant parfois une attitude masochiste.

Nous avons vu aussi qu'en cas de conflit aigu, le benjamin s'arrange pour « dominer par sa faiblesse », culpabilisant son rival par ses larmes, et recherchant par ses plaintes la force que lui donnera l'appui des parents.

L'enfant du milieu, le cadet est dans une situation

souvent difficile. Son attitude dépendra souvent de l'écart d'âge qu'il présente avec celui qui le précède et celui qui le suit. *André Berge* fait remarquer très justement que *certains cadets semblent attirés vers le haut, c'est-à-dire vers les plus grands, et d'autres vers le bas, c'est-à-dire vers les plus petits.*

J. L. Faure (20) souligne que *si l'écart d'âge est faible, le cadet est à peine engagé dans des identifications progressives au plus grand que déjà il lui faut faire face à la tentation régressive combattue d'être le plus petit; d'où des manifestations de désarroi, de besoin d'intérêt, de régression, d'agressivité, de démission particulièrement marquées, qui souvent contribuent à faire de lui le « mouton noir » de la famille.*

L'*enfant unique* n'est pas, quoiqu'on puisse en penser, à l'abri des sentiments de rivalité fraternelle.

L'*enfant unique*, écrit *Mélanie Klein (24)* est *beaucoup plus sensible que d'autres à l'angoisse que suscite l'attente continuelle d'un frère ou d'une sœur et à la culpabilité qu'il éprouve à leur égard en raison des pulsions agressives inconscientes dirigées contre leur existence imaginaire à l'intérieur de la mère, car il lui est impossible d'adopter dans la réalité une attitude positive à leur égard.* Ajoutons que dans cette perspective, l'agressivité contre le rival imaginaire n'est pas tempérée par l'affection, comme lorsque le rival est réellement là.

Il est assez remarquable d'ailleurs qu'un certain nombre d'enfants uniques, surtout parmi les filles, réclament un petit frère ou une petite sœur; nous verrons au Livre II que, dans le test du *Dessin de famille,* 75 % des enfants uniques se représentent dans leur dessin non pas seuls comme en vrai, mais nantis de frères et sœurs imaginaires. C'est qu'en effet, comme nous l'avons dit au début de cet ouvrage, l'enfant a besoin d'échanges affectifs; mais ceux qu'il a avec ses parents ne le satisfont pas entièrement, d'autant qu'au stade œdipien, ces échanges sont très souvent entachés de culpabilité.

D'autre part on pense parfois que la situation d'enfant unique est privilégiée, de par le fait qu'il est le centre d'intérêt de la famille, mais comme le dit *Berge: il n'en aura que plus de peine à accéder au stade où l'on apprend à se situer parmi les autres.* Et dans le même sens, *Françoise Dolto* remarque que *l'enfant unique n'a pas traversé à temps l'épreuve de la jalousie vécue dans une famille multiple pour arriver enfin à l'esprit d'équipe (4).*

Les jumeaux ont des problèmes différents des autres enfants, surtout les jumeaux univitellins. On a souvent insisté sur l'amour fraternel des jumeaux, qui vivent et grandissent dans une très étroite union affective, du fait de leur identification réciproque. Il n'est pas rare toutefois que cette affection soit sous-tendue par des sentiments de rivalité qui sont en général très chargés de culpabilité et ne se manifestent en conséquence que très peu.

VII. LES TROUBLES ASSOCIES

Maurice Porot (27) dit très justement que *la rivalité fraternelle n'est pas un défaut, mais une souffrance.* Il est en effet facile, par une observation attentive, de se rendre compte que pour un enfant la naissance d'un petit frère est presque toujours un drame. C'est qu'en effet tout est remis en question: l'affection parentale dont l'enfant était jusque là seul à jouir, sa place privilégiée auprès d'eux dans leur chambre, son espace vital bien à lui, ses jouets et ses petites affaires. Que la révélation soudaine qu'il lui faudra désormais tout partager avec son rival puisse constituer pour lui un choc, ce n'est pas surprenant. Et la réaction à ce choc n'est pas seulement jalousie et agressivité. Elle se manifeste aussi très souvent par des symptômes pathologiques dont on peut saisir la vraie cause lorsqu'on examine leur relation chronologique avec la naissance récente.

L'appétit est souvent troublé, et il n'est pas rare que s'installe une véritable anorexie mentale. La discipline des sphincters peut être remise en question: l'enfant fait de nouveau pipi et caca dans ses culottes (A. Berge 5). Par exemple *Roger* (obs. 1) 9 ans, placé chez ses grands-parents à la naissance de son petit frère quand il avait 3 ans, alors qu'il était propre, est redevenu sale et depuis n'a jamais cessé de faire tous les jours caca dans ses culottes.

Les troubles nerveux sont presque toujours au premier plan. L'enfant devient plus irritable; sa susceptibilité s'éveille au moindre heurt. Ses nuits sont souvent perturbées par des réveils en sursaut ou des terreurs nocturnes; ainsi *Thérèse* (obs. 2), 6 ans, est devenue nerveuse à l'âge de 5 ans à la naissance du petit frère. Au début elle voulait lui mordre les mains. Mise à l'école peu de temps après, elle criait tout le long de la route et ne voulait pas quitter sa maman. C'est une fillette chétive, ayant eu un nourrissage difficile et très gâtée de ce fait. Quelques mois après la naissance du frère, elle a commencé d'avoir des terreurs toutes les nuits. On sait que ces terreurs nocturnes sont toujours

contemporaines des premières manifestations agressives; comme nous l'apprend la psychanalyse, elles
sont la contrepartie desdites manifestations, le retournement en contraire des pulsions agressives.

Le somnambulisme n'est pas rare: l'enfant se lève la
nuit et retourne dans la chambre des parents, manifestant ainsi inconsciemment sa nostalgie d'avoir dû
la quitter (obs. 4).

L'humeur est plus triste que de coutume: l'enfant
pleure à la moindre gronderie. Quand on observe le
visage des enfants dans cette situation, on est souvent
frappé du changement d'expression, comme si un voile
de mélancolie s'était déposé sur lui. Les photos de
famille sont ici très éloquentes: la mère avec le nouveau-né dans ses bras, et tout près le grand qui les
regarde, avec un regard qui a perdu sa joie de vivre.

Mentionnons enfin la fréquence des troubles qu'on
appelle *pithiatiques,* reproduisant les symptômes d'une
maladie qui n'existe pas réellement; *Charles Baudouin
(3)* donne l'exemple d'une pètite fille qui se mit à
tousser comme sa sœur aînée et qui, quand elle sut
parler, en déclara la raison: *Quand ma sœur tousse,
maman a peur et le docteur vient. Baudouin* souligne
à ce propos que de tels troubles ressortissent à deux
facteurs: d'une part l'identification à l'autre; d'autre
part le désir de retenir l'attention des parents et d'être
choyé.

Chapitre II

INTERPRETATION
DE LA RIVALITE FRATERNELLE

I. LE DOUBLE MOUVEMENT DE LA VIE:
L'EXPANSION ET LA RETRACTION

La rivalité entre frères, nous venons de le voir, est constante et fait partie de l'ordre naturel des choses. Aussi lorsqu'elle paraît manquer, faut-il toujours penser qu'elle a été inhibée par des censures puissantes qui ont contrarié cet ordre naturel.

On comprend bien qu'il en soit ainsi lorsqu'on étudie le développement de l'être humain dans ses premières années. Comme nous l'avons montré dans nos travaux antérieurs, la vie obéit à un double mouvement: *l'expansion* et la *rétraction,* qui alternent selon les moments et selon les influences ambiantes.

La vie est d'abord expansion, besoin de croître, d'absorber en soi le monde environnant, d'élargir son espace vital, de devenir par là plus grand et plus fort. La figure I nous montre cet élargissement progressif de l'espace vital, d'abord étroitement limité aux influences

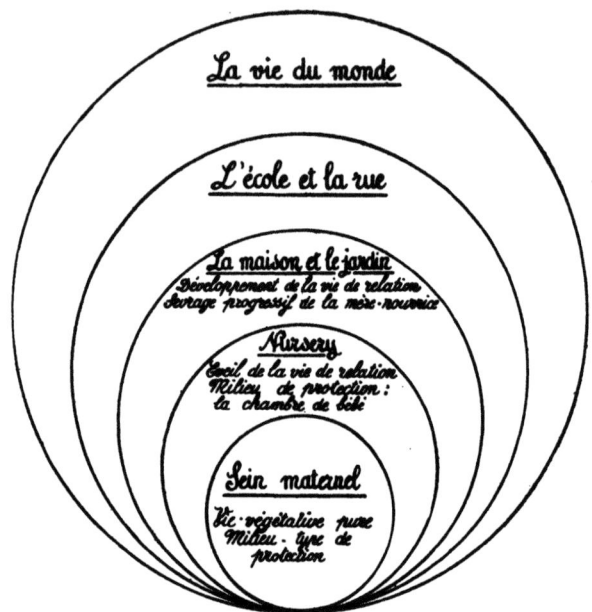

La vie du monde

L'école et la rue

La maison et le jardin
Développement de la vie de relation
sevrage progressif de la mère-nourricier

Nursery
Éveil de la vie de relation
Milieu de protection :
la chambre de bébé

Sein maternel
Vie-végétative pure
Milieu-type de
protection

Figure 1

LES CERCLES D'EXPANSION

Cette figure symbolise les forces d'expansion vitale, qui poussent l'enfant à élargir le champ de ses échanges avec le monde, à s'adapter à un nombre de situations de plus en plus grand, à devenir plus grand et plus fort. Tous les cercles d'expansion ont un point commun, le « nombril de la vie ».

On peut imaginer ici un ballon de baudruche qu'on gonfle progressivement. Le souffle qui gonfle ce ballon, c'est la force d'expansion; plus celle-ci est grande, plus l'espace vital occupé est étendu. Mais que le souffle vienne à se relâcher, et le ballon se dégonflera, repassant tour à tour par les diverses positions, sous la seule action de son élasticité propre, qui figure ici les forces de conservation. A la progression de l'expansion s'oppose alors la régression de la conservation, qui fait revenir l'être vivant en arrière pour trouver la protection du milieu protégé des premières années. La simple fatigue d'une journée bien remplie suffit à produire une telle régression et à plonger le sujet dans très électives des entrailles maternelles, puis après la naissance s'étendant au cercle encore très protégé de la nursery et des relations exclusives avec la mère-nourrice, puis s'élargissant au cadre plus vaste de la maison familiale et du jardin, puis encore englobant l'école et la rue... etc. Ce besoin d'expansion est sans mesure, et l'enfant dans ses premières années n'a aucune conscience de ses limitations; il croit que le monde entier lui appartient et que « tout est pour moi ». Sa gourmandise lui fera par exemple désirer prendre aussi la part du voisin. Un garçon, grand amateur de pommes vers ses trois ans, à qui l'on reprochait un jour sa trop grande avidité, fit bien voir par sa réponse que son inconscient n'était pas d'accord avec son Moi conscient, disant: *Oui une moitié pour moi et une moitié... pour moi.*

Lorsqu'apparaît un petit frère, l'enfant tend à l'englober dans son espace vital, à se l'assimiler, à l'incorporer, puisque c'est la manière de faire qu'impose à ce stade la prédominance digestive, toute union avec un objet ne pouvant être *pensée* qu'en termes d'incorporation. On sait qu'il persiste des traces de cet état premier dans les attractions affectives de l'adulte, se marquant notamment dans les expressions: « Il est joli à croquer! Dévorer quelqu'un de baisers ».

De par la non-limitation de son espace vital, l'enfant tend donc à considérer le petit frère, non comme un sujet autonome, existant par lui-même, mais comme un objet, une possession, dont il croit pouvoir user à sa guise. Le besoin de s'unir à cet objet et de l'unir à soi comporte donc une visée d'incorporation qui a une

un sommeil réparateur. Comme on le verra, la régression est un mécanisme de défense très fréquemment mis en œuvre quand les conditions du milieu font obstacle à l'expansion vitale.

tonalité quelque peu agressive. Il importe de le souligner: besoin d'agresser et besoin de s'unir sont à ce stade très étroitement liés.

Mais il advient que le petit frère ne se laisse pas assimiler sans résistance, et que l'enfant se sente frustré dans son attente, dans son désir d'union. Alors l'expansion vitale dans cette direction se trouve entravée, parfois même bloquée. L'enfant peut réagir à cette situation de deux manières. Ou bien sa force expansive cherche à triompher de l'obstacle en l'incorporant de force, en l'agressant pour le contraindre à se laisser assimiler (réaction d'expansion). Ou bien elle bat en retraite, et l'enfant, renonçant à ce secteur particulier de son espace vital, fait un retour en arrière vers un milieu protégé, vers un des milieux de son passé où l'obstacle d'un frère récalcitrant n'existait pas; autrement dit il se replie sur lui-même (réaction de rétraction). Notre figure schématise ces deux modes réactionnels: tantôt il y a progression, comme on l'a vu, l'enfant passant d'un cercle d'expansion à un cercle plus large; tantôt il y a régression d'un plus grand cercle à un cercle plus petit. D'une telle régression, nous avons un exemple quotidien dans le sommeil, qui replace l'être humain dans la situation très protégée des entrailles maternelles; la simple fatigue produit tous les soirs cette régression, mais on la voit se réaliser aussi chaque fois qu'un sujet se heurte à des difficultés vitales qu'il ne peut surmonter. Nous verrons dans les chapitres suivants que ce mode réactionnel est très fréquent chez l'enfant en proie aux conflits de rivalité fraternelle, sous la forme d'états régressifs ou de repli solitaire, ou de rêveries.

Le choix de l'un ou de l'autre mode de réagir dépend, d'une part des circonstances, d'autre part et surtout du tempérament propre de l'enfant, fonction de l'abondance de ses forces vitales d'expansion. Les tempéraments d'expansion, morphologiquement types *dilatés* et voisins, (en particulier le *Colérique* et le *Sanguin* de *Heymans-Le Senne*) se montreront donc d'une agressivité franche, entrant en lutte ouverte avec l'objet qui leur résiste, dans un désir d'union qui est chez eux particulièrement fort. Par contre les tempéraments de rétraction, morphologiquement types *rétractés* et voisins (en particulier le *Nerveux* et le *Sentimental*) ont une tendance marquée à inhiber d'eux-mêmes leur agressivité et à rompre le contact en régressant.

II. NARCISSISME D'ECHANGES ET NARCISSISME PERSONNEL

On a souvent souligné combien l'enfant dans ses premières années est amené, du fait même des exigences de sa croissance, à centrer sur lui-même toute sa force d'aimer, au point que lorsque son désir d'union le porte à chercher un objet d'amour, il voudrait le trouver aussi semblable à lui-même que possible, pareil à sa propre image telle qu'il la voit dans un miroir. Il est en cela comme le Narcisse de la mythologie, qui se contemplait sans fin dans le miroir d'une onde pure, amoureux de sa propre image. Pour cette raison on appelle *narcissisme* cette tendance, qui enferme le sujet dans un monde clos où c'est lui-même que partout et toujours il cherche à retrouver dans ceux à qui il se lie. Nous avons fait à ce sujet une observation qui vaut d'être rapportée: demandant aux enfants s'ils désiraient un petit frère, nous avons obtenu plusieurs types de réponses; les uns secouaient la tête avec décision en disant non!; les autres disaient oui, et tantôt désiraient un petit frère en très bas âge pour pouvoir le materner, tantôt auraient voulu un frère de leur âge; pourquoi? pour pouvoir jouer avec. Cette dernière réponse est bien significative: un frère avec lequel on peut jouer, qui ne vous contrarie pas, qui est toujours d'accord sur les jeux qu'on va faire, ce n'est pas vraiment un frère, c'est un « double ».

Il nous paraît qu'il existe une différence importante entre deux formes de narcissisme. La première est ce qu'on peut appeler un *narcissisme d'échanges,* où le sujet dispense à son objet une partie de son amour de lui-même, s'attendant en retour à ce que le vide narcissique créé par cette dispensation soit comblé par l'amour que l'autre lui donne de son côté. On a souvent fait la remarque que l'homosexualité se nourrit de tels échanges narcissiques; mais on peut dire que dans l'amour pour l'autre sexe, il y a aussi des échanges de ce genre.

La seconde forme de narcissisme est ce qu'on peut appeler, par opposition au précédent, un *narcissisme personnel.* Ici il n'y a pas ou il n'y a plus d'échanges: le sujet concentre toute sa force d'aimer sur lui-même. Si cela existe spontanément au tout début de la vie, plus tard il s'agit de « retrait narcissique », le sujet, frustré dans ses désirs d'union, rompant tous liens et se repliant sur lui-même. Nous retrouvons ici sous une autre forme notre opposition de la rivalité de corps à corps et de la rivalité de rejet. L'enfant qui, déçu dans ses besoins d'affection, s'exclut de lui-même du groupe fraternel et s'isole, se ferme à ces possibilités d'échanges qui, d'abord narcissiques, pourraient plus tard s'élargir dans des relations vraiment *objectales.*

III. LE ROLE DES FRUSTRATIONS

Nous avons vu que la source de l'agressivité est dans l'instinct naturel d'expansion vitale. On ne saurait toutefois confondre agressivité et dynamisme vital. L'agressivité, c'est essentiellement l'expansion vitale lorsqu'une entrave y est apportée et suscite la mise en tension des forces du sujet. On exprime aussi cela en disant que les *frustrations* exaltent l'agressivité.

En ce qui concerne notre problème, on doit donc s'attendre à ce que la venue d'un petit frère suscite chez l'enfant une rivalité d'autant plus agressive que cette venue a été pour lui l'occasion de frustrations plus fortes.

Les frustrations, nous devons le souligner ici, ont un rôle essentiel dans le développement de la personnalité d'un enfant. On doit en effet remarquer que, dans les tout premiers stades de la vie, l'expansion ne rencontre pas d'obstacle et que, les désirs étant satisfaits aussitôt et complètement, il n'y a pas de frustration. Cette situation paradisiaque ne dure toutefois pas longtemps car, de par le fait même que le très jeune enfant croit posséder le monde entier, qu'il ignore par conséquent les limites séparant son Moi du Non-moi, la réalité, en lui imposant des bornes, va immanquablement le frustrer dans ses désirs de « tout pour moi ».

On a très généralement insisté sur le rôle nocif des frustrations, rendant celles-ci responsables de maints troubles dans l'équilibre de la personnalité enfantine. Mais il faut distinguer.

Il est des frustrations nécessaires parce qu'inévitables, qui contribuent à la formation de la personnalité en enseignant à celle-ci ses limites, en l'instruisant de la réalité des choses, très différente de ce que son désir les lui représentait au début. L'enfant qu'on appelle « gâté » est précisément celui à qui on a voulu éviter ces frustrations nécessaires, qui n'a par conséquent pas appris la vertu maturante du renoncement et du partage plus ou moins librement consenti. L'enfant unique est souvent dans cette situation, du fait qu'il dispose d'un large espace vital qu'aucun rival ne vient lui contester.

Quel est le critère permettant d'estimer si une frustration est de celles qui peuvent être supportées et auront pour la personnalité une valeur maturante, ou si au contraire elle est insupportable et provoquera dans la personnalité des désordres plus ou moins graves?

A dire vrai, un tel critère n'existe pas, car il n'est pas possible d'assigner une valeur objective à la frustration. L'action de celle-ci dépend en effet pour la plus large part de la force du Moi, c'est-à-dire de la capacité qu'a le Moi de consentir à la privation imposée, d'en tirer le meilleur parti et de s'adapter en fin de compte aux exigences de la réalité sans pour autant renoncer à une certaine satisfaction de ses besoins vitaux essentiels.

Il est important de remarquer que c'est surtout une question d'âge. La *tolérance aux frustrations* est en effet au plus bas dans la prime enfance et elle va en augmentant au fur et à mesure que le sujet grandit. Il en résulte en particulier que la rivalité fraternelle est d'autant plus intense qu'elle est suscitée à un âge plus tendre... toutes choses égales d'ailleurs. Ce « toutes choses égales... » signifie qu'il ne faut pas considérer seulement l'âge du livret de famille, mais aussi le degré de maturité de l'enfant, son âge affectif.

Si par exemple un enfant est resté unique durant de nombreuses années, que très choyé il n'a pas appris à supporter des frustrations, et qu'il lui naît alors un petit frère, il pourra, en dépit de son âge, se comporter comme un sujet beaucoup plus jeune et manifester une jalousie dont on est en droit d'être surpris.

Il nous faut insister ici sur le caractère traumatisant des *frustrations accumulées*. Voici par exemple Clémence, une fillette de deux ans, (obs. 3) appartenant à une famille de condition modeste, ce qui a pour effet que la naissance prochaine d'un petit frère contraint les parents à placer la fillette dans un home d'enfants, première séparation d'avec la mère réalisant déjà pour une enfant de cet âge un traumatisme psychologique important. Mais de surcroît, dans ce home, les exigences sanitaires font mettre la fillette dans un lazaret où elle reste couchée presque toute la journée sans pouvoir jouer avec les autres enfants, — et parce qu'elle a quelques poux, on passe à la tondeuse ses beaux cheveux de petite fille. Toutes ces frustrations, accumulant leurs effets, ont suscité dans le cœur de cette fillette une revendication agressive et, de retour à la maison, où le nouveau-né lui a pris sa place dans la chambre des parents, se sont aussitôt déclenchés des troubles du caractère avec agressivité. Que si à ce moment-là les parents censurent avec sévérité, c'est une frustration de plus qui s'ajoute aux autres et en aggrave les effets.

Il est en effet fréquent dans des cas de ce genre que l'attitude des parents, au lieu de compenser la frustration, l'accroît. C'est ainsi qu'on vantera devant l'enfant le petit frère, soulignant sa plus grande gentillesse et plus tard son meilleur travail scolaire. Une telle manière de faire exalte l'agressivité de l'enfant, ce qui lui vaut des réprimandes, sources de nouvelles frustrations, et un cercle vicieux se constitue ainsi dont on ne peut plus sortir, pas plus les parents que l'enfant.

On sait aussi, car c'est une règle constante, que l'agressivité suscitée par la frustration s'attaque à la personne responsable de cette frustration. Dans le cas de rivalité fraternelle, le responsable est évidemment le petit frère, du seul fait de son existence; mais plus grande est souvent aux yeux de l'enfant la responsabilité des parents, en premier lieu « pour avoir acheté ça », en second lieu de par les gronderies et les punitions dont ils sanctionnent les premières manifestations de jalousie de l'enfant. Il n'est donc pas rare que l'agressivité s'attaque à la fois aux parents et à la fratrie. Mais le rapport des forces est tel que s'attaquer directement aux parents, c'est s'exposer à de sévères représailles. Aussi comprend-on que l'enfant s'en prenne bien plus souvent au plus petit, le rapport des forces, là, lui étant favorable.

Pour conclure, l'on peut dire que les formes graves de rivalité fraternelle, aboutissant à des agressions dangereuses, sont presque toujours dues à une attitude particulièrement frustrante des parents. En pareille condition, il n'est pas rare d'observer des tentatives de meurtre sur la personne du rival détesté.

Un très remarquable exemple nous en est apporté par *Balzac* dans son roman *La femme de trente ans*. Le grand écrivain y relate avec beaucoup d'intuition psychologique un drame de fratricide. Tout y est: la grave frustration d'amour initiale, la rivalité fraternelle poussée jusqu'à la haine, la provocation qui déclenche l'impulsion agressive, tout, jusqu'à l'identification ultérieure de la fillette coupable à un meurtrier qu'elle épouse, tout, y compris le châtiment de la fratricide qui meurt misérablement, non sans stigmatiser au dernier moment sa mère, la grande responsable.

La femme de trente ans, c'est *Julie d'Aiglemont,* mariée depuis dix ans, sur un coup de tête romanesque, à un bel officier, dont elle se détachera très tôt, lui reprochant sa personnalité insignifiante, et dont elle a cependant une fille, Hélène, « le fruit du devoir ». Elle prend un jeune amant et elle en a un petit garçon, Charles « le fruit de l'amour ». Ce qui est ici assez surprenant de la part d'une femme dont Balzac nous dit qu'elle avait le cœur noble et sensible, c'est qu'elle déteste sa fille, tandis qu'elle adore son fils.

Le drame est là en germe et il s'accomplit un certain jour que Julie et son amant se promènent dans la campagne, amoureusement enlacés, avec auprès d'eux *leur* enfant, le petit Charles, tandis qu'Hélène, qui ne peut manquer d'avoir deviné ce qui se passe (le manque de pudeur de sa mère en cette occasion a de quoi étonner) se tient à quelque distance, boudeuse. *Balzac* met ici en scène un observateur qui note: « *Quand sa mère et le jeune homme se retournaient après être venus près d'elle, souvent elle penchait sournoisement la tête et lançait sur eux comme sur son frère un regard furtif vraiment extraordinaire. Mais rien ne saurait rendre la perçante finesse, la malicieuse naïveté, la sauvage attention qui animaient ce visage enfantin aux yeux cernés quand la jolie femme ou son compagnon caressaient les boucles blondes, pressaient gentiment le cou frais, la blanche collerette du petit garçon au moment où, par enfantillage, il essayait de marcher avec eux* ».

Et plus loin: « *J'examinai curieusement la fillette. Je la comparais à son frère en cherchant à surprendre les rapports et les différences qui se trouvaient entre eux. La première avait des cheveux bruns, des yeux noirs et une puissance précoce qui formaient une riche opposition avec la blonde chevelure, les yeux vert de mer et la gracieuse faiblesse du plus jeune. L'aînée pouvait avoir environ 8 ans, l'autre 6 à peine. Ils étaient habillés de la même manière. Cependant, en les regardant avec attention, je remarquai dans les collerettes de leurs chemises une différence assez frivole, mais qui plus tard me révéla tout un roman dans le passé, tout un drame dans l'avenir. Et c'était bien peu de chose. Un simple ourlet bordait le collerette de la petite fille brune, tandis que de jolies broderies ornaient celle du cadet et trahissaient un secret du cœur, une prédilection tacite que les enfants lisent dans l'âme de leur mère. Insouciant et gai, le blond ressemblait à une petite fille, tant sa peau blanche avait de fraîcheur, ses mouvements de grâce, sa physionomie de douceur. Tandis que l'aînée malgré sa force, malgré la beauté de ses traits et l'éclat de son teint, ressemblait à un petit garçon maladif. Ses yeux vifs, dénués de cette humide vapeur qui donne tant de charme au regard des enfants, semblaient avoir été comme ceux des courtisans séchés par un feu intérieur. Enfin sa blancheur avait je ne sais quelle nuance mate olivâtre, signe d'un vigoureux caractère. »*

Nous voyons ici *Balzac*, qui s'intéressait fort aux études sur le tempérament et la physionomie humaine, nous décrire la fillette comme un tempérament *bilieux* (au sens hippocratique), comme une *Passionnée de type introverti* (au sens de la caractérologie moderne), de ces êtres faits pour sentir profondément l'amour et la haine; et nous avons là le deuxième élément psychologique du drame qui va se produire: l'accumulation de l'agressivité de frustration dans l'âme de cette fillette sous une tension progressivement croissante.

Un moment plus tard, comme les deux amants viennent de se séparer, le petit Charles court vers sa sœur et lui dit: « *Pourquoi donc que tu n'es pas venue dire adieu à mon bon ami?* », parole naïve, mais bien faite pour susciter dans le cœur de la fillette une puissante vague de haine. *En voyant son frère sur le penchant du talus qui dominait la rivière, Hélène lui lança le plus horrible regard qui jamais ait allumé les yeux d'un enfant et le poussa par un mouvement de rage.* L'enfant tombe dans l'eau et se noie, sous les regards de la mère et de l'étranger impuissants à le secourir.

Et la vie continue. Julie a de son amant deux autres enfants, qui prennent place au foyer du Marquis d'Aiglemont, sans que celui-ci paraisse trouver la situation anormale. Mais Hélène, devenue jeune fille, sait, bien entendu; elle n'est pas heureuse; *Balzac* ne nous dit pas quelles sont ses pensées secrètes; il nous révèle cependant que les deux femmes, la mère et la fille, n'ont l'une pour l'autre que de la haine.

Episode singulier: un soir, un homme en fuite demande asile au marquis. Il se révèle que c'est un meurtrier, qui prétend avoir tué pour faire justice. Hélène le voit, s'en éprend aussitôt et s'enfuit avec lui, pour bientôt l'épouser et partager sa vie de corsaire.
· *Balzac* pressent qu'il y a ici un amour d'identification: *se croyant aussi criminelle que l'était cet homme, la jeune fille le regarda d'un œil serein; elle était sa compagne, sa sœur.* N'estime-t-elle pas avoir fait justice dans le passé en noyant le fruit des amours coupables de sa mère, tout comme cet homme vient de le faire en s'érigeant en justicier?

Mais après une période de bonheur, Hélène va périr misérablement. Elle échappe à un naufrage où périssent son mari et ses enfants, et elle revient mourir dans le pays même où elle est née, visitée au dernier moment par sa mère à qui elle dit: « *Tout ceci est votre ouvrage; si vous eussiez été pour moi ce que... »*

IV. LA CULPABILITE DE L'AGRESSIVITE

On dit d'ordinaire que si la rivalité fraternelle n'est pas très dangereuse et si très peu d'enfants reproduisent le crime de Caïn tuant son frère Abel, c'est d'une part que l'enfant n'a pas la force de l'adulte et ne peut par conséquent porter des coups aussi violents, et d'autre part que les appels au secours de sa victime font intervenir aussitôt les parents. Il n'a donc pas, en général, le pouvoir de réaliser son désir.

Mais il faut souligner à ce propos qu'un autre facteur intervient, dont on a très habituellement méconnu l'importance. Ce facteur, c'est *la sympathie fondée sur l'identification.* Aux stades premiers de la vie, on l'a vu, l'enfant se confond avec tout ce qui l'environne et il s'y identifie à la faveur d'une participation intime; il est le petit frère, il est le petit chien, il est le jouet familier. Nous avons dit que, dans la mesure où ces objets ne se laissent pas assimiler et sont frustrants, se constitue peu à peu la distinction du Moi et du Non-moi, qui fera plus tard accéder le sujet à la connaissance du monde objectal. Mais, au début, cette délimitation n'est pas franche, et l'identification règle encore une très large part des rapports affectifs de l'enfant avec sa fratrie: quand il caresse son petit frère, c'est aussi lui-même qu'il caresse; et quand il frappe son petit frère, c'est lui-même qu'il frappe. Nous avons appelé *talion immédiat* ce processus par lequel tout coup porté au rival atteint par une sorte de choc en retour instantané celui qui le porte. Les psychanalystes ont montré la fréquence de ce talion immédiat dans les psychoses de l'adulte, précisément quand la notion des limites du Moi et du Non-moi s'efface de par la désorganisation psychotique. Nous avons quant à nous constaté cette même fréquence chez les enfants, expliquant pourquoi, bien avant que n'intervienne la menace du talion secondaire (le talion des parents) le frère rival retient ses coups, craignant de se détruire lui-même par sa propre violence *(14)*.

Plus tard, au fur et à mesure que se délimitent plus nettement le Moi et le Non-moi, le sujet et l'objet, le talion immédiat cède la place au talion secondaire, aux menaces des parents de faire subir au sujet ce qu'il fait à son frère.

Puis, dans un troisième stade, l'introjection des censures parentales établit dans la personnalité de l'enfant une instance spéciale: le *Surmoi,* qui dicte au Moi ce qui est bien et ce qui est mal et fait peser sur lui, quand il cède à l'impulsion de ses instincts agressifs, un sentiment de culpabilité chargé d'angoisse.

La différence entre le deuxième et le troisième stade est importante. En effet, quand l'agressivité contre le frère n'est faute que par la sanction des parents, il suffit pour être en paix de se cacher d'eux pour agir, suivant la règle du « pas vu pas pris ». Par contre, l'existence d'un Surmoi instaure dans la personnalité un censeur permanent, dont la surveillance ne peut être à aucun moment esquivée, ce qui nous explique qu'en cas de sentiments agressifs intenses, l'enfant n'est jamais en paix avec sa conscience et, pour apaiser sa culpabilité profonde, va devoir engager une lutte continuelle contre ses propres pulsions.

A dire vrai, on a décrit des cas où l'enfant se montre agressif, et gravement agressif, sans aucune culpabilité; il s'agit alors de sujets inaffectifs et inintimidables, répondant à ce qu'on a appelé la *constitution perverse*.

De tels cas sont rares, et quand la culpabilité semble absente, il faut toujours la rechercher sous les divers masques qu'elle peut prendre, allant jusqu'à se manifester d'une manière très indirecte par des accidents ou des troubles psycho-somatiques douloureux. On a vu un peu plus haut, dans l'exemple relaté par *Balzac,* qu'en dépit de ce qu'on pourrait appeler la juste colère d'Hélène, (*Balzac* ne parle-t-il pas ici lui-même du « *Doigt de Dieu* »), la culpabilité de son meurtre ne cesse de hanter la jeune fille et de déterminer son destin.

Dans cette même perspective, il convient de dire que si l'angoisse de culpabilité détermine en général, comme nous le montrerons au chapitre suivant, un comportement d'enfant sage, elle peut toutefois dans certains cas, par un mécanisme assez paradoxal, aboutir à un comportement contraire d'enfant méchant. L'explication en est que la culpabilité s'apaise par la punition (« il faut payer »), et comme l'enfant n'est pas en général capable de se l'infliger de lui-même, il la provoque en se conduisant de manière insupportable, pour que ses parents le châtient. Chose curieuse, mais compréhensible, la raclée soulage alors l'enfant méchant et lui rend momentanément la paix du cœur.

Certains psychanalystes, entre autres *Aichhorn (1)* et *Alexander (2)* ont montré qu'un tel mécanisme est assez souvent à l'origine de délits et même de crimes accomplis par le sujet pour provoquer le châtiment de justice qui les soulagera de leur angoisse de culpabilité. Nous aurons à signaler un mécanisme analogue chez ceux que nous décrirons un peu plus loin avec *Bergler* sous le titre de « pseudo-agressivité ».

Chapitre III

LES DEFENSES DU MOI
ET LES FORMES MASQUEES
DE LA RIVALITE FRATERNELLE

Nous avons vu qu'il se constitue de très bonne heure dans la personnalité du jeune enfant une instance particulière, le Moi, chargée d'assurer l'adaptation à la réalité.

Au début *le Moi se met au service du Soi*, c'est-à-dire s'ingénie de toutes les manières possibles pour que les besoins instinctifs puissent se satisfaire au mieux. En ce qui concerne la rivalité fraternelle, le Moi élabore toutes sortes d'aménagements et de déplacements destinés à assouvir le besoin agressif, sans toutefois s'exposer à de trop sévères représailles de la réalité extérieure, représentée en particulier par les parents. Par exemple le désir de frapper le rival sera remplacé par des mots injurieux, ou par la destruction d'un jouet lui appartenant; ou bien l'agressivité se déplacera d'un frère sur un camarade d'école ou sur un animal.

Mais quand un peu plus tard les pulsions agressives du Soi se heurtent aux interdits parentaux, le Moi, porte-parole de ces interdits, est contraint d'*entrer en conflit avec le Soi.* Son rôle est alors, non plus de favoriser, mais d'*inhiber* les pulsions, totalement ou en partie. Ce rôle, il peut le remplir de très diverses manières, qui réalisent ce qu'on appelle *les mécanismes de défense du Moi.*

Faisons remarquer en premier lieu que cette défense contre les pulsions fait partie de l'évolution normale vers la socialisation. Le problème qui se pose ici est d'obtenir que l'énergie pulsionnelle se dégage de sa forme brutale première, de sa sauvagerie et qu'elle puisse être utilisée dans tout son dynamisme sous des modes compatibles avec la vie familiale et sociale. On appelle ce processus la *sublimation.* Dans le cas particulier de l'agressivité entre frères et sœurs, la sublimation transforme la violence des coups en esprit de compétition loyale, cet esprit qui marquera plus tard toutes les relations sociales. Il ne faudrait pas croire toutefois que l'énergie pulsionnelle peut être sublimée intégralement. Il est sage de considérer que, dans les meilleurs cas, la socialisation comporte un triple processus: pour une part la pulsion se satisfait directement; pour une autre part elle est réprimée; pour une troisième part elle se sublime. D'où ce corollaire que la sublimation d'un instinct n'est en général possible que quand cet instinct a reçu une part de satisfaction directe; ainsi on ne favorise pas la sublimation de l'agressivité enfantine en inhibant la rivalité fraternelle, mais au contraire en la laissant s'assouvir dans une certaine mesure.

Par exemple, à l'école, la rivalité fraternelle s'exprime par le désir d'être le premier, d'être l'élève préféré du maître et le meilleur aux compositions. Une certaine agressivité directe n'est pas exclue, qui tente de déprécier les rivaux, d'affirmer en paroles sa supériorité sur eux pour les faire trébucher. Mais tout désir d'agressivité brutale, tout désir de manœuvre déloyale pour s'assurer les premières places sont interdits et doivent être réprimés. La meilleure part du dynamisme agressif doit être sublimée dans le travail scolaire qui permettra d'obtenir la suprématie.

De même, dans les jeux sportifs, la rivalité comporte une part de lutte directe, mais elle commande le fair-play et exclut les coups bas et les crocs-en-jambe. La sublimation conduit à s'entraîner pour être le meilleur, dans le respect des droits et de la personne des rivaux.

Ce mécanisme de sublimation implique un Moi bien adapté, capable de tolérer sans angoisse une certaine satisfaction instinctive, capable d'accepter une certaine frustration des désirs et capable de déplacer l'énergie libidinale vers des buts plus élevés.

Dans tous les cas où cette triple exigence n'est pas remplie, nous voyons à l'œuvre des mécanismes de défense plus rigides, où le Moi et le Soi, au lieu de trouver un terrain d'entente comme dans la sublimation, se heurtent en un conflit permanent. Comme nous l'avons dit déjà, la psychanalyse a été amenée à considérer que ce qui est bien plus important que la force des pulsions premières, c'est *le devenir de ces pulsions* sous l'action défensive du Moi qui les transforme.

Ces mécanismes de défense du Moi sont nombreux. Comme ils ont pour effet de réduire, voire de supprimer la rivalité fraternelle, frappée d'interdit par la censure, il en résulte que, cliniquement, on se trouve en présence de comportements d'enfants très différents de ceux où l'agressivité se décharge librement, si différents même parfois que l'entourage est porté à croire que la rivalité fraternelle n'est pas en cause ici. Elle y est présente cependant, mais sous des *formes masquées* que le psychologue doit apprendre à reconnaître.

Nous allons étudier successivement:

1 — Le mécanisme de déplacement.

2 — Le refoulement des pulsions et les formations réactionnelles du Moi.

3 — Le retournement des pulsions contre soi.

4 — La régression et l'identification au rival nouveauné.

5 — Les identifications au rival.

6 — L'isolation et la relation à distance, ainsi que le repli narcissique et la défense par fantasmes.

I. LE MECANISME DE DEPLACEMENT

Quand l'agressivité se heurte à un obstacle infranchissable, elle le contourne et s'assouvit dans une autre direction. Par cette loi simple — qui est une loi de facilité — la rivalité fraternelle interdite peut se choisir d'autres objets que ceux contre lesquels elle était primitivement dirigée.

Voici un petit garçon de 5 ans qui, à l'école maternelle, s'en prend à une petite fille de 4 ans et la blesse légèrement avec son canif. L'enquête psychologique révèle qu'il a une petite sœur de cet âge dont il est très jaloux, mais que la sévérité des parents lui interdit à la maison tout geste d'agressivité.

Plus l'interdit est fort, plus l'objet auquel l'enfant s'attaque est différent de l'objet premier de l'agressivité. C'est ainsi que l'enfant peut s'en prendre aux petits animaux familiers, substituts ici des frères et sœurs rivaux. On nous amena un jour, avec le diagnostic de pervers constitutionnel, un garçon de 7 ans qui avait mis le feu à son chat avec un papier journal enflammé; or ce n'était pas un pervers, mais un enfant de très vive sensibilité affective, qui avait projeté sur le chat, d'ailleurs favori de la petite sœur rivale, toute sa charge agressive de jalousie.

A un degré plus accentué encore, le transfert se fait sur des objets symboliques. Ainsi une petite fille de 7 ans, appartenant à une famille nombreuse, ayant eu plus jeune des gestes de violence envers sa sœur puînée, mais s'étant par la suite bien dominée, s'avisa un jour de précipiter par la fenêtre du deuxième étage poupées, baigneurs et ours en peluche dans un déchaînement d'agressivité joyeuse fort apprécié par ses petites amies. Il était manifeste que lesdits objets étaient pour son inconscient les substituts des frères et sœurs.

Il est des cas d'ailleurs où cette valeur substitutive de l'objet apparaît en pleine lumière. Voici *Jacques* 8 ans (obs. 4) que sa sœur, d'un an plus jeune, surclasse nettement par ses progrès scolaires. Les parents font de continuelles comparaisons entre les deux enfants, ce qui irrite le garçon. Un jour qu'on lui donnait en exemple les cahiers propres et bien tenus de la petite fille, il les jeta par terre et les piétina, alors qu'il n'aurait pas osé s'attaquer directement à sa sœurette.

Il est fréquent aussi que l'enfant s'attaque aux objets de la maison. Ainsi *Roger,* 9 ans (obs. 1), encoprésique constant par agressivité contre une mère frustrante, n'ose s'en prendre directement à celle-ci et ne répond pas à ses coups quand elle le frappe, mais il brise les vitres et arrache les salades du jardin.

Le déplacement peut être tel qu'on n'est pas porté

dès l'abord à voir une manifestation de rivalité fraternelle dans la conduite de l'enfant. Il est ainsi des enfants qui dérobent de la nourriture ou de l'argent par un besoin de récupération affective lié au problème fraternel (cf. le cas de Virginie, obs. 77).

II. LE REFOULEMENT DES PULSIONS ET LES FORMATIONS REACTIONNELLES DU MOI

Un des premiers mécanismes de défense mis en œuvre par le Moi est le *refoulement des pulsions* dans l'inconscient. C'est un mécanisme de « tout ou rien » qui, en dépit de sa brutalité ou peut être en raison même de cette brutalité, est le fait d'un Moi faible, incapable de maîtriser les pulsions et ayant volontiers, comme tous les faibles, recours aux moyens les plus extrêmes.

Il faut considérer que lorsque les pulsions agressives sont très fortes, les dangers auxquels elles exposent le sujet (talion immédiat, talion secondaire, interdits du Surmoi) suscitent dans le Moi une vive angoisse, angoisse qui dépasse de beaucoup en déplaisir le plaisir de la satisfaction instinctive. C'est pour supprimer cette angoisse que le Moi refoule dans l'inconscient lesdites pulsions, avec cette double conséquence que l'agressivité ne se manifeste plus dans les actes et qu'elle n'est plus présente non plus à la conscience du sujet, de sorte que *la conduite ne comporte aucune trace d'agressivité,* tant pour l'observateur du dehors que pour la conscience intime du sujet.

Il y a plusieurs degrés dans le refoulement. Comme nous l'avons dit en parlant un peu plus haut du mécanisme de sublimation, une certaine répression fait partie de l'évolution normale, car dans la vie civilisée, nul ne peut se laisser aller entièrement à son agressivité, non plus d'ailleurs que la sublimer entièrement.

Un état pathologique se trouve par contre constitué quand le refoulement inhibe toute l'activité pulsionnelle. Le sujet refoulé est atteint dans son dynamisme vital même: il manque d'allant, d'audace et de créativité. Il est remarquable que dans toutes les circonstances où il lui faudrait combattre pour s'affirmer, il renonce à la bataille. Il renonce de même à la compétition et, comme l'on dit, il part battu, ce qui le fait échouer bien entendu dans toutes ses entreprises.

Le refoulement étant un processus dynamique, qui ne se maintient que par une action constante du Moi, on comprend qu'il puisse céder quand le Moi fléchit, par exemple dans la colère ou la fatigue ou le sommeil. On assiste en effet chez certains sujets qui ont refoulé leur agressivité à de brusques défoulements qui font reparaître momentanément la pulsion interdite, faisant grand contraste avec le comportement habituel du sujet. Ainsi, un de nos jeunes consultants (obs. 5) *Paul,* âgé de 10 ans, à l'ordinaire très gentil avec sa petite sœur de 8 ans, lorsqu'il se met en colère la frappe et reproche avec violence à sa mère de la lui préférer.

Le refoulement ne peut donc se maintenir que par une constante vigilance, et le Moi, obligé de se tenir sur ses gardes, conservant une conscience obscure du refoulé, en éprouve en dépit de son action de défense une sourde angoisse de culpabilité. Pour faire taire cette angoisse résiduelle et pour mieux assurer en même temps le maintien des pulsions interdites dans l'inconscient, le Moi développe dans le conscient les tendances exactement contraires aux tendances refoulées, c'est-à-dire, dans le cas de rivalité fraternelle, une affection dénuée de toute agressivité pour la fratrie et une complète docilité aux appels des parents à la gentillesse.

Quand ce *retournement en contraire* des tendances interdites s'étend à tout le champ pulsionnel, on parle de *formations réactionnelles du Moi*. Il se forme ainsi un *caractère réactionnel* qui se substitue complètement au caractère naturel de l'enfant. La violence est remplacée par la douceur, le désordre par l'ordre, la saleté par la propreté, l'exhibition par la pudeur, la désobéissance par la docilité. Mais tous ces traits de caractère qui, sous une forme modérée, appartiennent à l'évolution normale de la personnalité, signent leur nature pathologique par leur rigidité et leur inadaptation. Le doux par formation réactionnelle n'est pas seulement dénué de brutalité; il est devenu incapable de se défendre et de se battre, même quand il le faudrait. De même l'ordre, la propreté réactionnels sont en fait des *manies* d'ordre et de propreté. Nous avons ici le portrait de l'enfant « trop sage », de l'enfant « trop sérieux pour son âge », qui satisfait les éducateurs exigeants, mais au prix d'un affaiblissement de son dynamisme vital dont nous verrons plus loin les graves conséquences.

Il importe de souligner le rôle du Surmoi dans ce refoulement avec retournement en contraire. On sait combien souvent les parents réagissent aux actions de rivalité fraternelle en menaçant le coupable du talion. Par exemple si l'enfant mord son petit frère, on le mord à son tour pour le punir. Au fur et à mesure que l'enfant grandit, les censures parentales s'*introjectent dans son Moi,* constituant en lui une instance spéciale qu'on appelle le Surmoi, qui désormais *dicte du dedans* au Moi ce qui est bien et ce qui est mal. Il est des cas où ce Surmoi, étant d'une sévérité particulière, écrase en quelque sorte le Moi sous ses interdits et lui impose des refoulements massifs. Ce n'est plus ici la voix extérieure des parents qui censure et menace, c'est une voix intérieure, dont les menaces sont d'autant plus redoutables qu'elles sont constantes, se faisant entendre même en l'absence des parents. On peut en donner l'exemple de ce médecin qui, éduqué par une mère très sévère dont son Surmoi était le fidèle reflet, habitué depuis sa plus tendre enfance à travailler sans relâche, ne pouvait, adulte, se reposer quelques instants pour admirer un paysage sans entendre au fond de lui-même une petite voix qui lui disait: « *allons, allons, ne fais pas le paresseux!* ».

Le Surmoi reproduit les condamnations qui ont été jadis dans la bouche des parents, et singulièrement la plus grave de toutes: la menace de l'exclusion (le *si tu n'es pas gentil, maman ne t'aimera plus*). Cette menace peut susciter une anxiété mortelle. Pour y échapper, le Moi se soumet et opère les refoulements les plus sévères, privant le sujet des satisfactions instinctives les plus essentielles. On pourrait penser que le principe du plaisir est ici en défaut, mais au fond il n'en est rien; l'apaisement de l'angoisse de culpabilité compense et au-delà ce que pourraient apporter de plaisir les satisfactions instinctives.

Il nous faut toutefois faire remarquer que la sévérité du Surmoi introjecté n'est pas toujours la reproduction fidèle de la sévérité parentale. Il arrive en effet que l'enfant, pour se défendre contre ses pulsions agressives, quand elles sont très intenses et lui causent de l'angoisse, *les projette* dans le monde extérieur. Dans la règle, cette projection se fait sur ceux-là mêmes qui sont visés par l'agressivité, fratrie ou parents. L'on voit alors l'enfant accuser l'Autre; le *ce n'est pas moi, c'est lui* est une accusation courante, on le sait. Particulièrement en ce qui concerne les parents, ils ne sont pas vus alors dans leur sévérité réelle, mais modifiés par la projection qui est faite sur eux, chargés de toute l'agressivité dont l'enfant se décharge. Ainsi donc en pareil cas, plus l'enfant est méchant, plus il *ressent* les parents comme méchants, et en conséquence plus son Surmoi se montrera sévère, parfois jusqu'à la cruauté. Cette remarque est d'importance car, comme on le verra, quand la sévérité du Surmoi va jusqu'à étouffer toute manifestation agressive, déterminant un comportement d'enfant « trop sage », si l'on peut en accuser assez souvent la rigueur excessive de l'éducation, il est cependant des cas où la responsabilité n'en incombe en rien aux parents.

Soulignons encore que plus les pulsions agressives d'un enfant sont fortes, plus il y a danger — nous disons bien danger — qu'à un moment donné interviennent des censures inhibitrices. C'est ainsi qu'on voit parfois le caractère de certains enfants se modifier du tout au tout en quelques mois sous l'influence de formations réactionnelles puissantes. Il s'agit d'enfants impulsifs, indisciplinés, sales, batailleurs, brise-tout, qui se maintiennent tels à un âge où l'on serait en droit d'attendre d'eux une plus grande sagesse. Bien entendu les parents censurent, l'école censure, et l'on en vient un jour à sévir de plus en plus fort. On voit alors se produire un soudain revirement, lié à une prise de conscience par le sujet de sa culpabilité; l'enfant s'inhibe, devient craintif, très docile, d'une propreté et d'un ordre méticuleux, d'une sagesse et d'un sérieux qui surprennent tous ceux qui l'avaient connu auparavant. En voici trois exemples entre beaucoup:

Eliane, 11 ans (obs. 6) se présente dans un état

d'inhibition très marqué, timide, n'osant élever la voix, n'osant jamais s'affirmer, se trouvant « bête ». Or elle était jusqu'à l'âge de 8 ans un vrai garçon, hardie, chahuteuse au point qu'elle avait été mise à la porte de l'école pour son indiscipline. Elle n'avait aucune pudeur et se mettait nue devant son père en disant: *Regarde les beaux petits seins que j'ai!*. En désespoir de cause, on la plaça à dix ans dans une pension sévère, et sous la contrainte éducative de cette pension, elle changea du tout au tout en quelques mois, devenant en particulier pudique à l'excès, se comprimant les seins parce qu'elle avait honte de les voir grossir.

Un garçon de 15 ans, *Paul* (obs. 7) dont nous aurons à reparler plus loin, consultait pour une névrose de doute et de scrupule. Jusqu'à l'âge de 5 ans, ç'avait été un enfant remuant et gai, chahuteur et plein d'audace. Il s'est transformé soudainement en un enfant soucieux, inhibé et timide, tourmenté par de continuels scrupules. Il est remarquable qu'il nous donne comme âge d'or *le plus petit possible, jusqu'à 5 ans, parce que on n'a pas de souci, on ne se rend pas malheureux par ses mauvais sentiments*, réponse qui nous éclaire sur la prise de conscience qui a déterminé le changement de caractère de ce garçon, sans doute en liaison avec le problème œdipien.

Une fillette de 8 ans, *Isabelle* (obs. 8), qui nous est amenée pour des troubles névrotiques, est constamment inquiète, préoccupée des péchés qu'elle a pu faire par impureté. Elle n'enlève plus sa culotte parce qu'elle est dégoûtée d'y toucher, censure sa jeune sœur parce que celle-ci a oublié de mettre la sienne et lui dit qu'ainsi elle a fait un péché d'impureté. Elle se retient pendant plusieurs jours d'aller à la selle en disant que c'est dégoûtant et qu'elle voudrait ne jamais avoir à le faire.

Elle dit: *Je voudrais que cette partie du corps entre le nombril et les genoux n'existe pas, car elle ne sert qu'à des choses sales.* Sa pudeur est telle que quand sa maman a voulu lui expliquer comment naissent les bébés, elle s'est bouché les oreilles avec les mains pour ne pas entendre. Or auparavant cette fillette était, tout à l'inverse, impudique et grossière. Elle prenait un vif plaisir à répéter sans cesse: pipi, caca, vomi, poitrine, soutien-gorge. Elle se tortillait devant la glace en disant qu'elle avait un joli derrière. Elle se roulait voluptueusement sur le lit en demandant à sa mère de lui caresser le ventre. Toutes ces tendances érotiques, fortement censurées, ont disparu pour faire place à des formations réactionnelles névrotiques.

1. *Enfants inhibés et enfants névrotiques*

La défense par refoulement a comme on vient de le voir un effet inhibiteur sur les pulsions.

L'enfant *inhibé* se présente comme un enfant sage, « trop sage », d'un sérieux qui surprend pour son âge, docile à toutes les injonctions des parents, accomplissant ses devoirs avec un souci scrupuleux de bien faire, ne se disputant jamais avec ses frères et sœurs, toujours prêt à leur céder. Son humeur est d'ordinaire morose, jamais gaie en tout cas. On souligne qu'il manque « de vie », qu'il ne se détend jamais dans les jeux, « qu'on ne l'entend pas ». Si certains parents attentifs s'en alarment, beaucoup d'autres y trouvent leur avantage et il ne leur viendrait pas à l'idée de consulter pour cela. La consultation est cependant demandée, mais c'est pour tout autre chose, pour le manque de progrès à l'école. Le maître signale qu'il n'a pas à se plaindre, bien au contraire, de la conduite de l'élève, mais que celui-ci, en dépit d'une bonne volonté évidente, ne progresse pas, qu'il est lent, souvent distrait, manquant de curiosité et d'ardeur au travail, ne participant jamais d'une manière active à la vie de la classe.

On voit bien par là que l'agressivité est une manifestation de l'expansion vitale et que, lorsqu'elle est inhibée par des censures trop fortes, ce n'est pas seulement le caractère de l'enfant qui se trouve modifié, mais encore tout son dynamisme vital, y compris cette énergie d'action qui permet de progresser dans les études scolaires. Mais cela, beaucoup d'éducateurs l'ignorent, faute d'avoir réalisé la signification vitale de l'instinct agressif.

En bref, dans le conflit qui met aux prises pulsions et défenses du Moi, l'inhibition marque le triomphe intégral de la défense, assuré comme on l'a vu par le refoulement, que complètent les formations réactionnelles. Mais il est un certain nombre de cas où le conflit s'exprime par une *ambivalence* d'états psychologiques, du fait que c'est tantôt les pulsions et tantôt les défenses qui se manifestent au premier plan. La névrose est alors réalisée et se traduit cliniquement par deux séries de symptômes: les uns exprimant la défense du Moi, les autres la résurgence plus ou moins franche des pulsions refoulées.

Nous venons de voir une forme mineure de la névrose dans les formations réactionnelles, constituant ce qu'on appelle une *névrose de caractère*. Les manies d'ordre et de propreté, la docilité, l'extrême ponctualité, la tendance scrupuleuse sont des traits fréquemment observés chez les enfants qu'on dit « sages ».

Quand les pulsions refoulées réussissent à s'extérioriser, on voit coexister avec les signes défensifs des manifestations de caractère opposé. Ainsi, un enfant ayant des manies d'ordre ou de propreté pourra faire montre dans un autre domaine d'un désordre ou d'une saleté qui surprennent. Il advient de même que l'agressivité refoulée se décharge soudain à la faveur d'une colère.

Mais chez les sujets à Surmoi très sévère, qui sont de ce fait en proie à de très vifs sentiments de culpabilité inconscients, cette agressivité refoulée peut être retournée en son contraire et apparaître alors dans le conscient, non plus comme désir, mais comme crainte. On sait la fréquence avec laquelle les névrotiques anxieux sont sans cesse assaillis par la crainte obsédante qu'il n'arrive malheur à leurs proches. Même lorsque cette crainte est absurde, n'étant justifiée en rien par un danger réel, les obsédés ne parviennent pas à s'en défaire, preuve qu'elle n'a pas son fondement dans la réalité, mais dans la subjectivité du sujet. L'analyse montre que de telles craintes sont réactionnelles aux pulsions agressives refoulées; elles expriment que le sujet redoute de voir ses désirs meurtriers se réaliser, crainte renforcée par la croyance primitive au pouvoir magique des pensées et des désirs, croyance qui est particulièrement forte chez les obsédés.

Nous en avons observé un cas remarquable un jour que nous faisions passer le test PN à une fillette de 8 ans, *Martine* (obs. 9) névrotique obsessionnelle bien caractérisée. Outre les symptômes de sa névrose, cette fillette présentait depuis la naissance de son frère, né quand elle avait 6 ans, une violente opposition caractérielle à sa mère et une jalousie non moins violente à l'endroit du petit frère, que dans son cœur elle n'avait jamais accepté et qu'elle avait surnommé « rien du tout ». Dans le test projectif, Martine a extériorisé ses sentiments d'agressivité, cliniquement inhibés par la névrose, et en particulier, mise en présence de l'image *Charrette,* elle déclare que le petit frère de Pattenoire va être emmené par le fermier pour être tué et mangé. Mais tout aussitôt l'anxiété que cette déclaration, expressive de son désir, suscite en elle mobilise ses défenses, sous la forme d'un correctif: les parents — cochons vont intervenir, mordre le fermier et faire se sauver les petits. Or il est très remarquable que, dès son thème agressif exprimé, Martine a manifesté une vive inquiétude au sujet de son petit frère qui attendait dans la pièce voisine avec sa maman, demandant: *Est-ce que mon petit frère est toujours là?* et voulant interrompre le test pour aller vérifier par elle-même.

On doit donc considérer que certains comportements d'enfants, toujours inquiets de la santé de leurs parents ou de leurs frères et sœurs, sont de nature conflictuelle et, par leur caractère anormal, nous révèlent qu'ils sont la surcompensation d'une rivalité refoulée. Remarquons toutefois que cette surcompensation n'est possible que lorsqu'il y a, conjointement à la rivalité, des sentiments positifs d'affection; là où toute tendresse fait défaut, il n'est pas possible de surcompenser la haine.

2. La pseudo-agressivité

Bergler (6) a décrit sous ce nom des manifestations d'agressivité en général soudaines, inadaptées, se produisant chez des sujets dont le comportement habituel n'est nullement agressif, bien au contraire.

Selon cet auteur, l'agressivité saine: 1 — est suscitée par un obstacle qu'il s'agit de vaincre; 2 — se manifeste par une exaltation joyeuse des forces; 3 — se déploie avec une intensité proportionnelle à l'obstacle; 4 — recherche le succès et éprouve, quand elle l'a obtenu, une vive satisfaction. Par contre la pseudo-agressivité: 1 — n'est pas suscitée par un obstacle extérieur, mais par une poussée profonde émanant de l'inconscient; 2 — se manifeste dans un climat de tension sans joie; 3 — se déploie avec une intensité disproportionnée à la provocation et qui peut être par cela même dangereuse; 4 — ne recherche pas le succès, mais l'échec et la punition, qui ont ici pour effet de diminuer l'angoisse de culpabilité.

Cette pseudo-agressivité est fréquente chez les sujets inhibés, souvent sous la forme de colères brusques, suscitées par des provocations minimes, dirigées contre le premier venu ou contre un objet matériel (bris de meuble par exemple). Il faut remarquer ici que l'interdit du Surmoi sur l'agressivité aboutit, particulièrement chez les garçons, à une véritable émasculation. Le sujet en éprouve un sentiment de honte, qu'il refoule aussi et qu'il cherche à surcompenser par une formation réactionnelle contraire. On a donc alors un double jeu réactionnel: en premier, formation réactionnelle contre l'agressivité, aboutissant à un comportement de garçon-fille, fait de passivité, de docilité et de douceur; en second, formation réactionnelle contre la passivité, aboutissant à un comportement hyperdynamique dont le caractère pathologique est manifeste. Le rôle de l'angoisse doit être souligné; on en trouve un remarquable exemple dans le livre d'*Anna Freud (22)*; celle-ci a observé un petit garçon qui périodiquement était saisi d'ardeur combative, s'affublait de parures guerrières, d'armes diverses, par un véritable besoin compulsionnel; l'analyse révéla que cela le prenait chaque fois qu'une situation quelconque ranimait en lui une crainte ancienne de castration, et par là même nous révélait la valeur compensatrice du rituel.

L'inadaptation de la pseudo-agressivité se fait bien voir dans l'exemple d'un garçon de 12 ans, *Paul* (obs. 5), qui, nanti d'une mère très castratrice, passait aux yeux de tous pour un sujet timide, peureux, incapable de se défendre. Un jour, dans la rue, des camarades d'école le prirent à partie, lui disant: *T'es une nouille. Tu ne serais même pas capable de te battre avec un petit de 6 ans!* Il en passait justement un sur le trottoir d'en face. Notre Paul, le rouge de la honte au front, traversa la rue et s'en fut frapper le petit garçon, le blessant. Une telle observation nous montre combien la pseudo-agressivité peut se montrer dangereuse, plus dangereuse que l'agressivité vraie, et elle est à coup sûr à l'origine de certaines conduites délinquantes ou criminelles chez les adolescents, comme l'ont fait voir, chacun de leur côté, *Alexander (2)* et *Aichhorn (1)*.

III. LE RETOURNEMENT CONTRE SOI ET L'HUMEUR DEPRESSIVE

Dans le retournement en contraire que nous venons d'étudier, la défense du Moi parvient à transformer profondément les pulsions et à substituer à la spontanéité instinctive des formations réactionnelles qui sont tout à l'opposé. De même on a vu que le désir agressif refoulé peut, par retournement en contraire, donner naissance à des craintes obsédantes que le désir en question ne se réalise.

Le *retournement des pulsions contre soi* est un mécanisme de défense différent du précédent, en ce sens qu'au lieu d'une modification de la pulsion agressive elle-même, nous avons seulement ici un changement de son orientation, dirigée non plus vers l'extérieur, mais vers l'intérieur. Nous voyons à l'œuvre dans ce mode de défense l'action de censure du Surmoi, imposant au Moi du sujet la peine du talion et lui infligeant ce qu'il aurait voulu infliger lui-même aux frères et sœurs rivaux. On sait que la psychanalyse a mis en évidence l'action d'un tel mécanisme à l'origine de la psychose mélancolique, expliquant de cette façon l'annihilation du Moi, les sentiments écrasants de culpabilité et d'infériorité, ainsi que la tendance à l'auto-destruction.

Nous voyons dans nombre de nos cas de rivalité fraternelle censurée se réaliser un *syndrome mineur de mélancolie*. Le tableau clinique est alors dominé par l'anxiété, la culpabilité et l'humeur dépressive, et l'on conçoit qu'un observateur non averti ne puisse au premier abord deviner la cause de ces symptômes.

En effet, la rivalité fraternelle est ici absente. L'enfant déprimé a, vis-à-vis de sa fratrie, un comportement qui est à l'opposé du comportement agressif. La raison en est que la moindre manifestation d'hostilité envers autrui déclenche chez le sujet d'intenses sentiments de culpabilité qui le font aussitôt battre en retraite. Cela se voit au mieux chez les enfants dont on dit qu'ils sont grincheux, grognons, jamais contents des autres ni d'eux-mêmes, et qui allient dans leur caractère agressivité et dépression.

D'autres sont timides, d'un naturel doux, au point qu'ils ne se défendent pas quand ils sont attaqués. Ils n'osent jamais s'affirmer car, à leurs yeux, toute affirmation de soi est agressivité. Ils ont tendance non à déprécier les autres, mais à se déprécier eux-mêmes, à se dévaloriser. Ils se trouvent bêtes et laids, inférieurs aux autres, convaincus de leur impuissance à réussir, démissionnant à la première occasion et cédant la place aux autres sans chercher à se maintenir.

Leur humeur habituelle est triste. Ils pleurent facilement, surtout quand on les gronde. Toutes ces tendances de leur caractère sont dues à un sentiment inconscient de culpabilité qui, suivant un néologisme très expressif ici, *culpabilise* tout ce qu'ils font ou ont envie de faire. Ils se croient toujours coupables, même quand ils n'ont pas fait de faute, au point qu'il leur arrive de se troubler et de pleurer quand on gronde les autres.

De tels enfants ne sont pas heureux. Ils sont toujours anxieux de ce qui peut arriver, des accidents, des malheurs qui pourraient échoir à leur famille. Ils se croient indignes de l'affection des leurs et, dans ce sentiment, ils craignent d'être rejetés. Aussi s'efforcent-ils de se conduire d'une manière exemplaire, et vont-ils jusqu'à s'imposer des corvées, des privations pour regagner par là un peu d'amour.

Il n'est pas rare que ce retournement contre soi du sadisme agressif engendre une attitude *masochique,* c'est-à-dire une sorte de complaisance dans la situation d'être inférieur et coupable. On voit ainsi des enfants supporter d'être frappés par leurs rivaux sans rendre les coups et trouver dans cette passivité une certaine délectation. Il en est qui vont jusqu'à provoquer le rival, par exemple le taquinant jusqu'à ce qu'il se fâche et les brutalise. Il apparaît ici, comme on l'a vu déjà, que l'angoisse de culpabilité inconsciente se trouve soulagée par la souffrance physique. L'analyse psychologique nous fait comprendre pourquoi: ce qui est tout particulièrement pénible à supporter, c'est la condamnation morale du Surmoi, la menace d'excommunication qu'elle fait peser sur le Moi pour le punir de ses pulsions agressives. Toute souffrance est préférable à cette exclusion, et elle rachète en quelque sorte le sujet aux yeux de l'instance censurante, lui permettant de trouver grâce et de n'être pas complètement rejeté.

On comprend aussi par là que, quand l'interdit sur les pulsions frappe l'expansion vitale tout entière, tous les dérivés de celle-ci sont l'objet de la même condamnation, et que le sujet ne peut, sans s'exposer aux rigueurs de son Surmoi, réussir dans quelque activité que ce soit. D'où la *névrose d'échec,* qui barre d'emblée la route à tous les succès et qui empêche notamment toute réussite scolaire. Ainsi *Françoise,* 11 ans (obs. 10), d'un caractère timide et inhibé et qui ne sourit jamais, quand d'aventure elle obtient de bonnes notes à ses compositions, se refuse à montrer son bulletin à ses parents, comme si elle en avait honte.

Anne, 12 ans (obs. 11) qui nous est amenée pour son retard scolaire, a pourtant un bon niveau d'intelligence, puisque le Wisc lui donne un QI de 110. En passant le test, elle fait montre de beaucoup de réflexion et de méthode, et il apparaît qu'il y a contradiction entre cette évaluation de son niveau et son manque de réussite scolaire. On peut toutefois l'expliquer par le fait qu'au cours du test, on note un retentissement des échecs sur les épreuves qui viennent après, ce qui va bien dans le sens d'une névrose d'échec. Cliniquement, Anne se présente comme une dépressive, manquant de dynamisme et d'audace, persuadée qu'elle ne peut réussir. Aînée de trois, elle s'est beaucoup disputée avec son puîné, de 4 ans de moins, à la naissance duquel elle a d'ailleurs été mise à l'école. Ce frère est le préféré en raison de ses bons résultats scolaires, et les réactions de jalousie de la fillette à son endroit ont été sévèrement censurées par les parents. On verra plus loin (Livre II, ch. 4) comment les tests projectifs nous ont éclairés sur le mécanisme de défense du Moi de cette fillette.

IV. LA DEFENSE PAR REGRESSION

La régression de la personnalité tout entière à une époque antérieure de la vie est un mécanisme de défense d'autant plus fréquent qu'il se produit spontanément par le seul jeu des forces naturelles. On a vu en effet (Livre I, ch. 2) que le progrès de l'expansion vitale ne saurait être continu, qu'il est interrompu par des phases régressives traduisant l'intervention de l'instinct de conservation, chaque fois que des conditions de vie difficiles imposent le retour en arrière vers un milieu de protection, où l'adaptation exige moins d'effort.

A l'état normal, la simple fatigue suffit à provoquer ce retour en arrière, de par le fait que lorsqu'on est fatigué, tout devient plus difficile à supporter et que le maintien d'une adaptation normale exige trop d'effort. Le sommeil, auquel la fatigue nous conduit, est le type le plus parfait de la régression totale, replaçant le sujet pour quelques heures dans la béatitude inconsciente des entrailles maternelles. Nous avons vu aussi que la croissance d'un enfant est jalonnée par des phases alternantes de progression et de régression, et qu'on peut par là expliquer certains comportements insolites que rien en apparence ne motive, notamment certaines phases d'asthénie.

Il importe de bien préciser cette notion de régression. *Régression s'oppose à regret,* en dépit d'une parenté de sens due à l'étymologie commune. Le regret est conscient; il exprime le désir de revivre, fût-ce seulement en imagination, une situation passée qui a été particulièrement heureuse; mais il n'est que dans la pensée et il n'affecte en général aucunement la conduite du sujet, lequel continue à faire face aux exigences de la situation actuelle. La régression par contre est inconsciente; elle exprime une manière d'être de la personnalité tout entière, corps et esprit; par elle, le sujet se trouve complètement reporté dans une situation passée, et toutes ses attitudes vitales reproduisent des attitudes antérieures, donc inactuelles et inadaptées aux exigences du présent.

On comprend bien par là en quoi la régression peut être une défense très efficace contre l'angoisse d'un conflit actuel. Elle supprime le conflit en ramenant le sujet, dans la totalité de son être, à une époque de sa vie où ce conflit n'existait pas encore. Un des exemples les plus frappants de cette action de défense est la régression devant l'Œdipe. Quand d'intenses sentiments œdipiens suscitent dans l'âme d'un enfant une angoisse de culpabilité, laquelle peut persister même en cas de refoulement, comme on l'a vu, la régression pré-œdipienne substitue aux sentiments coupables (agressivité contre le parent de même sexe, attrait érotique pour le parent de l'autre sexe) des sentiments antérieurs plus licites. C'est ainsi qu'une fillette intérieurement torturée par sa rivalité jalouse à l'égard de sa mère, qu'elle voudrait éliminer et remplacer auprès du père, si elle régresse au stade oral, pourra retrouver par là les relations d'affection tendre qu'elle avait eues dans le passé avec sa mère; mais on comprend qu'il ne s'agit pas ici de la même mère, que ce n'est pas la mère épouse du père, mais la mère nourricière.

D'une façon analogue, quand un conflit de rivalité fraternelle suscite de par son intensité même une angoisse trop vive, la régression apaise l'angoisse en reportant l'enfant à un âge où il n'avait pas encore de petit frère. Il est facile de comprendre qu'ainsi se trouve supprimée la jalousie agressive à l'égard du rival et par conséquent aussi l'angoisse de culpabilité que cette jalousie entraînait. On est donc en droit de penser, en cas de régression intense et durable, qu'il y avait à compenser une rivalité agressive particulièrement violente.

Il faut toutefois apporter à cette règle une restriction, qui tient au tempérament individuel. Comme on l'a vu, les enfants de tempérament délicat, manquant d'expansion vitale, ont tendance à réagir à toute condition de vie quelque peu défavorable par une régression. La moindre frustration résultant de la naissance d'un petit frère les fera donc régresser, et cela d'autant plus volontiers qu'ils auront gardé dans leur petite enfance des *points de fixation,* des périodes de sécurité particulières, de gratifications de toutes sortes, qu'ils n'ont dépassées qu'à regret et qu'ils voudront sans cesse retrouver. Il n'est que trop certain par exemple qu'un enfant ayant vécu ses premières années dans une intimité constante avec ses parents, sans perturbation d'aucune sorte, s'il lui vient alors un frère, gardera tout au fond de son cœur la nostalgie de ces années heureuses et y régressera à la première occasion. Parmi les auteurs qui ont étudié ce mécanisme de défense, il faut faire une place particulière à *Charles Baudouin,* qui l'a longuement décrit sous le nom de *complexe de retraite (3).*

Le tableau clinique diffère quelque peu selon les cas [1].

1. *Le désir d'être ou de redevenir un bébé*

Autant l'enfant heureux de vivre, qui jouit de conditions de vie particulièrement favorables, dans une ambiance qui lui rend l'expansion et l'adaptation faciles, aspire à progresser et à grandir; autant l'enfant malheureux, que les circonstances et le milieu éducatif traumatisent psychologiquement, aspire à régresser et à retrouver l'existence paradisiaque du nouveau-né.

Si les conditions de vie du milieu familial sont pour une large part déterminantes ici, il faut toutefois reconnaître que le tempérament propre de l'enfant joue aussi un rôle important, selon qu'il s'agit d'un tempérament d'expansion vitale ou d'un tempérament de rétraction, comme on l'a vu un peu plus haut.

On ne saurait cependant considérer la régression comme toujours significative d'un état pathologique. Il convient de remarquer que l'existence d'un enfant (celle d'un adulte aussi d'ailleurs) étant fertile en situations pénibles, la défense par régression est très généralement employée, à tout le moins sous une forme intermittente. Il est ici très remarquable que lorsqu'on pose à des enfants notre question du *Test de l'Age d'or (15): « A quel âge crois-tu que les enfants sont le plus heureux?* », un nombre important d'entre eux

---

[1] Nous n'étudierons ici, devant nous limiter, que la régression orale. Mais pour un exposé vraiment complet, il conviendrait d'examiner aussi les altérations du caractère dues à la régression au stade anal, ainsi que les formations réactionnelles contre l'analité, facteurs de névrose comme plusieurs de nos observations le montrent (entre autres obs. 9).

répondent: « *Tout petits* », avec des attendus variés qui se ramènent tous à l'affirmation *qu'on est mieux aimé petit, qu'on est plus choyé, qu'on n'a pas à partager avec les frères et sœurs l'affection de la maman.*

La question se pose donc dans chaque cas de savoir si la tendance régressive manifestée est ou non compatible avec l'état normal. Pour y répondre il faut distinguer deux cas: Le premier est celui où la régression s'exprime dans toute la manière d'être de l'enfant et fait de lui en tous points un bébé. Pour peu que cette situation se prolonge, on verra se constituer un état pathologique dont les conséquences peuvent être d'autant plus dommageables qu'on a affaire à un sujet plus âgé.

Le second cas est celui où la régression n'atteint qu'une partie de la personnalité, en général le domaine du Soi, que gouverne le principe du plaisir, et où le Moi, instance d'adaptation, s'efforce de maintenir le sujet dans la situation réelle qui correspond à son âge. Il y a ici conflit entre la partie régressive de la personnalité et le reste, et de la solution qui est apportée à ce conflit dépendra le devenir du sujet. Nous rappellerons l'importance de ces notions quand nous étudierons les éléments fournis par les tests de projection, et nous montrerons alors que la constatation de thèmes régressifs ne suffit pas à elle seule pour affirmer une régression pathologique, qu'il faut faire entrer en ligne de compte la structure du Moi et ses capacités d'adaptation.

2. *Le renversement des rôles*

Le désir de retrouver la condition privilégiée des tout-petits conduit parfois les enfants à inverser les rôles en se disant, au mépris de la réalité, plus jeunes que le petit frère. Une pareille négation des faits ne peut bien entendu s'observer que chez des enfants très jeunes, ou ce qui revient au même, très immatures affectivement. Ainsi une petite *Régine,* 3 ans (obs. 12), très jalouse de sa petite sœur de 14 mois, déclare qu'elle ne l'aime pas, refuse de l'embrasser, essaie de lui chiper ses biberons; elle dit à la psychologue: *Rosine est plus grande que moi; elle mange toute seule; je ne veux pas lui donner mon papa et ma maman.*

3. L'identification régressive

A dire vrai, ce renversement des rôles est assez rare. Ce qu'on observe beaucoup plus souvent, c'est *l'identification au rival nouveau-né.*

Il faut considérer que l'identification est la base première des relations affectives. En particulier au stade oral, toute relation avec un objet est vécue comme une incorporation de cet objet, une introjection avec identification réciproque. Et ce qui est vrai au stade oral reste vrai aux stades ultérieurs dans la mesure exacte où l'influence de l'oralité s'y fait encore sentir. Faisons remarquer aussi qu'il y a au stade oral confusion de l'être et de l'avoir, si bien qu'il n'y a pas de différence entre *adoration, possession et identification.* Quand un aîné est en adoration devant son petit frère, qu'il déclare que ce petit frère-là est à lui et qu'il veut s'en occuper en tout, cela se ramène curieusement à s'y identifier.

Il faut convenir que la naissance d'un petit frère est pour les plus grands un événement que rien n'égale en importance, de par le fait que se mêlent ici inextricablement la rivalité œdipienne et la rivalité fraternelle. Les grands s'interrogent sur le problème de la naissance, dont on leur a annoncé qu'elle était proche, sur le rôle du papa et de la maman dans l'affaire. Ils sont partagés entre le désir d'avoir un petit frère dont la venue leur fera revivre les premières étapes de leur enfance, et l'inquiétude de ce qu'il pourrait leur ravir leur place dans l'affection des parents. Le futur nouveau-né exerce déjà sur les grands une action attractive, et l'on peut dire qu'un processus d'identification est déjà en train avant la naissance. Ainsi on peut voir les frères et sœurs du bébé attendu se complaire des heures entières dans « le jeu des nids », se pelotonnant avec délices dans des petits coins, dans un fonds d'armoire, ou même entre deux matelas; demandant aussi à leur maman de les prendre sur les genoux ou de leur donner des nourritures de bébé. Certains se remettent à sucer leur pouce ou à faire pipi au lit. Quand le bébé est né, cela s'intensifie. A dire vrai, pour peu que la naissance soit pour les grands la cause de frustrations importantes, de par les circonstances ou de par l'attitude des parents, il est fréquent que les sentiments de jalousie soient intenses, se traduisant par une hostilité marquée, par des épithètes dépréciatrices ou bien par un refus de regarder le bébé, auquel on feint de ne s'intéresser aucunement. Mais dans la règle ces sentiments de jalousie, objets d'une forte réprobation des parents pour peu qu'ils s'expriment trop ouvertement, sont bientôt remplacés par les sentiments contraires: *Il n'est pas jaloux de son petit frère,* disent les parents, *il l'adore.*

C'est vrai que le plus grand adore le bébé, qu'il le met sur un piédestal, qu'il ne tarit pas d'éloges sur sa gentillesse, mais il faut bien comprendre que cette attitude est fondée sur une identification.

Une observation un peu fine nous le montre bien. En premier lieu il faut insister sur ce qu'on peut appeler la *revendication d'égalité:* le grand veut être aimé, câliné comme le petit frère; il réclame les mêmes parts que lui, et alors qu'il n'aimait plus le lait, il demande à nouveau des biberons. Si d'aventure le bébé est malade et qu'on lui prescrit sirop ou suppositoires, le grand veut aussi le même sirop et les mêmes suppositoires. Nous avons connu une fillette de 4 ans qui, voyant revenir son petit frère de la Clinique où il avait été opéré, disait, pâle de jalousie: *Pourquoi que moi j'ai pas une vraie maladie, une maladie avec docteur?*

Une petite *Nicole,* 3 ans et demi (obs. 13) nous est amenée parce qu'elle bégaye. Ses troubles de parole ont débuté 3 mois après la naissance du bébé. Les parents affirment que Nicole aime beaucoup le frérot et n'en est pas jalouse; mais on nous signale que: 1 — quand on fait marcher le petit frère, maintenant âgé de 13 mois, elle veut qu'on la fasse marcher, elle aussi, en la soutenant; 2 — qu'elle n'aime pas le lait, mais que quand on en donne à son rival dans une tasse, elle en veut aussi; 3 — qu'elle ne veut plus manger toute seule et demande qu'on la fasse manger; 4 — qu'elle s'est remise à faire pipi au lit, disant: *elle est pissouse, Nicole, parce que Monmon est pissou* et: *il est petit Monmon, donc elle est petite Nicole;* 5 — que lorsque le petit frère a commencé à parler, en balbutiant, Nicole s'est mise à faire â â â et à bégayer, ce qui nous éclaire remarquablement bien sur la genèse de son symptôme.

Dans cette situation de rivalité, les enfants portent souvent à un très haut degré le sentiment de la justice des parts égales. L'un d'eux exige que le soir au coucher sa mère passe auprès de lui le même temps qu'auprès de sa sœur. Un autre va jusqu'à demander d'aller en pension comme son frère, parce qu'il a appris que cela coûtait cher et qu'il veut qu'on fasse la même dépense pour lui que pour son rival.

En second lieu l'identification se marque dans la manière dont le grand prend fait et cause pour le plus petit, *participant* intensément à tout ce qui arrive à celui-ci. Si le petit est grondé et pleure, le grand se met à pleurer aussi; s'il est malade, l'autre est malade aussi ou du moins croit l'être et veut le faire croire. *Baudouin* cite ainsi le cas d'une fillette atteinte d'une toux nerveuse et que sa petite sœur dès l'âge de 6 mois imitait en toussant aussi; dès que cette petite fut en âge de parler, elle expliqua pourquoi elle toussait; c'était parce que: *quand la grande sœur tousse, maman a peur et le docteur vient.*

Certaines remarques d'enfant, qui ont un caractère très net d'altruisme, sont à base d'identification. Ainsi un garçon de 5 ans, dont le petit frère, de 14 mois plus jeune, est un jour menacé d'une fessée pour son opposition têtue, intervient anxieusement en disant: *Paul veut bien, maman, Paul dit oui!*

Nous avons vu que la régression constitue un mécanisme de défense conforme au principe du plaisir, en reportant l'enfant à une époque où il n'avait pas encore de conflit de rivalité fraternelle. Ajoutons que l'identification au rival nouveau-né complète cette défense en supprimant la possibilité même de cette rivalité, puisqu'alors le sujet et son rival ne font qu'un.

Nous avons observé ce mécanisme de défense chez des sujets de tous âges et jusque chez des adolescents. Il apparaît comme d'autant plus pathologique qu'il se produit à un âge plus avancé, alors que la personnalité devrait avoir acquis une maturité qu'elle n'a pas.

Il est surtout fréquent chez les aînés, et cela se comprend, étant donné que l'agressivité contre un tout petit incapable de se défendre est d'autant plus censurée que l'écart d'âge avec le rival est plus grand et peut entraîner de la part des parents de sévères représailles. Il n'est rien d'étonnant par conséquent à ce qu'un aîné au moi immature, incapable de réaliser la sublimation nécessaire, incapable même d'opérer un refoulement ' réussi, soit alors tenté par la régression qui lui procure dans l'immédiat tant d'avantages.

La même question se pose, ici comme précédemment, de savoir si une telle régression avec identification est normale ou pathologique.

Elle est normale — et d'ailleurs d'une fréquence extrême — quand d'une part elle ne dure pas longtemps, ne dépassant pas quelques semaines, et quand d'autre part elle n'est que partielle et n'empêche pas l'enfant de répondre à l'appel de ses éducateurs en faisant face aux obligations de son âge.

Elle est pathologique, en premier lieu quand elle se prolonge et affecte durablement le caractère; en second lieu quand elle atteint des secteurs étendus de la personnalité et transforme vraiment le grand en un bébé. C'est alors que se trouve constitué un *syndrome régressif* qui intéresse le pédiatre et le psycho-clinicien et qui est essentiellement caractérisé par le contraste saisissant entre l'âge de l'enfant et son comportement de bébé. Au point de vue du caractère: passivité, indolence, manque d'initiative, avec des réactions impulsives ou une opposition enfantine à ce que demandent les parents; jeux de bébé, comportant la recherche de la compagnie des tout petits (par exemple jeux à la poupée). Au point de vue de l'intelligence: lenteur, tendance à la rêverie, incapacité d'effort, manque de désir d'apprendre, qui expliquent les mauvais résultats scolaires en dépit d'un Q.I. de bonne valeur.

Il est de règle qu'on soit consulté seulement pour le retard scolaire, le simple comportement bébé n'alarmant pas les parents outre mesure. Et il est bien vrai que la régression n'a de valeur franchement pathologique que lorsque, s'établissant à demeure, elle persiste en particulier à l'âge scolaire.

4. *Double défense par dépression et régression*

Nous avons souligné que la défense par retournement contre soi détermine une humeur dépressive avec anxiété, ce qui conduit à faire remarquer qu'elle n'est pas dans la plupart des cas un mécanisme de défense suffisamment efficace. Il est très fréquent de la voir complétée par la défense régressive qui, comme on vient de le noter, supprime presque complètement l'angoisse conflictuelle.

L'on voit souvent chez l'enfant les deux processus se succéder. La rivalité à l'égard du petit frère, retournée contre soi, détermine d'abord un état de tristesse, puis dans un second temps la tristesse disparaît, tandis que la régression avec identification vient au premier plan. Cette remarque peut être généralisée, et l'on sait combien, à tout âge, la tendance dépressive est volontiers combattue par tout ce qui peut favoriser un retour aux stades premiers de la vie: le sommeil, la nourriture, les boissons, alcoolisées ou autres, ainsi que tout ce qu'on peut sucer ou mastiquer. Par exemple chaque fois qu'un enfant se remet à sucer son pouce, c'est qu'il est triste et qu'il cherche à compenser sa tristesse.

V. L'IDENTIFICATION AU RIVAL

Nous venons de voir dans la défense par régression avec quelle fréquence des aînés peuvent s'identifier à un rival nouveau-né, et les conséquences que cela entraîne pour la personnalité.

Ce processus de défense par identification est très général, et d'autant plus employé qu'il correspond au mode habituel des relations affectives du jeune âge. D'une part il est, comme on l'a vu, la forme primitive de l'amour. D'autre part, ce qui n'est contradictoire qu'en apparence, on s'identifie souvent à la personne dont on a subi les frustrations les plus fortes, car c'est un moyen de neutraliser la frustration en participant activement au rôle de l'autre au lieu d'en subir passivement l'influence. La preuve nous en a été donnée un peu plus haut quand il a été montré qu'un enfant neutralise sa rivalité agressive à l'encontre du petit frère en s'y identifiant, le petit frère étant, du seul fait de sa naissance, un agent majeur de frustration.

1) *Identification progressive.* Processus inverse de l'identification régressive, l'identification progressive émane du désir d'être plus grand, plus fort que l'on est. On connaît bien ce mécanisme dans la solution du conflit œdipien, puisque la charge agressive de l'enfant contre le parent qui le frustre dans ses désirs œdipiens, le père pour le garçon, la mère pour la fille, se liquide par l'identification audit parent.

Les conflits de rivalité fraternelle peuvent être de même résolus par l'identification du plus jeune à un plus âgé. Aussi le voit-on souvent dans les jeux suivre l'aîné et le copier en tout « pour être grand ». Ce processus de défense contre l'angoisse d'être petit est parfaitement normal et contribue à la maturation. Il devient par contre pathologique quand il se manifeste par une identification totale, au point que l'enfant n'est plus lui-même, mais l'autre.

Anna Freud (22) consacre un long exposé à ce mécanisme défensif qu'elle appelle *cession altruiste,* montrant que lorsque certaines pulsions sont interdites, il arrive qu'elles soient projetées sur une autre personne, le sujet mettant alors tout en œuvre pour que l'autre puisse réaliser les désirs qui lui sont défendus à lui-même, comportement qui, bien qu'il ait une origine égoïste, a toutes les apparences de l'altruisme. Nous avons observé de tels cas chez des enfants qui, d'abord farouchement jaloux de leur aîné, en sont arrivés, par projection et identification, à abandonner toute prétention personnelle, à se dévouer à leur frère avec une abnégation surprenante et à se réjouir de tous les succès qu'il remporte comme si cela leur advenait à eux-mêmes.

L'exemple qu'en donne *Anna Freud* est bien significatif. Une jeune institutrice, actuellement connue de son entourage comme une fille modeste et sans prétention, avait été dans son enfance tout le contraire, réclamant sans cesse d'avoir tout ce que ses camarades plus âgées possédaient et de faire tout ce qu'elles faisaient. Elle ne rêvait que d'avoir des jolies robes et beaucoup d'enfants. Or à l'âge de 13 ans, elle était devenue amoureuse d'un ami de sa sœur aînée, sœur avec laquelle elle était en intense rivalité. S'étant imaginée que le jeune homme la préférait à sa sœur, elle éprouva une grande déception le jour où le jeune homme invita sa sœur à sortir avec lui, mais aussitôt après elle se mit à déployer une activité fébrile pour apporter à sa sœur tout ce qui pouvait contribuer à la faire belle pour cette sortie. Ce faisant, dit *A. Freud,* elle a retrouvé toute sa gaieté et semble avoir totalement oublié que c'est à sa sœur et non à elle que le plaisir échoît. L'auteur nous montre ensuite que la vie ultérieure de cette jeune fille est tout entière gouvernée par un renoncement à ses ambitions initiales et par l'intérêt extrême qu'elle porte aux autres dans la mesure où elle a projeté sur eux lesdites ambitions, se réjouissant par identification de ce qui leur advient d'heureux et acceptant pour elle-même une existence de vieille fille très effacée.

2) *Identification à l'autre sexe.* Il est fréquent aussi qu'un garçon s'identifie à sa sœur ou une sœur à son frère. Il est probable qu'ici un élément constitutionnel intervient pour favoriser l'identification. Nous savons en effet qu'il existe chez la plupart des individus une certaine ambivalence sexuelle, que l'on n'est par conséquent jamais entièrement homme, ni jamais entièrement femme, que tout homme a une composante féminine et toute femme une composante masculine. Il apparaît que quand cette composante de l'autre sexe est assez forte, l'identification du garçon à une fille, de la fille à un garçon se trouve en quelque sorte préparée à l'avance, et les événements traumatisants de la vie enfantine feront le reste.

Voici par exemple *Paul,* 10 ans, (obs. 5) qui est en très forte rivalité avec sa sœur, âgée de 8 ans, rivalité attisée par la préférence de la mère pour la cadette. Mais c'est un inhibé, de caractère doux, n'osant jamais se battre ni à la maison ni à l'école. Ses manières efféminées font qu'on le traite de fille. Il joue en effet volontiers à la poupée et déteste les jeux de garçons.

Nous verrons au Livre II que dans la projection il s'identifie résolument à une fille. Or sa structure morphologique comporte des éléments féminoïdes importants.

L'identification à l'autre sexe se réalise en général par un double processus: d'une part la défense contre l'agressivité de frustration; d'autre part le désir de jouir des avantages de l'autre quand il est par exemple préféré des parents, comme dans l'observation cidessus.

Comme dans nos coutumes les parents manifestent d'ordinaire une certaine préférence pour les garçons, il est fréquent que les filles, déçues d'occuper la seconde place, s'identifient à leur frère, et c'est là sans aucun doute une cause très habituelle de leur affirmation virile. Mais l'inverse peut s'observer aussi, comme nous venons de le voir.

VI. LE REPLI NARCISSIQUE ET L'ISOLATION

Dans tous les mécanismes de défense contre l'agressivité étudiés jusqu'ici, le contact est maintenu avec le rival, et l'exigence de rapprochement et d'union, si impérieuse dans le jeune âge, est sauvegardée, comme on l'a vu.

Il est des cas, à la vérité beaucoup plus rares, où il se produit une *rupture de contact* entre les frères rivaux. Il convient de remarquer que, tant l'agressivité que la tendresse exigent le contact des corps. Si le contact sexuel ou agressif est frappé d'interdit, et que, pour des raisons que nous ne faisons qu'entrevoir, les mécanismes de défense habituels ne suffisent pas, le Moi se défend par le processus de *la relation à distance,* encore appelée *isolation,* du fait que le sujet s'isole dans un cercle où son rival n'a pas accès, où par conséquent ses propres pulsions ne peuvent atteindre celui-ci.

Il y a là un processus analogue à celui que nous avons étudié au chapitre premier comme une des formes manifestes de la rivalité: *le rejet du rival.* Toutefois il y a entre les deux processus une différence importante: c'est qu'ici ce n'est plus le rival qui est rejeté, mais le sujet lui-même qui se rejette, qui prend de la distance et s'isole de l'autre, ce qui aboutit cliniquement à une *attitude d'indifférence,* dans laquelle on ne perçoit de prime abord aucune marque d'agressivité.

Il faut remarquer que cette attitude d'indifférence est fréquente au début, sous le choc que constitue pour l'enfant l'apparition soudaine du petit frère rival, et qu'elle se traduit par un manque d'intérêt pour le nouveau-né ou par des réflexions telles que: *Je ne veux pas le voir le petit frère!* Mais dans la grande majorité des cas, cette attitude ne se maintient pas au-delà de quelques heures ou de quelques jours. Il apparaît bien que c'est parce qu'elle est trop contraire au besoin d'expansion de l'enfance, suscitant curiosité et recherche de liens affectifs.

Il est cependant quelques cas observés par nous où cette indifférence se maintient et où l'enfant se comporte en tous points comme si le petit frère n'existait pas. Ce n'est pas ici qu'il en nie agressivement l'existence, comme nous l'avons vu faire souvent dans les pages précédentes, mais c'est qu'il l'ignore. Les parents sont alors en droit de dire que le grand n'est pas jaloux du petit et ne se dispute jamais avec lui; mais pour peu qu'ils aient quelque intuition, ils souligneront l'absence d'intérêt et d'affection de l'aîné pour son rival.

Il est presque de règle que cette réaction d'indifférence affecte aussi les rapports de l'enfant avec ses parents. L'on est alors en droit de se demander si le mécanisme d'isolation ne serait pas mis en œuvre pour se défendre contre d'intenses pulsions œdipiennes agressives et érotiques, inextricablement tissées avec les pulsions de rivalité fraternelle. L'enfant, déçu dans son amour pour ses parents de par la naissance du petit frère, leur en voulant et croyant n'en être plus aimé, pris dans un conflit qu'il ne parvient pas à résoudre, se replierait sur lui-même, n'ayant plus avec les siens que des relations très distantes.

Il s'agirait donc ici de ce qu'on peut appeler *un repli narcissique*, se manifestant cliniquement par l'exclusivité de l'intérêt que l'enfant se porte à lui-même au détriment de l'intérêt qu'il porte à autrui. Cela se traduit souvent par une mise en valeur de sa propre personne, de ses aptitudes propres, un soin particulier accordé à la beauté du corps et du costume, ainsi que par une tendance autistique et une conduite générale empreinte d'une certaine froideur distante.

On pourrait penser qu'un tel mécanisme de défense apporte au sujet de vives satisfactions. Mais à une analyse un peu approfondie, on se rend compte qu'il n'en est rien, que ce « repli narcissique » est avant tout un *manque,* une défaite dans les relations affectives avec les parents aussi bien qu'avec la fratrie, défaite aboutissant à la suppression de tous échanges.

Isolation, relation à distance, repli narcissique, autisme représentent donc un mécanisme de défense particulier qui, comme nous l'avons dit un peu plus haut, répond à l'intensité des pulsions œdipiennes et de rivalité fraternelle associées chez des sujets, il convient de le dire, qui sont prédisposés à un tel mode de défense par leur *constitution schizoïde.*

Il faut noter ici que ce mode de défense s'observe en particulier dans *la névrose obsessionnelle*. Comme l'on sait, bien des symptômes de cette névrose sont de nature défensive et sont liés précisément à un interdit sur le contact: ainsi les différents rituels, le refus de toucher, l'ablution fréquente des mains; et nous verrons avec quelle netteté cet élément d'isolation se manifeste dans la projection (L. 2).

VII. RIVALITÉ FRATERNELLE ET ŒDIPE

Dans les pages précédentes, nous avons fait plusieurs fois allusion à l'Œdipe. Il faut en effet considérer que l'âge de la rivalité fraternelle est aussi celui de l'Œdipe, qu'en conséquence relations avec la fratrie et relations avec les parents s'entremêlent souvent en un complexe de sentiments.

Tantôt la rivalité fraternelle se trouve renforcée par la rivalité œdipienne. L'enfant voit dans le frère rival le résultat de l'union intime des parents, union qui suscite sa jalousie. Il voudrait prendre la place du père ou de la mère, et que le nouveau-né soit le fruit de son union avec la mère (garçons) ou avec le père (filles).

Tantôt au contraire les sentiments œdipiens se trouvent diminués par la rivalité fraternelle, en vertu d'un déplacement qui transpose les relations du plan parental au plan de la fratrie. C'est ainsi que les garçons sont souvent amoureux de leur sœur et les filles de leur frère, garçons et filles transposant leur agressivité œdipienne sur les autres enfants de même sexe de la famille. Il faut ici remarquer que l'interdit de l'inceste est beaucoup moins fort en ce qui concerne les relations entre frères et sœurs, et que, de ce fait, de telles relations sont fréquentes, à tout le moins sous le mode mineur des caresses et des jeux de touche-pipi. On sait d'autre part que certaines situations favorisent tout particulièrement ce transfert des sentiments œdipiens sur la fratrie: par exemple un grand écart d'âge qui fait que le frère aîné ou la sœur aînée a la place et le rôle normalement dévolus au père ou à la mère.

D'autre part le défaut de protection parentale, soit par manque d'affection, soit par absence conduit les enfants à s'attacher les uns aux autres, comme *Paulette Cahn (7)* l'a observé dans un orphelinat.

Il apparaît que si les enfants uniques ont un complexe d'Œdipe particulièrement fort, c'est précisément parce qu'ils vivent dans une situation triangulaire fermée avec leur père et leur mère et n'ont aucune possibilité de transférer leurs sentiments d'amour et d'agressivité sur une fratrie.

Il se déduit de ces remarques que l'intensité de la rivalité fraternelle n'est pas toujours proportionnelle à la force des sentiments réels que l'enfant porte à sa fratrie. Il se peut qu'elle soit le substitut, mieux accepté par le Moi, de sentiments œdipiens particulièrement violents et comme tels refoulés, donc incapables de se manifester ouvertement. Cela est vrai dans la vie. Cela est vrai aussi dans la projection et, comme nous le verrons au Livre II, un thème de rivalité fraternelle très ouvertement exprimé peut dans certains cas être le masque d'un thème œdipien dont on ne trouve alors pas trace dans le test, parce que frappé d'interdit.

Tantôt enfin il se produit à l'inverse un déplacement de l'agressivité fraternelle sur les parents. C'est ainsi qu'on voit assez souvent des filles intensifier leur rivalité à l'égard de leur mère jusqu'à l'opposition ouverte, alors qu'elles se montrent pleines d'attentions affectueuses pour le bébé qui vient de naître; c'est que dans le fond de leur cœur elles voudraient être elles-mêmes la maman du bébé.

VIII. SYNTHESE

L'étude des défenses du Moi contre la rivalité fraternelle nous a fait connaître différentes situations cliniques, les unes normales, les autres pathologiques, où l'agressivité entre frères et sœurs est directement en cause, bien qu'elle ne se manifeste pas ouvertement du fait des interdits, comme on l'a vu. C'est ainsi que nous avons décrit

1 — La situation de l'enfant « trop sage », « trop sérieux pour son âge » (paragr. 2)

2 — Celle de l'enfant à l'humeur grincheuse et dépressive (Par. 4)

3 — Celle de l'enfant qui redevient bébé (Par. 4)

4 — Celle de l'enfant qui s'identifie à son rival (par. 5)

5 — Celle de l'enfant indifférent, qui refuse tout contact affectif avec son rival (par. 6).

Il convient d'ajouter que si dans de nombreux cas on voit en action un seul mécanisme de défense bien déterminé, il en est d'autres où plusieurs mécanismes opèrent en même temps, et c'est en général parce que le premier mis en œuvre s'est révélé insuffisant à apaiser l'angoisse suscitée par les pulsions de rivalité. Nous avons vu ainsi le refoulement complété par les formations réactionnelles. Il est très fréquent aussi, comme nous l'avons fait remarquer plus haut, que le retournement dépressif contre soi se double d'une régression, suivant cette constatation fréquente des psychanalystes que les états dépressifs sont souvent combattus par un retour au stade oral (boulimie, addictions médicamenteuses) ou au stade anal (entraînant par réaction une névrose obsessionnelle).

Une question importante est à soulever ici: c'est de savoir pour quelle raison la défense du Moi contre la rivalité fraternelle choisit dans chaque cas tel mécanisme préférablement à tel autre. Il est difficile de répondre à cette question, et *Anna Freud* elle-même, dans son Livre pourtant si documenté, souligne cette difficulté sans la résoudre.

Plusieurs facteurs nous paraissent entrer en jeu ici:

Le premier est l'âge de l'enfant, son âge réel certes, mais surtout son âge de maturité et les capacités du Moi qui lui correspondent. De ce point de vue, la régression et l'identification à un bébé apparaissent comme le fait d'un Moi immature, tandis que les autres mécanismes: les formations réactionnelles, le retournement contre soi et l'isolation indiquent un Moi plus fort, peut être pas mieux adapté, mais à tout le moins plus rigide et capable d'une maîtrise plus grande des pulsions.

Le second est le tempérament. Les sujets dotés nativement d'une forte expansion vitale, ayant une structure sthénique, extériorisent leur agressivité fraternelle sans guère se soucier des interdits possibles. Mais le défaut d'expansion vitale native, surtout quand il se marque par une structure atone, fait, on l'a vu, prévaloir les réactions de conservation, qui sont des réactions régressives; c'est ainsi que les enfants nés chétifs (par prématuration ou par quelque autre cause) sont plus exposés que les autres à rester fixés aux premières étapes de la vie et à y régresser en cas de difficulté. Les types Dilatés (donc expansifs) marqués d'une certaine atonie, ont une tendance particulière aux réactions dépressives, lesquelles sont de ce fait plus fréquentes chez les filles que chez les garçons. Les types Rétractés, lorsqu'ils sont dotés d'une structure sthénique, ont par contre l'apanage des réactions d'isolation et des relations à distance, que nous n'avons observées que dans le sexe masculin.

Le troisième facteur est le milieu éducatif, et particulièrement l'attitude des parents. De ce point de vue nous avons souligné qu'une grande sévérité éducative, introjectée en un Surmoi tyrannique, est souvent responsable du retournement des pulsions en contraire et plus encore du retournement contre soi. Encore devons-nous rappeler ici ce que nous avons dit plus haut quand nous avons fait remarquer que les parents ne sont pas toujours responsables de la sévérité du Surmoi de l'enfant.

Le quatrième facteur est la situation de l'enfant et de son rival dans la fratrie. Nous avons souligné à cet égard qu'une grande différence d'âge, en empêchant les manifestations agressives directes de l'aîné contre le plus jeune, commandait un refoulement et des formations réactionnelles intenses ou bien une régression. Il apparaît, bien qu'aucun dénombrement précis n'ait été fait, que les aînés sont tout spécialement en situation de se défendre contre leurs pulsions agressives et font presque toujours usage des mécanismes décrits. Par contre les plus jeunes passent pour décharger bien plus volontiers leur agressivité sans en éprouver de culpabilité ni d'anxiété, et d'autre part ils font surtout des identifications progressives aux rivaux plus âgés.

IX. LES SYNDROMES NEVROTIQUES

Nous avons dit que le conflit entre le Moi et les pulsions agressives de rivalité fraternelle, quand il n'est pas résolu par le mécanisme normal de la sublimation, peut être à l'origine d'états névrotiques. Ces états névrotiques présentent tous les degrés, depuis les formes mineures qui disparaîtront en général sans laisser de séquelle, jusqu'aux névroses bien caractérisées qui se maintiendront ou resurgiront à l'adolescence et à l'âge adulte, mais dont il faudra rechercher les premières manifestations dans l'enfance.

On doit toujours, quand on constate des « troubles du caractère » ou une « non-réussite scolaire par inhibition », se demander s'il n'y a pas une névrose sous-jacente. Nous l'avons vu par exemple dans le cas de *Martine* (obs. 9), cette petite fille de 6 ans qui avait mal accepté son petit frère et l'avait surnommé « rien du tout », et qui présentait depuis cette naissance des troubles du caractère importants sous la forme d'une opposition violente, particulièrement dirigée contre la mère. La famille mettait l'accent sur lesdits troubles et consultait pour eux. Mais l'on ne pouvait manquer d'être frappés par l'importance des rituels: rituels de l'habillement, rituels du coucher, manie ablutionnaire, et par le refus de tout contact qui, sur un fonds dépressif, signaient la névrose obsessionnelle de cette fillette.

De même, *Marcel,* 12 ans (obs. 14), qui a une sœur de 14 ans et une autre de 2 ans. Traité pendant 10 ans en fils unique, il a réagi dépressivement à la naissance de la petite sœur; il se demandait si sa mère allait encore l'aimer; puis il a pris la sœurette en adoration, tout en la frappant quand il s'énerve. Depuis cette naissance se sont développées chez Marcel des manifestations anxieuses et obsessionnelles qui, en deux années, ont abouti à une véritable névrose.

Voici encore le cas de *Michel,* 12 ans (obs. 15), aîné de trois garçons, qui a toujours été nerveux et de petite santé. On nous l'amène pour sa nervosité, ses angoisses nocturnes, son caractère grincheux, mécontent de tout, jamais gai, et ses résultats scolaires médiocres. On nous dit qu'il se dispute beaucoup avec le benjamin âgé de 6 ans et qu'il ne se fait aucun camarade. Ici encore aux manifestations anxieuses s'ajoutent des manies d'ordre et de propreté. Il est en effet fréquent comme dans ces deux derniers cas que la névrose soit mixte, à la fois anxieuse et obsessionnelle.

La névrose asthénique est fréquente aussi, et on peut dire que la plupart de ses symptômes se ramènent à ceux de la régression quand celle-ci entre en conflit avec la partie non régressée de la personnalité, entraînant, ici encore, culpabilité et anxiété.

Deux problèmes se posent à ce propos :

Le premier est de savoir si les troubles névrotiques qui « paraissent » déclenchés par la rivalité fraternelle sont dus à celle-ci ou à quelque autre cause. Depuis *Freud,* on a beaucoup plus souvent incriminé à l'origine des névroses le complexe d'Œdipe que la rivalité fraternelle. Il nous est difficile de trancher : Comme on l'a vu un peu plus haut, il y a très souvent association et même intrication entre les deux facteurs en question, s'atténuant ou se renforçant l'un l'autre selon les cas. Et il est très probable, comme nous l'avons souligné en parlant de l'accumulation des frustrations, que la névrose se constitue surtout, à la faveur de certaines prédispositions, quand l'enfant subit les influences conjuguées de la rivalité fraternelle et de l'Œdipe.

Le second problème est de savoir dans quelle mesure lesdits troubles névrotiques peuvent entraver le développement de la personnalité. Tout dépend bien entendu de leur intensité. Il convient à ce point de vue de distinguer les névroses mineures, qui d'une part sont passagères, et d'autre part ne font pas obstacle à un certain épanouissement affectif et intellectuel; et les névroses majeures, plus durables et aboutissant à l'inhibition de toute expansion vitale. Les premières se dissipent d'elles-mêmes, comme on l'a vu, par le seul mouvement en avant de la vie. Les secondes posent au contraire l'indication formelle d'une psychothérapie.

LIVRE II

LE DIAGNOSTIC
DE LA RIVALITÉ FRATERNELLE
PAR LES TESTS PROJECTIFS

L'UTILISATION DES TESTS PROJECTIFS

Il est des cas où l'analyse psycho-clinique — entretien avec les parents, entretien avec l'enfant — suffit à identifier la rivalité fraternelle, à expliquer les raisons pour lesquelles elle se manifeste de telle ou telle manière et à en établir les causes, soit dans le caractère propre de l'enfant, soit dans ses conditions de vie, soit dans la structure familiale et le comportement des parents.

Toutefois il convient de faire remarquer qu'une analyse clinique de ce genre est toujours incomplète. *André Berge,* dans un chapitre intitulé « La constellation familiale » *(4),* souligne très justement qu'il ne faut négliger dans l'enquête aucun des éléments de cette constellation: nombre d'enfants de la fratrie, âge de chacun d'eux, place du sujet dans sa fratrie, attitude des parents, climat familial, méthodes éducatives employées, profession et santé des parents... etc. Cet auteur ajoute: *Les problèmes des enfants ne sauraient être éclaircis vraiment dans une ignorance totale des problèmes du père et de la mère. Il est donc nécessaire de situer ces derniers dans leur fratrie et de noter les conditions psychologiques et matérielles de leur enfance.*

Il est bien rare qu'un médecin, même travaillant en équipe avec des psychologues, puisse réaliser des enquêtes aussi complètes. Mais on peut remarquer heureusement que ce qui importe, ce sont bien moins les facteurs familiaux eux-mêmes que leur retentissement sur l'enfant, lequel est variable selon les cas. C'est ainsi qu'une situation de frustration, qu'on croit pouvoir évaluer objectivement, influencera de manière différente un enfant au Moi fort et un enfant dont le Moi faible est intolérant aux frustrations. Dans cette perspective, il apparaît qu'il faut accorder plus d'importance à l'étude directe de l'enfant en cause qu'à l'enquête familiale, car cette étude, tant celle des réactions manifestes que celle des réactions profondes, cachées, nous révèle comment l'enfant a réagi à telle ou telle situation traumatisante — quitte à rechercher ensuite dans l'anamnèse quels ont été les facteurs réels responsables de cette situation.

C'est ainsi qu'en ce qui concerne notre problème, nous avons vu que les transformations de l'agressivité sous l'action des mécanismes de défense du Moi ont souvent pour effet de *masquer* la rivalité fraternelle au point de la faire méconnaître, substituant aux réactions manifestes, dont l'étude est facile, des réactions profondes pour l'étude desquelles l'analyse clinique courante ne suffit pas. Comme nous l'avons montré au Livre I, il est en pédo-psychiatrie des syndromes fréquents, exprimant des difficultés d'adaptation à la vie familiale ou à la vie scolaire, dont on ne peut que soupçonner à certains indices l'origine dans un conflit de rivalité fraternelle, sans toutefois être en mesure d'en apporter la preuve par la seule Clinique.

Nous avons appris qu'en pareil cas, les tendances agressives ont été déviées de leur cours normal, déplacées ou refoulées dans l'inconscient, et nous savons que pour déceler leur existence, il convient de mettre en œuvre des méthodes d'exploration particulières. Ces méthodes sont basées sur la tendance naturelle du refoulé à rejaillir à l'extérieur par la seule force de son dynamisme propre, quand on desserre l'étau des censures inhibitrices. On dit alors que les tendances refoulées *se projettent*.

Toutes les *situations projectives* — tests projectifs et psychodrames — résident essentiellement dans l'établissement d'un climat *permissif* où, les censures du Moi se relâchant, les pulsions interdites peuvent alors s'exprimer sans retenue.

Cette proposition est toutefois un peu trop théorique car, comme nous l'avons dit, les défenses sont partie intégrante de la personnalité au même titre que les tendances, et la libération de ces dernières ne peut jamais être complète. Si dans la réalité de la vie, certaines tendances sont frappées d'interdit, cet interdit n'est pas entièrement levé dans le climat permissif de la projection.

Une première conséquence de ce fait, c'est que, dans les thèmes projectifs, les tendances ne se montrent pas à nu, mais plus ou moins masquées par les défenses, ce qui oblige le psychologue à un travail d'interprétation particulier, très fructueux d'ailleurs, puisque ce travail peut nous livrer et les tendances, et les défenses, et le conflit qui les oppose les unes aux autres.

Une seconde conséquence est d'ordre technique. Pour faciliter la projection des tendances censurées, il convient de détourner l'attention consciente du sujet en l'amenant à faire cette projection sur un autre personnage, qui les assumera en ses lieu et place et supportera éventuellement le châtiment qu'elles entraînent. Ce résultat est obtenu par l'emploi d'un *matériel projectif* comportant des personnages fictifs sur lesquels le sujet pourra se projeter.

A la base de cette méthode projective est à mettre une des règles que *Piotrovski (12)* a le premier dégagées nettement. Alors que *Murray,* auteur du TAT, avait affirmé que le personnage central d'un thème projectif, qu'on appelle le héros du thème, est celui qui s'apparente le plus au sujet testé par l'âge, le sexe et la situation, *Piotrovski* a montré que cela n'est vrai qu'en cas de tendances bien acceptées par le Moi. Qu'au contraire plus une tendance est frappée d'interdit par la défense du Moi, plus le personnage choisi pour la représenter est différent du sujet testé, soit par l'âge, soit par le sexe, soit par la situation, avec cette conséquence aisément compréhensible que, sous ce travesti, le sujet testé ne risque pas d'être reconnu dans le héros de l'histoire.

De cette règle de *Piotrovski,* il se déduit, comme nous l'avons dit déjà, qu'il convient d'introduire dans le matériel projectif des personnages très différents du sujet testé. En ce qui concerne en particulier les enfants, les tests projectifs qui réussissent le mieux sont ceux où l'on met en scène de petits animaux familiers: ainsi dans les *Fables de Düss,* dans le *CAT,* dans le *Blacky* et dans notre *test PN.* Encore devons-nous remarquer qu'il faut choisir des animaux auxquels l'enfant puisse s'identifier; c'est pourquoi, ayant pris pour notre test PN le petit cochon, très familier aux enfants depuis les dessins animés de Walt Disney, nous avons par la suite élaboré une forme parallèle avec des moutons, destinée aux psychologues qui opèrent en milieu israélite ou musulman, le cochon étant, pour des raisons culturelles, un animal auquel nul enfant israélite ou musulman n'acceptera de s'identifier.

I. LES TESTS PROJECTIFS POUR ENFANTS

Comme nous l'avons exposé dans notre ouvrage sur « L'examen psychologique d'un enfant » *(10)*, si l'on veut être efficace, il faut faire un choix parmi l'innombrable variété des tests projectifs. Pour notre part, nous avons retenu ceux de ces tests qui nous ont donné les meilleurs résultats. Quand on ne dispose que du temps très limité d'une consultation, il faut des tests dont la passation soit assez brève. De ce nombre sont: les *Fables de Düss,* le *Dessin de Famille* et le *Gribouillis.*
Pour une exploration plus approfondie, nous pratiquons le *Test du Village,* le *Test PN* et le *Psychodrame* avec marionnettes (dans sa fonction diagnostique).
Nous allons présenter très brièvement chacun de ces tests, donnant à la fin de notre ouvrage les références qui permettront au lecteur d'en acquérir le matériel et d'en parfaire la connaissance.

1. *Fables de Düss*

Sous ce titre, *Louisa Düss* a présenté une série de petites histoires que l'enfant est invité à compléter et qui explorent les principales tendances. La plus importante à retenir pour notre sujet est la *Fable de l'agneau,* qui met en scène une maman-brebis et son agneau, à qui elle donne sa chaude présence maternelle et son bon lait; mais le berger amène un tout petit agneau qui a faim et il demande à la brebis de lui donner à boire; la brebis dit alors à son enfant: « Je n'ai plus beaucoup de lait et je le donnerai au tout petit; toi tu es grand maintenant; va manger de l'herbe ». Que va dire le grand agneau?

Cette situation de la fable est évidemment typique de rivalité fraternelle, et l'on s'attend à ce qu'un enfant fortement jaloux de ses frères et sœurs, s'identifiant à l'agneau frustré, manifeste ici ses sentiments agressifs, en paroles et en actes. Comme on le verra, ce n'est pas toujours le cas.

L. Düss propose de reprendre l'histoire quelque temps après en invitant l'enfant à une prise de conscience: « Si cela t'arrivait, toi, que ferais-tu? ». Il nous a paru plus projectif d'appliquer ici notre *méthode des Préférences-Identifications,* qui sera exposée un peu plus loin, et de demander à l'enfant qui il voudrait être dans cette histoire, ce qui permet, par référence au thème donné, de savoir si l'enfant assume ou non les tendances qu'il a extériorisées.

2. *Test du Dessin de Famille*

Suivant la technique que nous avons préconisée, on invite l'enfant à dessiner, non pas sa propre famille (ce qui limiterait beaucoup la projection), mais une famille qu'il imagine, le laissant ainsi entièrement libre d'y faire figurer qui il voudra. Nous faisons ensuite parler l'enfant sur son dessin, l'invitant à « raconter » les personnages qui y figurent, lui demandant d'exprimer ses préférences affectives et ses aversions, et enfin de s'identifier (méthode des P.I.). Ce test, applicable à partir de l'âge de 5 ans (parfois plus tôt chez les sujets de bonne intelligence), est d'une réalisation facile et se montre d'une interprétation très fructueuse.

3. Test du Gribouillis

Ce test est d'une consigne très simple, puisqu'il ne s'agit que de présenter à l'enfant une feuille de papier et de l'inviter à gribouiller dessus. Il ne nous renseigne pas à proprement parler sur les tendances de rivalité fraternelle, mais, comme on le verra, il peut nous fournir de précieuses indications sur la manière dont les pulsions agressives se déchargent ou sont au contraire inhibées.

4. Test du Village

Ce test, qu'*Arthus*, puis *Mabille* ont popularisé en France, est un véritable jeu de construction qui suscite les facultés imaginatives et créatrices du sujet. Il se compose d'une grande variété d'éléments: maisons, arbres, animaux, personnages, bois informes, avec lesquels il s'agit de réaliser un village. La personnalité tout entière, tant intellectuelle qu'affective, se projette dans la construction, et l'interprétation, aussi bien au niveau conscient qu'au niveau inconscient, en est d'ordinaire très fructueuse.

5. Le Test PN (Les aventures de Pattenoire)

Ce test expose en 18 planches la plupart des événements de la vie enfantine, transposés dans le registre très primitif du petit cochon Pattenoire.

La rivalité fraternelle y est exprimée directement dans plusieurs images: *Bataille, Hésitation, Portée,*

Tétée 2; mais quand elle est très intense elle peut déferler sur d'autres images qui n'ont avec elle que des rapports assez lointains; nous en donnerons des exemples. (fig. 2 à 5).

Figure 2

Figure 3

La valeur du Test PN ne réside pas seulement dans le fait que ses 18 planches couvrent un champ tendanciel très étendu. Elle réside aussi et surtout dans la méthode de passation que nous avons élaborée. D'une part, nous

Figure 4

Figure 5

laissons l'enfant entièrement libre de faire des 18 planches l'usage qu'il voudra, en particulier de rejeter celles qui ne lui plaisent pas et qui, correspondant à des tendances fortement refoulées, nous livrent déjà, par leur seule énumération, des indices sur les conflits profonds du sujet; sans compter cette incidence technique qu'on évite par cette consigne de liberté le blocage inhibiteur initial qui empêcherait le déroulement du test. D'autre part, sous le nom de méthode des Préférences-Identifications, nous invitons le sujet testé à reprendre une seconde fois les images et à les classer en deux groupes: celles qu'il aime et celles qu'il n'aime pas; puis à les sérier dans chacun de ces deux groupes par ordre de préférence (la plus aimée, puis la plus aimée en second... etc), ou de préférence inverse (la moins aimée, puis la moins aimée en second... etc) en disant chaque fois la raison de son choix, ce qui apporte souvent un complément précieux aux thèmes donnés initialement. Enfin nous invitons l'enfant à s'identifier dans chacune des images, c'est-à-dire à déclarer quel rôle il voudrait y assumer.

Comme on le verra par de nombreux exemples, cette méthode enrichit considérablement les thèmes et fournit de nombreux éléments d'interprétation en plus. Elle offre notamment l'avantage de pouvoir dissocier tendances et défenses, les unes et les autres ne se manifestant pas au même moment du test.

6. *Le Psychodrame diagnostique*

Dans le psychodrame, l'imagination du sujet peut se donner libre carrière et, si quelque tendance a une très forte charge affective contenue, il est très probable qu'elle sera à l'origine des thèmes imaginés et se révélera dans le jeu de ces thèmes suivant la technique psychodramatique. L'action se substitue ici à la parole, sur un plan de dynamisme pulsionnel plus primitif. Il est très remarquable que l'agressivité, si souvent frappée d'interdit par la censure qu'elle ne se manifeste jamais avec sa pleine intensité même dans les tests de projection, s'extériorise par contre souvent dans les psychodrames avec une force sauvage qui surprend au début le psychologue. A côté de sa valeur thérapeutique, le psychodrame a donc une valeur diagnostique.

II. L'EXTERIORISATION DES TENDANCES DANS LA PROJECTION

Quand dans un test ou dans un psychodrame, on invite un enfant à imaginer des histoires, il se trouve que, selon les lois de la projection, les thèmes fournis se rapportent dans la majorité des cas à des événements de la vie personnelle du sujet, et de préférence à des événements possédant une forte charge affective sous tension, aspirant à la décharge, ce qui est le cas de ceux concernant les tendances refoulées.

Parmi les tests dont nous avons fait mention, il convient de distinguer tests directifs et tests non directifs. Les *tests directifs,* comme les Fables de Düss et le test PN présentent à l'enfant des situations correspondant à des événements typiques de sa vie et qui sont de ce fait susceptibles d'éveiller en lui de fortes résonances affectives; par exemple en ce qui concerne notre problème, on introduit dans le matériel présenté le thème de rivalité fraternelle, afin que l'enfant puisse en se projetant reproduire la manière dont il a vécu ses propres relations avec les frères et sœurs.

Les tests *non directifs* sont ceux qui, comme le Dessin de Famille et le Village, donnent une consigne très large, sans spécification particulière de tendances et laissent de ce fait à l'enfant une liberté d'expression bien plus grande. Le non-directivisme est au maximum dans le psychodrame, où l'enfant est entièrement libre des thèmes qu'il choisit, libre dans le choix de ses personnages et dans l'attribution de ceux-ci aux personnes qui jouent avec lui, tout à fait libre enfin dans la conduite du jeu dramatique qui développe les thèmes.

Quel que soit le test employé, la méthode mise en œuvre devra susciter un véritable *engagement* du sujet testé, disons, sous une forme plus triviale, porter celui-ci *à un point d'échauffement* qui fasse jaillir au-dehors les pulsions refoulées. On y parvient de deux manières:

En premier lieu par le choix du matériel projectif. Comme on le verra, les tests procédant par questions, comme les Fables de Düss, n'ont pas une valeur stimulante aussi grande que les tests en images comme le CAT, le Blacky ou le test PN, car ils restent trop proches du conscient, ce qui fait que les défenses du Moi y exercent une forte action de censure, avec cette conséquence qu'on ne doit pas s'attendre à y voir s'exprimer la rivalité fraternelle dans toute son intensité. Parmi les tests en images, les plus stimulants sont ceux qui, comme le Blacky et le PN, comportent un personnage central qui figure dans toutes les planches, ce qui favorise un bien meilleur engagement d'identification que la diversité des personnages du CAT de *Bellak*. Les tests d'élaboration personnelle, où l'imagination peut se donner libre carrière, comme le Dessin de Famille et le Village, ont aussi une très bonne valeur stimulante. Mais c'est bien entendu, comme nous l'avons dit déjà, le Psychodrame (surtout pratiqué avec les marionnettes suivant la technique de *Madeleine Rambert*) qui a l'effet stimulant le plus marqué.

En second lieu compte aussi beaucoup la méthode personnelle du psychologue. L'accueil de l'enfant, la manière dont le test lui est présenté, tout ce qui peut libérer le sujet de ses craintes et de ses inhibitions préalables, contribue à faciliter l'engagement dans la situation projective. Dans ce sens aussi nous avons imaginé pour notre test PN une méthode de passation qui laisse au sujet dès le départ la plus grande liberté de choix; ainsi on évite que l'enfant puisse s'inhiber et se bloquer devant une situation particulièrement anxio-gène pour lui, ou à tout le moins fasse jouer trop vite ses défenses. D'autre part, quand on a affaire à des sujets très inhibés, il peut être sage de ne pas leur présenter d'emblée un test qui va réveiller leurs émois refoulés; il est bon au préalable de les mettre en con-fiance, de les détendre, en leur faisant faire par exemple du dessin libre ou de la pâte à modeler, ou même une courte séance de jeu avec marionnettes. Dans cette même perspective, le test du Village, par son appel au jeu constructif, peut constituer un excellent moyen d'approche et de désinhibition.

En troisième lieu, il faut noter que l'extériorisation des tendances refoulées dans les thèmes varie beaucoup selon les cas. Comme c'est de la richesse expressive des histoires que dépend la possibilité pour le psychologue d'une interprétation valable, la principale pierre d'achoppement est que l'enfant ne fournisse que des thèmes très brefs, purement descriptifs ou empreints de banalité, sans engagement personnel. Quand cela se produit dans les techniques classiques comme celle de *Murray* pour son TAT, aucune interprétation n'est possible, et l'on doit alors reconnaître que le test a échoué, échec aussi pénible pour l'enfant testé que pour le testeur. La méthode des Préférences-Identifications, que nous avons élaborée pour le test PN, mais qui est applicable aussi aux autres tests, obvie comme on l'a vu à cet inconvénient majeur. Elle offre en particulier ce très grand avantage que, grâce à elle, le test PN n'échoue jamais et apporte toujours une moisson de documents suffisante pour une interprétation valable.

III. DEFENSES DU MOI ET DYNAMISME CONFLICTUEL

La grande erreur de la méthode d'interprétation de *Murray* a été de vouloir estimer la valeur des tendances à l'intensité avec laquelle elles s'expriment dans les thèmes, allant jusqu'à les coter de 0 à 5. Ce qu'expriment les thèmes, c'est seulement la facilité d'extériorisation des tendances, la projection faisant resurgir les tendances refoulées, facteurs de troubles par leur refoulement même. Mais il faut ici souligner l'importance capitale des mécanismes de défense du Moi, plusieurs fois évoquée déjà. Alors qu'à ses débuts la psychanalyse freudienne mettait l'accent sur les tendances refoulées et sur elles seules, par la suite on a été conduit à mettre plutôt l'accent sur l'instance qui refoule, sur le Moi, et par conséquent sur le conflit intérieur qui oppose la censure du Moi et les tendances. Ajoutons à cela une remarque essentielle: c'est que les défenses du Moi ne viennent pas s'exercer après coup sur des tendances qui seraient, elles et elles seules, constitutives de la personnalité du sujet; les défenses sont inhérentes à la structure de l'être au même titre que les pulsions et elles apparaissent en même temps que celles-ci dès le début de la vie. Avec cette conséquence que non seulement, comme on l'a vu au Livre I, elles sont susceptibles de modifier très profondément les manifestations pulsionnelles dans la vie quotidienne, mais encore qu'elles interviennent aussi dans la projection, de sorte que les thèmes projectifs ne sont presque jamais des thèmes purement tendanciels, mais des thèmes exprimant aussi l'action correctrice de la censure du Moi.

Il en résulte une complexité qui déroute au début l'interprétation. Heureusement pour le psychologue, dans la majorité des cas, tendances et défenses ne s'expriment pas en même temps. Tantôt, sous le stimulant de la situation projective, les tendances se donnent libre cours, et ce n'est que secondairement, par une prise de conscience de ce qu'il a révélé, que le sujet testé fait entrer en jeu ses défenses et modifie les thèmes initiaux. Tantôt c'est le contraire: l'inhibition impose au début des thèmes fortement censurés, et ce n'est qu'après coup que, lorsqu'elle se relâche, on assiste à l'extériorisation des tendances.

Le protocole d'un test projectif ne *fournit donc pas une vue statique de la personnalité du testé, mais une vue dynamique,* avec cette conséquence qui doit être toujours présente à l'esprit du psychologue, qu'aux différents moments de la passation de l'épreuve, ce n'est pas tout à fait le même sujet que l'on teste. Au premier abord il en résulte une difficulté qui peut paraître inextricable: des thèmes incohérents ou même contradictoires. Mais peu à peu on se rend compte que ces contradictions sont le fidèle reflet des contradictions même du cœur humain, qu'elles expriment les conflits intérieurs et l'ambivalence si fréquente des sentiments et des pensées, de sorte qu'on parvient à les expliquer rationnellement.

La méthode des P.I. est à ce point de vue particulièrement fructueuse. Des thèmes initiaux aux thèmes des P.I., l'état d'âme du sujet testé change: l'appel au choix préférentiel des situations et l'invitation à s'identifier amènent le sujet, soit à s'extérioriser plus librement, soit au contraire à intensifier ses défenses. Par là aussi se trouve rendue possible une appréciation précise de la force du Moi, de la manière dont cette instance d'adaptation résout les conflits intérieurs et assure l'équilibre de la personnalité.

IV. LE PROBLEME QUI SE POSE: NORMAL OU PATHOLOGIQUE

Le problème est ici posé de savoir si les tendances qui s'expriment dans la projection sont normales ou pathologiques. Disons tout d'abord qu'on ne doit pas définir l'état normal, comme on le fait parfois, comme étant l'absence de conflit: absence de conflit extérieur de l'enfant avec son entourage; absence de conflit intérieur, de l'enfant avec lui-même. C'est là une vue utopique, car une personnalité sans conflit est une personnalité sans dynamisme, sans force agissante, sans force créatrice. L'état normal doit être défini comme l'état des conflits résolus ou en train de se résoudre au mieux de l'adaptation, ainsi qu'on l'a vu plus haut en étudiant le processus de sublimation.

Le problème posé se résume donc dans l'analyse des pulsions et de leur devenir dans le protocole du test. En ce qui concerne la rivalité fraternelle, puisqu'elle est un phénomène constant, nous devons nous attendre à ce qu'elle s'exprime spontanément dans la projection, fût-ce en des thèmes forts, à la condition qu'elle soit sanctionnée par une culpabilité proportionnée, rivalité et culpabilité étant toutes les deux assumées.

Nous allons en revanche montrer comment s'expriment les conflits pathologiques.

1. *Les pulsions.* La violence des pulsions agressives dans les thèmes est évidemment en elle-même un signe pathologique, indiquant la grande intensité des pulsions refoulées. Dans cette perspective, on s'attachera particulièrement aux thèmes de rivalité fraternelle qui se répètent obsessionnellement, sans provocation extérieure, monopolisant en quelque sorte tout le dynamisme vital du sujet, tous ses sentiments et toutes ses pensées. C'est en effet une loi psychanalytique que, lorsqu'une pulsion a été refoulée dans l'inconscient, elle diffuse en quelque sorte « comme une tache d'huile » et imprègne toute la personnalité profonde, envahissant des domaines qui, du point de vue de la pensée consciente, lui sont étrangers. C'est ainsi qu'en cas de refoulement de la rivalité fraternelle, toutes les pulsions agressives peuvent être sous le coup du même interdit, au point qu'aucune action réussie n'est permise, dans quelque domaine que ce soit, et que le sujet se trouve par ce veto inconscient condamné à échouer dans toutes ses entreprises.

2. *L'angoisse.* Une certaine anxiété fait partie de la défense du Moi, puisqu'elle la suscite et s'en trouve apaisée. Une anxiété intense, débordant la défense, est par contre pathologique. On s'attachera donc dans les thèmes à noter l'accent affectif avec lequel sentiments et actions sont exprimés. La disproportion qui se constate entre d'une part un sentiment de culpabilité intense ou un châtiment très sévère, et d'autre part une faute vénielle constitue aussi un signe pathologique; on est

en droit de soupçonner en pareil cas que le thème pulsionnel a été atténué par la défense du Moi, qu'il dissimule un thème beaucoup plus fort, et que c'est bien plutôt l'émotion manifestée qui est révélatrice du conflit réel. Dans le même sens, nous verrons que parfois des thèmes tout à fait banaux s'accompagnent d'un état émotif que leur contenu ne semble pas justifier, soit sous le mode extraverti en anxiété visible, soit sous le mode introverti en inhibition; ici encore il faut considérer que la banalité est en fait une « banalisation » par défense du Moi.

3. *La défense du Moi.* Si la rivalité fraternelle peut être pathologique par sa présence constante et son intensité, elle l'est tout autant par son *absence,* car c'est le signe qu'elle était forte, mais a été inhibée par une censure puissante. Il faut donc considérer comme pathologique qu'il n'y ait dans un protocole aucun thème de rivalité, et d'une manière plus générale aucun thème agressif. Bien sûr, en pareil cas, on reste dans l'ignorance de ce que peuvent être les conflits profonds et dans l'ignorance de leur motivation. On ne peut que constater l'action des forces inhibitrices et présumer qu'elles répondent probablement à de fortes pulsions que le Moi désapprouve. Il est toutefois des cas où, parvenu à un certain point d'échauffement, l'enfant relâche sa censure, et où se produit une « percée » soudaine qui nous montre à nu la tendance interdite, comme dans l'exemple que nous donnerons plus loin (obs. 18).

4. *Les frustrations.* On a vu au Livre I que la rivalité fraternelle peut devenir pathologique dans ses effets quand elle se trouve exaltée par les frustrations que subit l'enfant. Il est souvent impossible de mettre ces

frustrations en évidence par l'examen clinique, car elles peuvent être refoulées dans l'inconscient avec les autres éléments du complexe: l'agressivité et la culpabilité. Mais en pareil cas la projection peut nous les révéler.

Voici par exemple le cas d'un garçon de 13 ans, *Claude* (obs. 16) qui dans le test PN, après avoir décrit de façon banale *Tétée 1*, rejette *Tétée 2* en disant qu'elle est exactement pareille, ce qui revient à nier l'existence des rivaux. Or, à la fin du test, le garçon déclare que Pattenoire est devenu méchant depuis qu'il a eu des petites sœurs, qu'avant il n'était pas méchant, mais que, comme il ne voulait pas avoir de petites sœurs, il les a mordues. Et il n'hésitera pas à faire dire à Pattenoire, comme premier souhait à la *Fée, de ne plus avoir de frères et sœurs parce qu'il ne les aimait pas du tout.*

Chez un autre garçon (obs. 17) *Serge,* 12 ans, cadet de deux, alors que les tests pratiqués ont un contenu inhibé et dépressif, en revanche dans les psychodrames est jouée une forte agressivité sadique-orale assumée par un loup, lequel s'attaque aux parents et au frère. Au cours d'un des jeux, le personnage loup justifie sa conduite en disant: *C'est parce que je n'ai pas de maman pour s'occuper de moi, pour me faire des cadeaux.*

5. *Problème posé.* On ne saurait toutefois tirer de conclusions certaines de la seule constatation des signes pathologiques indiqués. Par cette constatation *un problème est posé,* mais il reste à le résoudre, à déterminer si le conflit qui s'exprime dans la projection se répercute ou non dans l'adaptation du sujet à la vie. Le psychologue doit être ici très prudent en formulant

ses conclusions. Il est sage en tout cas de ne jamais séparer les résultats du test projectif de la Clinique. S'il existe cliniquement des troubles pathologiques, le test peut, en explicitant le conflit en cause, nous renseigner sur la nature profonde desdits troubles et sur leur étiologie. Mais si le sujet est cliniquement normal, on peut dire que les conflits extériorisés dans la projection, quelle que soit leur intensité, quelle que soit aussi l'intensité des défenses qu'ils suscitent, ont été résolus par le Moi du sujet et n'ont pas entravé l'adaptation.

V. LES CONVERGENCES D'INDICES

La psychologie n'est pas la science des certitudes, mais la science des probabilités. Nous venons de la montrer en insistant sur la nécessité de toujours faire converger la Clinique et les résultats du test projectif. C'est là un premier exemple de ce que nous appelons les *convergences d'indices,* grâce auxquelles, par l'accumulation de probabilités convergentes, on peut parvenir à une quasi-certitude.

Dans le même sens il nous faut souligner l'intérêt des tests multiples. Qu'un enfant veuille par exemple dans la Fable de l'agneau être le tout petit à qui est réservé le bon lait de la mère-brebis et non le grand agneau frustré; que dans le test PN, il fasse du héros le benjamin de la famille et que, par surcroît, dans l'image de la *Portée* il s'identifie aux nouveau-nés; que dans son test du Village il fasse figurer en bonne place un bébé au berceau, objet de l'admiration de tous; que dans son Dessin de famille il s'identifie au frère dernier-né; voilà une série de convergences d'indices bien significative. Et nous ne serons pas surpris d'apprendre que dans la vie, le garçon en question manifeste un manque de maturité qui se reflète dans sa conduite et dans son peu d'intérêt pour le travail scolaire. Quatre convergences projectives, plus une convergence clinique; c'est assez pour faire de probabilité certitude et nous autoriser à conclure à une forte régression de la personnalité.

On devra donc aussi souvent que possible multiplier les enquêtes, projectives ou autres, afin d'obtenir ces nécessaires convergences d'indices. Et si l'on nous objecte que cette multiplication des épreuves exige beaucoup de temps alors que celui-ci nous est mesuré, nous répondrons que la connaissance approfondie d'une personnalité ne peut être obtenue par des examens rapides, mais qu'elle vaut le temps et le soin qu'on y consacre.

Chapitre II

L'AGRESSIVITE DANS LA PROJECTION

I. L'AGRESSIVITE DE CORPS A CORPS

1. *Les thèmes forts*

Quand la maturation normale du Moi est parvenue à concilier tendances et défenses dans un processus de sublimation, on constate que dans les protocoles des tests, les tendances s'expriment avec une certaine modération, sans choc en retour d'angoisse et de culpabilité, et qu'elles sont assumées par le sujet.

Par contre les thèmes forts de rivalité fraternelle ont en général une signification pathologique. Pour être en mesure de l'affirmer, il convient toutefois de faire entrer en jeu deux facteurs:

Le premier est l'âge du sujet, plus exactement son âge de maturité affective. Plus le sujet est jeune, plus on peut s'attendre à des thèmes d'agressivité sauvage; ceux-ci n'auront donc de caractère pathologique que s'ils sont donnés à un âge où l'on serait en droit d'escompter une certaine socialisation des pulsions. C'est ainsi par exemple qu'un thème sadique-oral, où l'on mord et dévore le rival, a une signification pathologique puisque, à l'âge où sont réalisables les tests projectifs, le sadisme oral devrait être depuis longtemps dépassé. De même le sadisme anal, qui se manifeste assez souvent dans les psychodrames, où le sujet, par le truchement des marionnettes, couvre d'ordures son rival et le jette à la poubelle après l'avoir mis à mal, est l'indice d'une agressivité sauvage.

Le second facteur est la nature du test employé. Les Fables de Düss, le Dessin de Famille et le Village font appel à une pensée élaborée, où les défenses du Moi jouent déjà beaucoup, et les thèmes agressifs y restent presque toujours modérés. Au contraire dans le PN et surtout dans les Psychodrames, le climat beaucoup plus permissif facilite les libérations instinctives et les thèmes de grande violence agressive.

On ne doit pas d'autre part s'attendre à ce qu'il y ait parallélisme entre l'intensité de la rivalité fraternelle du sujet dans sa vie et la violence des thèmes agressifs dans ses tests. En effet, dans la mesure où la rivalité fraternelle se manifeste librement dans les rapports entre frères et sœurs, elle dissipe une grande partie de sa force dans ses manifestations mêmes; quand par contre elle est inhibée, la forte charge agressive accumulée dans l'inconscient pourra se décharger dans les thèmes projectifs avec une violence bien révélatrice du conflit intérieur. Dans cette perspective, le psychologue devra s'attacher tout particulièrement aux protocoles où, sur un fonds d'inhibition, se produit soudain une percée significative.

En exemple le cas de *Madeleine* (obs. 18), 10 ans, aînée de famille nombreuse, qui n'a jamais, au dire de ses parents, manifesté aucune rivalité à l'égard de ses frères et sœurs; il est vrai que lesdits parents, très sévères, ne l'auraient pas toléré. La fillette se présente comme une inhibée, timide, lente dans tout ce qu'elle fait, passive et sans initiative. Au test PN, elle décrit d'abord avec beaucoup d'inhibition des thèmes brefs, sans engagement véritable; cette même inhibition se maintient aux P.I. pour les images aimées, et l'on ne pourrait tirer du protocole aucune indication valable s'il ne se produisait soudain aux images non aimées une percée très significative. *Portée* est en effet mise ici, parce que, dit Madeleine, *Pattenoire est jaloux d'avoir des petits frères; il voudrait aussi que ce soit lui le dernier, que ses parents s'occupent un peu d'eux... alors il voudrait que ce soit le contraire, que ses parents s'occupent de lui... alors il regarde.* Que va-t-il faire? *Il va retirer les autres petits cochons et rester tout seul avec sa mère.* Il va les retirer? C'est-à-dire? *Il va les noyer dans l'eau.* Et que dira la maman? *Elle grondera Pattenoire et puis ira vite chercher ses petits cochons.* Ne sont-ils pas noyés? *Non! parce qu'ils sont sur le bord de la mare.* Et pour finir, Madeleine s'identifie à la maman, pas à Pattenoire parce que, dit-elle, *il a été méchant avec les autres petits frères.* On est donc fondé à penser que la naissance de ses frères et sœurs a dû être pour cette fillette une cause de frustration importante, au point de lui faire désirer leur élimination. Mais le désir meurtrier est retiré aussitôt qu'exprimé, puisque la maman retrouve ses nouveau-nés vivants; malgré ce pas en arrière, Madeleine n'a pas le courage d'assumer l'acte agressif puisqu'elle s'identifie à la mère, c'est-à-dire à l'instance censurante et protectrice.

2. La Culpabilité

Il est à remarquer que, même dans le climat libérateur de la projection, on ne voit presque jamais l'agressivité contre la fratrie (pas plus d'ailleurs que l'agressivité contre les parents) s'assouvir sans un choc en retour d'angoisse et de culpabilité, et ceci est la caractéristique même du conflit névrotique.

Tantôt, chez les enfants très jeunes, ou ce qui revient au même au Moi immature, le *talion immédiat* a pour effet que le sujet succombe lui-même aux coups qu'il porte à son rival; par exemple dans les psychodrames, où souvent se manifeste une agressivité sauvage, quand le sujet tue son rival, la marionnette qui a porté les coups tombe morte en même temps, ou bien la maison s'écroule écrasant l'agresseur.

Tantôt c'est le *talion secondaire,* exercé par les parents ou par un puissant et qui sanctionne, d'ordinaire avec une grande sévérité, l'acte agressif, quitte à ce que, comme cela arrive souvent, le sujet, pour échapper à l'angoisse d'être le châtié, s'identifie à celui qui châtie.

3. Projection de l'agressivité sur un autre personnage

Comme on l'a vu plus haut, la persistance de la censure dans la projection oblige le sujet à se travestir en projetant son agressivité sur un autre personnage, assez différent de lui-même pour qu'on ne puisse pas dès l'abord le reconnaître. Par une tendance fréquente, il est fait choix de personnages dont c'est la fonction naturelle d'être agressifs: soldats, bandits ou animaux tels que lion, chien, loup… etc.

Une analyse psychologique attentive nous montre cependant que le soldat ou le bandit ou la bête fauve constitue une identification du sujet, celui-ci, sous ce travesti, assouvissant plus librement ses pulsions agressives. Les preuves de cette identification sont nombreuses; on relèvera notamment les signes suivants:

1 — La place centrale occupée dans le thème par le substitut agressif.

2 — L'importance du rôle qu'il joue et la participation du sujet lui-même à ce rôle, fût-ce comme simple spectateur.

3 — Les sentiments d'exaltation, de joie, de tristesse, de culpabilité par lesquels le sujet marque son étroite sympathie avec le substitut.

4 — Certains lapsus où, en voulant parler du substitut, le sujet dit: « moi ».

5 — Enfin parfois le fait que le sujet déclare vouloir s'identifier au substitut.

Nous allons ci-après donner des exemples d'agressivité de corps à corps dans les différents tests; l'on y verra se vérifier, et la tendance à se projeter dans un autre personnage que soi, et la culpabilité qui sanctionne pratiquement toujours les pulsions agressives.

4. *Fable de l'Agneau*

Les thèmes forts sont ici très rares, nous l'avons dit, et propres aux sujets très jeunes. Sur une centaine d'observations de divers âges, nous n'en avons que peu où l'enfant déclare que le grand agneau va tuer le petit.

Ainsi *Marie-Annick*, 7 ans (obs. 19), benjamine de deux, déclare tout net qu'elle ne veut pas de petit frère ou sœur. Elle donne à la Fable le thème: *le grand va manger le petit agneau; la maman ne l'aimera plus; elle le quittera ou le tuera.*

Plus souvent on a des thèmes atténués. Ainsi *Rémi*, 10 ans (obs. 20) aîné de trois, dit: *L'agneau n'est pas content, car il est son enfant et elle ne veut même pas lui donner de lait; il va dans les prés, ne mange pas beaucoup d'herbe, revient et essaie d'avoir du lait; il va bousculer le petit et se mettre à la tétine, mais la maman le repousse.*

Ou encore *Alain* (obs. 21), très frustré, on l'a vu, par son éviction de la famille tandis que naissaient les frères rivaux, dit: *Il va manger de l'herbe, et le berger, voyant qu'il ne grossit pas, lui donne du lait; puis ils se promènent ensemble, le berger et l'agneau; un loup a voulu les attaquer, mais le fermier avec sa fourche a transpercé le loup.* On voit donc ici l'agneau que sa mère abandonne être secouru par deux personnages de type paternel, et la mère ainsi que le petit rival sont passés sous silence. Mais quand on lui demande, au cas où le loup réussirait à en manger un, qui ce serait?, il répond: *le petit, parce qu'il ne sait pas encore courir assez vite.*

Nous avons ici un exemple de projection de l'agressivité sur un personnage d'emprunt, le loup, personnification du sadisme oral. Cela est fréquent, mais, comme nous l'avons vu, le déplacement ne suffit pas à permettre à la pulsion de s'assouvir librement. La culpabilité sous-jacente persiste et suscite, soit des réticences dans l'expression du désir agressif, soit un choc en retour avec talion qui s'exerce bien entendu sur la personne du substitut. Le plus souvent il s'agit de talion secondaire, mais nous verrons qu'il y a parfois talion immédiat chez des enfants au Moi immature.

Voici un exemple du premier cas: *Henri,* 7 ans (obs. 22) nous est amené pour dyslexie et troubles caractériels. Il a très mal accepté la naissance de son petit frère quand il avait 3 ans, ne voulant pas le regarder, allant jusqu'à lui dérober ses biberons et l'agressant plusieurs fois avec violence. Son test PN est très agressif, avec sadisme oral, et notamment à *Tétée 2*, il est dit que *les deux blancs vont sauter sur le papa et sur Pattenoire* (Henri fait en effet du père le nourricier), *et le papa va les tuer tous les deux, puis les vendre; il va garder Pattenoire parce qu'il était gentil.* Son thème à la Fable est paradoxalement un thème de soumission intégrale au désir de la mère. Mais ensuite il fait intervenir un loup, on va voir avec quelles hésitations: *Puis il y a eu un loup... le loup, il a... il a pas venu... puis il y a eu quelqu'un... le loup n'a rien vu... le monsieur il a pris un fusil et il l'a tué... et puis c'était bien fait pour l'agneau... euh! pour le loup.* On devine ici par le lapsus de la fin que, sous le travesti du loup, c'est du grand agneau qu'il s'agit, et que l'agressivité de ce dernier est, avant même d'avoir pu s'assouvir, punie de mort par le chasseur, symbole parental. La justesse de cette interprétation est prouvée, par une variante de la Fable, donnée par Henri quelque temps après: *Le plus grand sera resté avec les autres. Arrive un loup et le berger l'a tué... non! le plus petit s'est éloigné, un autre loup est venu, voit le mouton et ·le mange.* Or Henri, invité à s'identifier, veut être « *le loup* » ou bien « *l'agneau qui ne sera pas mangé* », agneau auquel il donne son âge 7 ans. On voit donc dans cette seconde version s'extérioriser une rivalité fraternelle très forte qui, dans la première version, était retournée en contraire et aboutissait à la mort du jaloux. Et le fait qu'Henri s'identifie aussi bien au loup qu'au grand agneau nous confirme ce que nous pressentions de l'identité des deux.

Voici un exemple du second cas: *Francis* 11 ans (obs. 23), second de trois frères, dit: *Le grand s'en va, rencontre un loup, accepte de l'emmener chez lui, où le loup attaque la mère et le petit; le grand et le petit sautent sur le loup et l'assomment; tous les agneaux sautent sur lui et le tuent.* L'agressivité assumée par le « compagnon » du grand agneau est donc châtiée aussitôt; mais la collusion des deux nous est révélée à la fin par le fait que Francis refuse de s'identifier au grand agneau; il sera le tout petit, mécanisme fréquent d'identification régressive au rival plus jeune, comme nous le verrons.

Le *talion immédiat* dont nous allons donner un exemple détaillé parce qu'il est peu connu et pose beaucoup de problèmes au psychologue, est bien représenté par le cas du jeune *Jean-Luc,* garçon de 8 ans (obs. 24) aîné de 5, élevé jusqu'à l'âge de cinq ans par ses grands-parents, puis repris par ses parents qui se sont montrés durs avec lui. Il se présente comme un anxieux, très jaloux de ses frères et sœurs, opposant aux parents. Ses fables donnent une atmosphère de catastrophe. A la Fable de l'agneau, il dit: *Le grand a mangé des crapauds et il est mort; le petit a piqué la maman à l'œil avec une épine parce qu'il voulait jouer avec l'autre et n'aimait pas la maman; elle est morte.* Dans la Fable de l'oiseau, il dit: *Le nouveau nid fait par les parents se renverse et le petit oiseau est mort; les parents trouvent un autre bébé-oiseau, mais le loup mange le papa et la maman, et le petit, ne trouvant plus ses parents, est mort de chagrin.* Il apparaît que chacun de ces deux récits débute par une grave frustration (la mort), et que la vengeance du sujet est alors assumée, soit contre les parents, soit contre le frère rival, par un autre personnage, tantôt le petit agneau, tantôt le loup.

La Fable de l'éléphant a par contre une tonalité franchement dépressive: l'éléphant, jouet du petit garçon, *a été empoisonné et il est mort; le petit garçon est mort de chagrin.* La crainte de mourir empoisonné est, on le verra constante chez Jean-Luc: il s'identifie donc ici à « son éléphant » et solidaire de lui, il meurt aussi.

Par contre dans le Mauvais rêve, *il rêve qu'il était mort, que son dernier rêve avait été trop méchant, alors il était mort; il avait rêvé que des voleurs volaient sa sœur Isabelle.* On saisit donc ici, les voleurs étant manifestement un substitut, le talion sanctionnant la rivalité fraternelle.

Le talion immédiat est particulièrement net enfin dans la Fable de la promenade. A la question: pourquoi le papa fait-il une drôle de tête quand il voit rentrer ensemble de la promenade sa femme et son fils, il répond: *C'était un monsieur méchant déguisé, qui n'aimait pas la maman et les enfants, parce qu'il n'avait pas pu se marier, que personne ne voulait de lui. Il leur a coupé la tête et puis s'est coupé la tête.*

Ce mode de châtiment de l'agressivité par talion immédiat est constant chez ce petit garçon, et nous le retrouverons un peu plus loin dans ses psychodrames. Il est lié, comme nous l'avons dit, à une immaturation du Moi déterminant: d'une part une agressivité sauvage, s'exerçant dans toutes les directions à la fois, sur tous les personnages parentaux ou leurs substituts; d'autre part une confusion très primitive du Moi et du Non-moi qui fait que les coups portés contre les autres atteignent aussi bien, par un ricochet immédiat, le sujet lui-même; enfin une fixation au stade oral se traduisant en particulier par la crainte orale de mourir empoisonné, liée très probablement à une culpabilité œdipienne avec régression.

5. *Dessin de famille* [1]

Le niveau projectif de ce test étant très proche du conscient, il est très rare qu'on y voit s'exprimer une agressivité sauvage. Mais dans un certain nombre de cas, l'enfant assouvit sa rivalité fraternelle en mettant en scène un animal qui fait ce que lui n'ose pas faire.

Voici le cas de *Yannick,* 9 ans (obs. 25), qui a un retard scolaire en dépit d'une intelligence suffisante (QI Wisc 90). Il a une petite sœur, de 4 ans plus jeune

Figure 6

[1] La fig. 6, de même que la plupart des autres dessins de famille reproduits dans cet ouvrage, sont reproduits, avec l'autorisation des Presses Universitaires de France, de notre livre: Le test du Dessin de Famille.

que lui, dont la famille dit qu'il n'a jamais été jaloux. Or son dessin de famille (fig. 6) nous présente dans une maison le père dessiné en premier, puis en second un loup, et de l'autre côté une petite fille au lit (d'ailleurs très mal dessinée, ce qui indique que Yannick veut la dévaloriser). Le commentaire nous apprend que le père tue le loup parce que celui-ci vient de blesser la petite fille. Ici encore, l'agressivité est sévèrement punie. Yannick, qui ne figure pas dans son dessin, s'étant tout entier projeté dans l'animal symbolique, ne voudra pas en assumer la responsabilité ni en subir le châtiment: *il sera le papa parce qu'il est fort* ce qui est un mécanisme fréquent d'identification défensive au puissant qui a le pouvoir de punir.

6. *Test du village*

En dépit de la très grande liberté qui est donnée à l'enfant dans ce test de jeu constructif, on n'y voit que très rarement un corps à corps agressif entre le sujet et sa fratrie. Par contre il est assez fréquent que l'agressivité se trouve projetée, le plus habituellement sur des personnages tels que soldats ou bandits. *Charlotte Bühler,* dans son *Test du Monde,* propose qu'on apprécie l'agressivité du sujet au nombre de soldats ou de machines de guerre qu'il introduit dans sa construction. Sans adopter une vue aussi schématique, on peut dire qu'un village où les agressions sont nombreuses, où il y a des zones de danger, où il arrive beaucoup d'accidents, où des enfants sont kidnappés ou blessés ou tués signe l'intensité des pulsions agressives de celui qui l'édifie.

L'introduction de bêtes fauves a une signification analogue, et il sera toujours utile dans l'enquête qui suit de demander à l'enfant le plus d'indications possibles sur le rôle de ces fauves, sur la menace qu'ils font peser sur telle ou telle personne de la famille. Ainsi *Claudie,* 8 ans (obs. 26) a un petit frère de 6 ans dont elle est très jalouse. Dans l'entretien qui suit la construction du village, elle dit que *le petit frère sera mangé par le lion... et puis non! on va le mettre près de la maman... mais quand le lion tournera la tête, il verra le petit frère et le mangera. La maman ne sera pas contente; la petite fille aura du chagrin.* Comme on le voit, la fillette n'ose assumer franchement sa rivalité et la projette sur une bête fauve, non sans hésitation ni regret au moins apparent.

Jean-Luc, dont nous avons relaté brièvement l'histoire clinique un peu plus haut et donné les réponses aux Fables (obs. 24), qui projette constamment son agressivité sur des animaux, le fait aussi dans son Village où il met en scène un lion, dont il est dit qu'il est gentil et aimé de la grand-mère. Mais ensuite il met en scène une femme qui a volé un enfant aux grands-parents et devra le leur rendre, et d'autre part il déclare que le lion a mangé la grand-mère parce que celle-ci ne l'aimait plus et ne voulait plus le nourrir; en disant que le lion n'est pas aimé, le garçon manifeste une vive tristesse qui nous révèle son identification. Il est facile de voir que c'est sa propre histoire que Jean-Luc raconte: celle de l'enfant que sa grand-mère ne veut plus nourrir et que la mère a volé aux grands-parents.

Il est à remarquer que dans la grande majorité des cas, l'agressivité projetée est punie: les bandits sont arrêtés par les gendarmes; les fauves sont tués par les chasseurs, ou à la rigueur enfermés et domestiqués.

Le déplacement peut être plus accentué encore quand l'agressivité de l'enfant se manifeste d'une manière détournée par des accidents de voiture, des noyades dans la rivière, des inondations, des incendies, des orages. Par exemple *Anne*, 12 ans (obs. 11) aînée de 3, qui a très mal accepté ses rivaux, mais a retourné sa rivalité contre elle-même en un état d'humeur dépressive, place dans son village une dame qui prie pour son petit garçon de 7 ans (c'est l'âge d'un des deux frères de la fillette), qui est mort dans un accident de voiture.

Une autre fillette *Brigitte*, 8 ans (obs. 27), qui a une sœur de 6 ans avec laquelle elle est en intense rivalité, déclare qu'un chemin de fer passe dans la partie droite de son village, qu'il a tué une maman et gravement blessé un petit garçon de 5 ans. En dépit du changement de sexe qui est une défense, il s'agit très probablement de la petite sœur. Mais la fillette ajoute qu'elle ne va jamais dans cette partie du village de peur de se faire écraser, ce qui indique de manière détournée son sentiment de culpabilité.

7. *Test PN*

Dans ce test, la composition de certaines images a été faite pour susciter l'agressivité latente chez l'enfant, et en particulier celle qu'il entretient contre sa fratrie. Il est donc normal qu'on obtienne des thèmes de rivalité dans les images telles que *Bataille, Hésitation, Portée, Tétée 2*, où le héros Pattenoire est en conflit ou à tout le moins peut être en conflit avec ses frères et sœurs. On est fondé toutefois à soupçonner une situation pathologique dans deux cas:

Le premier est celui des thèmes d'agressivité violente. Ainsi à *Bataille, Patrick*, 9 ans (obs. 28) déclare que *le petit cochon va écraser l'autre, le tuer et le manger*.

A *Portée*, le désir d'éliminer les nouveau-nés est

assez souvent exprimé. Nous avons déjà signalé le cas très remarquable de *Madeleine* (obs. 18) avec sa percée significative à cette image, disant que Pattenoire va aller retirer les petits et les noyer. Un garçon de 9 ans, *Michel* (obs. 29) nous déclare que *Pattenoire n'est pas content parce que sa mère a eu des petits, car il aime mieux être seul, et il va aller les tuer.*

Le second cas est réalisé quand la rivalité fraternelle déferle sur des images qui ne la comportent pas nécessairement. Par exemple *Basile,* 8 ans (obs. 30) déclare à *Jars* que *l'oie va manger la petite sœur et que ça en fera une de moins. Maryse* (obs. 31) aînée de 4, choisit *Charrette* aussitôt après *Portée* et dit que *le fermier emmenait les tout petits pour les tuer parce que cela faisait trop de bouches à nourrir.*

On voit au surplus dans ces exemples que l'enfant projette son agressivité sur un puissant, le chargeant de la vengeance qu'il n'ose exercer lui-même. Quand l'interdit sur l'agressivité est fort, le camouflage peut être plus marqué encore. Ainsi une *étudiante de 24 ans* (obs. 32) dont l'enfance avait été traumatisée par de forts conflits de rivalité fraternelle, endigués par de puissantes formations réactionnelles, fournit pour *Portée* un thème d'apparence banale: *Les grands vont essayer d'aller à la place des tout petits, et la mère les laissera faire.* Mais aussitôt, la jeune fille ajoute d'une voix que l'émotion paralyse et qui va jusqu'à s'éteindre sur les derniers mots prononcés: *évidemment dans l'histoire, les tout petits peuvent être écrasés ou blessés... la grosse maman est vraiment lourde... ça arrive, ça, chez les petits chats... tout ça... enfin.*

Dans des cas voisins, la projection peut se faire sur un personnage surajouté, et il convient de considérer toujours qu'un tel personnage, quand il joue un rôle important dans le thème, constitue une identification du sujet lui-même. Ainsi *Etienne, 10 ans* (obs. 33) appartenant à une famille nombreuse où l'éducation est faite très sévèrement, ne semble pas avoir manifesté dans la vie de jalousie envers ses frères et sœurs. Et cependant son test PN indique des troubles névrotiques profonds. Le garçon s'y identifie à une fille et fait un « père nourricier » constant. C'est donc le père qui figure à la place de la mère dans *Tétée 1* et *Tétée 2*. Et cependant ces deux images ne sont pas aimées: *Tétée 2 parce que le frère et la sœur sont mécontents de ce que Pattenoire est avec son père... le père ne va pas les accueillir parce qu'il aime mieux Pattenoire.* A la question: Qui serais-tu? Etienne répond: *Un chasseur qui essaierait de tuer un des cochons.* Lequel? *Surtout celui qui veut se venger de Pattenoire* Le geste criminel va d'ailleurs s'accomplir puisqu'à *Tétée 1* qui suit, après un thème banal où il est répété que le père aime mieux Pattenoire, le garçon s'identifie *au chasseur qui s'approcherait du cochon qu'il a tué.*

Le personnage surajouté — personnage d'identification comme nous l'avons dit — peut aussi être un animal. Il est particulièrement fréquent de voir figurer un loup, avec sa fonction dévoratrice habituelle, tant pour exprimer les pulsions agressives de l'enfant contre sa fratrie que pour châtier le sujet lui-même par un retournement de l'agressivité contre soi.

Comme nous l'avons dit au début de ce chapitre, l'agressivité est presque toujours sanctionnée par un châtiment suivant la loi du talion. Cela est particulièrement net dans le test PN. Tantôt le talion est immédiat et, comme on l'a vu, le sujet périt lui-même par les coups qu'il porte aux autres. En pareil cas il y a une véritable confusion du Moi et du Non-moi, et il arrive qu'on ne puisse dans les thèmes distinguer les personnages les uns des autres, définir qui est l'agresseur et qui est l'agressé. Ainsi chez *Patrick* (obs. 28), la présentation du Frontispice du test déclenche aussitôt l'agressivité orale avant même toute désignation des personnages en scène: *C'est celui-là qui est méchant... il va le manger... il va lui sauter dessus et lui arracher tout son poil.* Et à partir de ce début, toutes les images sans exception expriment des thèmes de bagarre et de dévoration dans une confusion telle des personnages qu'on ne peut distinguer l'agresseur et l'agressé. Par exemple *Nuit*, première image choisie, donne: *le cochon il va manger le mouton... il va démolir la cabane et va sauter dessus pour le manger... ils sont en train de dormir les deux gros... lui il regarde pour voir s'ils sont partis parce qu'il veut les manger... parce qu'ils sont méchants.* Et *Chèvre: le cochon il est en train de manger ses machins... elle se laisse faire... il va sauter dessus et la manger.* Que va faire la chèvre? *Elle se laisse faire, mais elle va bondir dessus et le manger.*

Patrick se comporte de même dans ses psychodrames, avec des thèmes sadiques-oraux toutefois un peu mieux définis, car ils sont en général dirigés contre les parents, mais ici aussi il y a constamment un choc en retour presque immédiat: l'agresseur est lui-même attaqué et dévoré.

Tantôt, c'est le talion secondaire, qui s'observe chez des sujets de plus grande maturité. Chez *Christine,* 6 ans et demi (obs. 34), aînée de 4, la rivalité fraternelle, qui ne semble pas se manifester cliniquement, puisque cette fillette est donnée comme ayant bien accepté ses 3 frères, et étant d'un caractère doux, docile, affectueux (par ailleurs émotive et pleurant pour peu de chose), est par contre assez forte dans le PN. En premier lieu sous la forme du rejet des autres, puisque le héros est un enfant unique, les deux petits blancs étant des étrangers que Pattenoire ne connaît même pas; en second lieu sous forme d'agressivité, Christine disant à la fin que *Pattenoire deviendra un papa et aura 5 enfants, mais qu'il les mettra à la porte, parce qu'il est méchant et ne veut pas avoir d'enfant du tout... il ne veut même pas de petit frère et il en veut à la maman, c'est pour ça qu'il la mord.* Mais la tonalité générale du test est plutôt dépressive. Pattenoire sera déclaré le moins gentil et le moins heureux, et Christine ne s'y identifie pas une seule fois. Le troisième souhait à la *Fée* sera d'être changé en petite fille (Pattenoire est un garçon), qui sera plus gentille que lui. Aux P.I. de *Trou, la lune pousse Pattenoire dans l'eau pour le noyer parce qu'il a noyé son petit frère, le petit frère qui venait de naître, parce qu'il ne l'aimait pas.* La tendance animiste, qui fait ici considérer la lune comme un Surmoi punitif, est due au jeune âge de la fillette, qui ajoute que la lune est gentille avec les petits enfants gentils et méchante avec les méchants; pour finir Christine s'y identifie, suivant une tendance fréquente chez les déprimés.

Pierre 12 ans, (obs. 35) aîné de 4, est donné par ses parents comme s'accordant bien avec ses frères et sœurs. Mais c'est un caractère indépendant, solitaire, secret, ne se faisant pas de camarades. Il donne au début Pattenoire comme enfant unique. Il commence par *Portée,* où il voit Pattenoire dans un des nouveau-nés. Les images qui suivent nous décrivent un Pattenoire glouton, avide d'être le premier partout, soucieux d'être le plus fort et de ne pas se laisser faire par les frères et sœurs; il sera dit tout à la fin qu'il est le plus heureux parce qu'il fait la loi. Mais Pierre n'ose assumer l'agressivité du héros; il donne *Bataille* comme la moins aimée, *à cause que Pattenoire est méchant avec tout le monde.* Il refuse dans l'ensemble de s'identifier au héros. D'ailleurs l'histoire se termine mal parce que Pattenoire, voulant fuir l'autorité paternelle, se noie *(Trou)*; Pierre dit que *c'est bien fait puisqu'il a désobéi;* et, quant à lui, il s'identifie au fermier.

Voici encore le cas très remarquable d'*Alain,* 11 ans (obs. 21) qui divise les images du PN en deux groupes à peu près équivalents, les unes acceptées, les autres refusées. Avec les images retenues, il compose une histoire qui dès le début est dramatique, allant jusqu'à voir un loup dévorant dans *Tétée 2.* Une des petites sœurs est tuée par le boucher, puis tous les autres membres de la famille sauf Pattenoire, qui vit des aventures nombreuses; mais pour finir il périt lui aussi de la main du boucher (choc en retour de culpabilité). Puis sur notre invitation, Alain accepte de reprendre les images rejetées et il compose avec celles-ci une autre histoire, laquelle commence par *Trou,* où Pattenoire, âgé de 13 ans (comme dans la première histoire) perdu dans la nuit, va être dévoré par le loup; il est donc mort deux fois et disparaît du récit. Les cochons des images suivantes, ce sont d'autres, une nouvelle famille comportant, avec les parents, deux filles et un petit orphelin de 4 ans, que le fermier recueille avec ses cochons à lui et qui va se révéler bagarreur et méchant jusqu'à la cruauté, faisant périr, par des ruses perverses, tous les cochons de sa famille adoptive, pour tomber finalement lui aussi sous la dent du loup. Avec des variantes, ce sont donc deux thèmes semblables qui nous sont contés, les deux Pattenoire successifs, celui de 13 ans et celui de 4 ans jouant des rôles très analogues. On est donc fondé à penser qu'ils sont un seul et même personnage, et nous en avons la preuve dans un lapsus fait par Alain à un moment donné, quand il dit: *Il y a tous les cochons, plus celui qui avait 13 ans, non! 4 ans, que le fermier avait pris parce qu'il était tout seul.* L'histoire clinique d'Alain nous permet de comprendre ce thème obsédant d'agressivité. Premier-né de la famille, il a été mis en nourrice à 3 mois parce que sa mère tenait à continuer son travail à l'extérieur, puis à l'âge de 4 ans placé chez ses grands-parents. Lorsqu'à 7 ans il a été repris par ses parents, il y avait à la maison trois petits frères de 5 ans, 2 ans et 8 mois, et la sévérité des parents à son égard parce qu'il était l'aîné lui a été d'autant plus pénible qu'il avait été jusque-là plutôt gâté. Le test PN nous permet de deviner l'intensité de la frustration et de l'agressivité que celle-ci a suscitée, et contre la fratrie, et contre les parents.

8. *Psychodrames*

Comme nous l'avons dit déjà, l'agressivité de corps à corps est particulièrement intense dans les psychodrames pratiqués avec marionnettes, de par le fait que l'enfant peut ici projeter très librement sa rivalité fraternelle sur les marionnettes. Les thèmes oraux (mordre et dévorer), les thèmes sadiques-anaux (couvrir de déjections, jeter aux ordures), et les thèmes de torture et de meurtre sont très fréquents. Souvent aussi, l'enfant fait intervenir une bête fauve, qui joue en ses lieu et place le rôle agressif. Son identification à l'animal est prouvée par la manière dont il participe à l'action agressive, soit en se faisant le compagnon de l'animal, soit en montrant une joie très vive à le regarder faire, soit même dans certains cas en en jouant personnellement le rôle.

L'exemple suivant montre que le psychodrame est plus libérateur des tendances que les autres tests. *Michèle,* 8 ans (obs. 36) en très forte rivalité avec son frère de 2 ans qu'elle n'a jamais dans son cœur accepté, fait un dessin de famille (il est donné au chapitre suivant à la figure 8) où elle se met elle-même en valeur et dévalorise le petit frère en le plaçant à l'étage inférieur de son dessin, séparé des parents. Elle n'ose donc se mettre en désaccord avec la réalité et éliminer totalement le petit frère. Par contre, dans un psychodrame, elle joue l'histoire d'un fantôme qui s'introduit dans la maison et tue un petit garçon de 2 ans, tandis que, malgré tous ses efforts, il ne parvient pas à voler la petite fille. La projection de son agressivité sur le fantôme a donc permis à Michèle une libération pulsionnelle qu'elle n'a pas osée dans son dessin, où figurent les personnages réels.

Les déplacements sur des personnages étrangers n'empêchent pas que l'enfant ait une conscience obscure de projeter ses propres pulsions, et l'angoisse de culpabilité se manifeste, ici aussi, de diverses manières :

1 — soit par la sanction infligée par un puissant ;

2 — soit par le châtiment du talion ;

3 — soit par un renversement des rôles en cours de jeu ;

4 — soit par un malaise d'anxiété à la fin du jeu, conduisant parfois le sujet à s'interrompre soudain en disant « on ne va plus jouer à ça » ;

5 — soit par un refus ultérieur de faire des psychodrames, ou bien, à tout le moins, par une banalisation des thèmes à la séance suivante, l'enfant se refusant alors à s'engager dans une histoire personnelle.

En exemple du premier cas, voici *Jacques* 10 ans (obs. 4), très gâté jusqu'à 4 ans, âge où il lui est né une petite sœur (il a en outre un frère de 14 ans). Il est ouvertement jaloux de la sœurette, qu'on lui donne souvent en exemple, parce qu'elle est plus vive et plus débrouillarde que lui. Dans un de ses psychodrames, il met en scène un voleur qui entre et s'empare de la petite sœur; mais le papa et le grand frère le poursuivent, et il doit la rendre.

De même *Yannick* (obs. 25) dont nous avons donné plus haut le dessin de famille (fig. 6), où il figure un loup agressant la petite sœur. Dans un de ses psychodrames, le papa, la maman et la fille vont se promener dans la forêt; le loup tue la fille, puis le papa et la maman, les mange et s'en va content. Mais invité à dessiner ce thème, le garçon figure le père, très grand, pas du tout tué ni mangé, et sur le côté le loup qui se sauve. Ici encore, l'acte agressif est sanctionné.

Comme exemple du second cas, voici *Martine,* 10 ans (obs. 37) qui a une petite sœur de 8 ans. Dans son PN elle se situe en enfant unique. En psychodrame, elle joue un loup qui essaie d'emporter le petit frère (remplaçant ici par déplacement la petite sœur), mais est tué.

Le talion immédiat s'observe assez souvent dans les psychodrames pratiqués selon la méthode de M. *Rambert. Jean-Luc,* ce petit garçon de 8 ans qui nous a présenté plus haut ce mode de châtiment dans les Fables de Düss (obs. 24) joue également des thèmes psychodramatiques de talion. Ainsi il met en scène toute une famille chien dont le garçon bat la maman parce qu'il est en colère; *il voudrait manger et sa mère ne veut pas; il va la mordre et la faire mourir. Mais alors le père le tue; non! il n'était pas tué, mais seule-*

ment endormi, et il a mordu la petite fille; la petite fille aussi l'a mordu et ils sont morts tous les deux. Dans un autre thème *le chien va mordre son maître parce qu'il ne lui a pas donné à manger; il va tuer son maître; il sera tout seul; il se cognera contre un mur et sera mort à son tour.* Dans un autre thème encore *le chien se bat avec un autre chien, venu lui disputer la place; ils se sont mordu la queue et sont morts tous les deux.* On retrouve ici, comme dans les Fables, le rôle important de la frustration orale, qui s'explique par les frustrations réellement subies par ce garçon.

Comme exemple du troisième cas, voici *Viviane,* 9 ans (obs. 38), très jalouse de son petit frère, né quand elle avait 6 ans. Dans ses psychodrames, elle met en scène un loup qui veut dévorer tous les enfants de la maison; elle en joue le rôle avec un sadisme joyeux, cherchant à déjouer toutes les précautions de la maman (jouée par la psychologue) pour empêcher que les enfants ne soient emportés. Mais ensuite, elle donne le rôle du loup à la psychologue et joue, elle, le rôle de la maman qui protège les enfants.

II. LA RIVALITÉ DE REJET

Dans l'état habituel de nos mœurs éducatives, la rivalité de corps à corps est en général sévèrement censurée, et nous avons vu que cette censure se maintient, au moins en partie, jusque dans le climat permissif de la projection. Aussi voit-on souvent les enfants exprimer leur agressivité de toute autre manière par le rejet du rival. Si ce mode de rivalité apparaît au premier abord comme exprimant une agressivité moindre que le corps à corps, en profondeur il représente au contraire un trouble beaucoup plus important de la relation fraternelle, puisqu'il équivaut à refuser au rival le droit à l'existence.

Il répond en général à une frustration intense, disons plus exactement à une frustration qui n'a pu être supportée par l'enfant, soit du fait de son immaturité et de son intolérance aux frustrations, soit du fait des circonstances particulières de la naissance du rival.

Au degré le plus accentué, le sujet supprime purement et simplement son rival, soit que dans la projection il ne fasse aucune mention de lui, soit que quand il figure dans le matériel du test (par exemple dans les planches du PN), il ne lui attribue aucun rôle et même feigne de ne pas le voir, le *scotomise*, suivant la forte expression des psychanalystes.

A un degré moins accentué, le rival est présent, mais il est l'objet d'une dévalorisation systématique: on admet son existence, mais la crainte anxieuse de se voir supplanté par lui, si fréquente en Clinique, se trouve ici retournée en son contraire et transformée en sentiment de supériorité.

1. *Dessin de Famille*

Quand on donne pour consigne à l'enfant de dessiner une famille de son invention, il est libre d'y faire figurer qui il veut. Si donc dans le dessin il manque certaines personnes de la famille du sujet, c'est que celui-ci désire les éliminer. On peut donc savoir par là quels sont les membres de sa fratrie avec lesquels le sujet est en forte rivalité.

Ici se place le *thème de l'enfant qui se voudrait unique,* et qui se représente seul avec les parents, éliminant tout le reste de sa fratrie. Nous avons observé ce thème avec une grande fréquence (près du quart de nos observations, portant sur 1 200 cas), un peu plus souvent chez les garçons (27 %) que chez les filles (19 %). Notons en passant que, contrairement à ce qu'on pourrait penser, les enfants uniques (non comptés dans la statistique précédente) ne reproduisent leur situation réelle que dans le quart des cas; dans les trois-quarts restants ils s'adjoignent des commensaux imaginaires.

De ces chiffres, on est en droit de conclure qu'il y a dans le cœur de beaucoup d'enfants un secret désir d'être seuls à jouir de l'affection des parents et d'éliminer les rivaux.

Voici le cas d'*Yvonne,* 12 ans (obs. 39), qui se dessine en premier puis la mère et le père, et qui, son dessin terminé, dit d'elle-même: *J'avais pas la place de mettre la petite sœur* (fig. 7). Or elle est restée enfant unique jusqu'à 8 ans, puis elle a eu une petite sœur qu'elle a paru au début bien accepter, mais dont par la suite elle est devenue très jalouse, la sœurette étant la préférée du père. Son dessin veut donc dire en clair: « Je ne veux faire aucune place à la petite sœur ». Mais de plus sa position en premier, séparée des parents et détournant la tête indique un repli narcissique par déception et une hostilité secrète contre le couple uni des parents.

La *dévalorisation du rival* s'exprime avec une fréquence toute particulière dans le dessin de famille. L'enfant se soumet ici au principe de réalité en n'osant omettre aucun des membres de la famille, mais il se valorise en se dessinant d'une manière privilégiée, et il dévalorise par contre son ou ses rivaux par la manière dont il les représente. Nous avons donné dans notre livre sur *Le test du Dessin de Famille* les signes les plus habituels de cette dévalorisation *(9).*

Figure 7

Le personnage dévalorisé est:

1 — dessiné plus petit que les autres, toutes propor-
tions gardées (c'est-à-dire compte tenu de son âge
et de sa taille réels);

2 — placé en dernier, souvent tout au bord de la feuille
ou au-dessous des autres, comme si l'on n'avait pas
eu au début l'intention de lui réserver une place,

3 — moins bien dessiné que les autres, ou avec des
détails d'importance qui manquent;

4 — déprécié par une estimation péjorative ou un changement d'âge;

5 — non désigné par son nom, alors que les autres le
sont;

6 — il est très rarement une personnification du sujet,
lequel ne s'y identifie jamais.

Nous en avons déjà vu un exemple dans le cas de
Yannick (obs. 25) qui dévalorise sa jeune sœur rivale
en la dessinant d'une manière méconnaissable. En voici
deux autres exemples.

Michèle, 8 ans (obs. 36) a un petit frère de 2 ans dont
elle est très jalouse. Elle est d'humeur dépressive, pleur-
niche sans cesse, vit dans la crainte constante de mal
faire et dans la peur qu'il arrive malheur à sa mère et à
son petit frère. Son dessin (fig. 8), qui exprime par son
étendue et sa facture une excellente expansion vitale,
nous montre la valorisation de Michèle et du père,
auquel elle est liée, mais en même temps la dévalorisation de la mère, reléguée au bout de la feuille, et
surtout du petit frère, placé à l'étage inférieur et sans
aucun lien avec les autres. Il y a lieu de rapprocher
cela du protocole de son PN où *Portée* est refusée avec
l'attendu que *les grands sont jaloux des petits parce que
ce ne sera plus eux les mieux aimés et ils vont essayer
de faire disparaître leurs rivaux en les cachant sous la
paille.* Mais la dominante de ce test est dépressive, et
Hésitation sera l'image la moins aimée *parce que Pattenoire croit qu'il est abandonné; il pense que c'est à
cause de sa tache noire que personne ne l'aime.* Soulignons ici que la tendance dépressive de Michèle va
avec un retournement des pulsions qui s'exprime notamment dans son obsession-crainte que sa mère et son

Figure 8

petit frère ne meurent, négatif de son désir secret de les éliminer tous les deux. Mais cela lui est bien entendu interdit par la censure du Moi et, dans son dessin de famille, elle se contente de les dévaloriser. Dans cette observation nous sont révélés aussi les sentiments œdipiens de la fillette, par les liens qui l'unissent à son père dans son dessin.

Chez *Pascale*, 7 ans (obs. 40), le dessin reproduit tous les membres de la fratrie dans l'ordre des âges (fig. 9). La fillette est en effet la seconde, avec une sœur aînée, deux frères puînés et une toute petite sœur de 2 ans.

Figure 9.

Elle est en très forte rivalité avec ses deux frères, qu'elle n'a jamais acceptés. Or elle les dessine ici beaucoup plus petits que sa sœur aînée et qu'elle-même, et surtout plus petits que le bébé Annie, qu'elle rajeunit d'ailleurs en lui donnant 2 mois. Il y a donc double valorisation de cette dernière, dessinée plus grande et désignée par son nom, et nous ne sommes pas autrement surpris que Pascale exprime le désir d'être cette petite-là.

2. Test du Village

Dans ce test, l'enfant étant entièrement libre de sa construction et du choix des personnages qu'il y introduit, la rivalité de rejet peut se manifester aisément.

Ainsi *Elisabeth*, 6 ans (obs. 41) place au centre de son village une grande et belle maison où elle se loge seule avec sa maman. Or, dans la réalité, elle a un petit frère, né quand elle avait 5 ans, petit frère qu'elle a très mal accepté, essayant de lui mordre les mains. Mise à l'école peu de temps après cette naissance, elle criait tout le long de la route et ne voulait pas quitter sa maman. Depuis lors elle a des terreurs nocturnes, se montre désobéissante et entêtée, et ne fait aucun progrès scolaire en dépit de son excellente intelligence. Il faut dire que c'est une enfant chétive, ayant eu un nourrissage difficile, et de ce fait plutôt gâtée avant la naissance du petit frère. Notons que dans son village: d'une part elle se donne deux ans, ce qui est un âge régressif, exactement l'âge du petit frère, dont elle prend donc la place; d'autre part que son village a une structure très serrée, flanqué d'une forêt impénétrable, sans route, comme il est fréquent de le voir chez les anxieux introvertis, et qu'il y a dans la forêt des bêtes sauvages contre lesquelles les villageois se défendent par des barricades. Suivant les règles projectives, nous sommes en droit de penser que la fillette a projeté son agressivité sur les bêtes fauves, mais qu'en même temps son Moi se défend contre les pulsions, d'où angoisse, manifestée notamment par les terreurs nocturnes.

Il n'est pas exceptionnel que, dans son désir d'éliminer tous les rivaux, quels qu'ils soient, le sujet ne mette dans son village aucun enfant, disant que dans ce pays les gens ne veulent pas en avoir. Ainsi *Marcel,* 11 ans (obs. 42), qui n'a jamais bien accepté sa sœurette, née quand il avait 18 mois, et qui a beaucoup souffert de la frustration d'un placement chez les grands-parents, à deux reprises, alors que la petite sœur restait à la maison, déclare que dans son village il n'y a pas beaucoup d'enfants, que les enfants n'y sont pas aimés.

Ainsi encore *Danielle*, 11 ans (obs. 43), qui a été très choyée jusqu'à la naissance de la petite sœur quand elle avait 9 ans. Elle éprouve un pénible sentiment d'abandon, dit que *la petite sœur est mieux aimée, qu'elle a de plus beaux cheveux qu'elle.* Dans son village, elle habite seule avec ses parents et elle a deux ans, ce qui est exactement l'âge de la sœurette. Elle déclare qu'elle ne veut pas de frère ni de sœur. Elle dit qu'il n'y a aucun enfant dans ce village.

Plus particulièrement, *Nicole*, 10 ans (obs. 44) aînée de trois, qui met en scène un lion dévorant les enfants qui s'aventurent dans le bois voisin, mais par contre ne lui fait à elle aucun mal, déclare à la fin que dans ce pays toutes les familles vont s'entendre pour n'avoir chacune que deux enfants.

3. *Test PN*

Dans notre test, au Frontispice, nous offrons à l'enfant la possibilité de se donner une fratrie, puisque le héros Pattenoire figure avec deux autres petits cochons. La place et l'âge donnés à ces derniers correspondront donc aux affinités positives de l'enfant avec certains de ses frères et sœurs. Si au contraire l'enfant désire éliminer un membre de sa famille, il ne le fait pas figurer.

Le thème de l'enfant qui se voudrait unique se retrouve ici, soit que le sujet identifie les uns aux autres les trois petits cochons en leur allouant le même âge, soit qu'il pose résolument Pattenoire comme unique enfant des deux parents et fasse des deux autres des petits copains ou même des étrangers. Quand cette position est maintenue sans défaillance tout au long du test, on peut en déduire une forte rivalité de rejet; nous allons en donner tout à l'heure un exemple remarquable (obs. 47).

La scotomisation des rivaux s'observe assez souvent dans les images où Pattenoire est aux prises avec ses frères et sœurs. Elle est évidemment contraire au principe de réalité, et doit être considérée comme d'autant plus significative de conflit qu'on a affaire à un sujet plus âgé, chez lequel par conséquent la réalité devrait prévaloir. Ainsi *Patrick,* 12 ans (obs. 45) donne au frontispice les deux petits blancs, non comme des frères et sœurs, mais comme des copains de Pattenoire. En réalité il a une sœur de 9 ans; il avait donc 3 ans quand elle est née; il disait: *Non! je ne veux pas de petite sœur; je ne veux pas la voir.* Par la suite il lui a manifesté de l'intérêt, mais il se dispute souvent avec elle et il dit alors qu'il serait mieux tout seul. Dans le test, il nie donc l'existence de cette petite sœur. Il commence son histoire par *Tétée 2* et dit en bredouillant d'émotion: *Pattenoire... euh!... il est chez lui... et il vit heureux,* puis il décrit de même en second *Hésitation: Il mange tout seul... chez ses parents.* Aux P.I. il rejette ces deux images dans les non-aimées et, devant *Tétée 2,* commence par dire qu'il l'a déjà vue (faisant allusion à *Tétée 1* mises dans les aimées). A la demande: penses-tu qu'elles sont absolument pareilles? il répond: *Oui, oui absolument pareilles... ah! non! il y a les deux cochons là... les frères; ils arrivent et puis ils vont se battre parce qu'ils sont jaloux que l'autre est arrivé le premier.* Puis il donne *Hésitation* en disant qu'il ne l'aime pas parce que *il n'y a que ses deux frères qui ont le droit de manger et qu'ils ont refusé à Pattenoire parce qu'il avait été désobéissant.* On voit ici la défense par négation céder devant le réel, les copains rétablis comme frères, et l'on apprend que l'égoïsme du sujet est une source de sentiments de culpabilité puisque, dans les deux thèmes, la maman va donner la préférence aux deux frères, Pattenoire *ne pensant qu'à lui*. L'identification est d'ailleurs d'esquive, puisque le garçon est la maman dans *Tétée 2* et le petit blanc qui tête dans *Hésitation, parce qu'il est moins désobéissant que Pattenoire*.

Egalement dans *Portée,* il arrive qu'au thème, l'enfant ne fasse aucune mention des nouveau-nés. *Dominique,* 12 ans (obs. 46) est resté fils unique pendant 7 ans, après quoi il lui est né successivement trois frères qu'il a mal acceptés. Dans son PN, il commence par rejeter *Portée.* Soit dit en passant, le refus de décrire cette image indique toujours un grave conflit de rivalité fraternelle avec les tout petits. Dominique reprend cependant l'image aux P.I. et, paradoxalement, la place dans les aimées, mais en supprimant dans sa description les nouveau-nés, insistant par contre sur la relation orale entre la mère et les trois grands. *Eux ils sont contents de voir leur mère qui mange bien; ils voudraient aller la retrouver; par ce trou-là ils vont la retrouver; ils sont contents parce qu'ils savent qu'ils vont pouvoir aller manger avec elle.*

Un remarquable exemple de cette rivalité de rejet nous est donné par le cas d'*Alain,* 16 ans (obs. 47), qui nous est amené pour ses difficultés scolaires. Il est en troisième technique et a de la peine à suivre parce qu'il est lent dans son travail et ne termine jamais ses devoirs à temps. Il a toujours été d'un caractère solitaire, même au sein de sa famille. Il déclare d'ailleurs franchement qu'il préférerait vivre seul et avoir une chambre à lui. A l'école il n'a aucun camarade et, dès la maternelle, il jouait tout seul dans un coin. Il a bien accepté la naissance de sa petite sœur quand il avait 2 ans; mais à l'âge de 6 ans, quand il lui est né un petit frère, il a fait montre d'une totale indifférence. *Il a fait,* dit la mère, *comme si le petit frère n'existait pas.* Actuellement ses relations, aussi bien avec sa sœur qu'avec son frère, sont très distantes: il ne s'occupe pas du tout d'eux, mais ne se dispute non plus jamais avec eux. Il a la même attitude à l'école: il n'est pas du tout batailleur, et quand on le frappe il ne se défend pas.

Or son test PN est le très exact reflet de ce désir d'être un enfant unique. Au frontispice, Alain donne les deux petits blancs comme des garçons plus jeunes que Pattenoire, mais commè des étrangers, que Pattenoire ne connaît pas. Comme dans le cours des images, il ne pourra refuser la présence constante de ces deux petits blancs, il invente très ingénieusement un thème d'adoption. La première image décrite *Charrette* est interprétée dans ce sens: *Pattenoire rêve que le fermier amène deux petits cochons à la maison; puis précisément c'est ce qui arrive. Auge* vient en second: *Alors le fermier loge les deux nouveaux juste à côté de l'endroit où sont déjà les autres cochons de la ferme, c'est-à-dire le petit et ses parents.* Tout le protocole déroule ensuite la situation privilégiée de Pattenoire qui a des parents, et le désir des deux autres d'être définitivement adoptés par cette famille-là. Mais l'intensité camouflée de la rivalité fraternelle nous apparaît dans la description de deux images: *Bataille* et *Tétée 2. Bataille* termine les thèmes initiaux d'une façon très brève; comme un des petits blancs avait profité à *Hésitation* de ce que Pattenoire détournait la tête pour venir téter sa mère, Pattenoire le mord; mais cette image sera la moins aimée de toutes *parce que Pattenoire se bat et parce que, forcé par les parents à accepter les deux petits étrangers, il finira par s'habituer à eux, mais a eu au début beaucoup de mal;* donc culpabilité de la rivalité, exprimée aussi à la fin du test où Pattenoire sera déclaré le moins gentil parce qu'il accueille mal les nouveaux venus.

Tétée 2 figure dans l'histoire initiale comme l'arrivée des petits étrangers, dérangeant Pattenoire dans son intimité avec sa mère. Elle est mise ensuite dans les non-aimées et, au moment de dire pourquoi, Alain a manifesté une vive émotion inhibitrice que nous n'avons observée chez lui pour aucune des autres images. Il finit par dire qu'il lui déplaît de voir les deux petits accourant, non pas comme on pourrait le croire parce qu'il prend fait et cause pour Pattenoire menacé, mais tout au contraire parce qu'il prend en pitié les deux petits malheureux qui n'ont pas de parents. Il n'empêche que pour finir, quand l'un des blancs passe à l'attaque et réussit à téter la mère de Pattenoire, celui-ci se fâche et le mord, tout ceci exprimant bien l'ambivalence profonde de notre sujet. Cette ambivalence, nous la retrouverons aux questions de la fin où, sur la demande: Qui est le moins heureux dans l'histoire?, Alain répond: *Les deux petits étrangers, parce qu'ils n'ont pas leurs parents, et qu'au début ils ne pourront pas s'habituer... enfin! Pattenoire ne pourra pas s'habituer avec eux.*

Chapitre III

LE REFOULEMENT ET L'INHIBITION
DANS LA PROJECTION

Nous avons vu que les situations projectives facilitent la libération des tendances refoulées, mais que cette libération est très rarement complète, car les défenses du Moi accompagnent les tendances dans la projection. Il en résulte des thèmes complexes, composés de tendances et de défenses, dont le travail d'analyse du psychologue devra reconstituer le dynamisme interne.

I. INHIBITION TOTALE

Il est des cas, rares à la vérité, où la défense inhibitrice se manifeste avec une telle force que la projection ne parvient pas à dégager les tendances du refoulement, et qu'alors on ne trouve pas trace de ces dernières dans le protocole du test, qu'on ne peut par conséquent qu'enregistrer l'intensité de la défense, donc l'intensité probable des pulsions que cette défense contient.

En pareil cas, le psychologue se devra de tout mettre

en œuvre pour faire céder l'inhibition, en amenant le sujet à mieux s'engager dans la situation projective. Le caractère ludique des tests y aide beaucoup, en favorisant le relâchement de la défense du Moi. Lorsqu'on se sert d'épreuves projectives courtes, et surtout avec des consignes verbales, qui tendent à maintenir la vigilance du conscient, il arrive souvent que l'inhibition ne se relâche pas Ainsi dans la Fable de l'agneau, où nous avons fréquemment observé, même en cas de rivalité fraternelle perturbante, des thèmes de soumission intégrale exprimant la domination de la censure.

Par contre, dans les tests comme le Village ou le PN, qui favorisent bien mieux l'engagement du sujet, à la fois par leur longue durée et parce qu'ils font appel à des activités plus ludiques, il est exceptionnel que l'inhibition ne vienne pas à céder à un moment donné, permettant des « percées tendancielles » bien significatives. Nous en avons donné plus haut un exemple typique dans le PN de *Madeleine* (obs. 18).

Il est même des cas où la tension défensive de l'enfant se maintient durant tout le test, puis, quand l'épreuve est terminée, il peut suffire parfois d'une question d'apparence anodine ou d'une autre épreuve projective sans rapport prochain avec la première pour que le sujet se laisse soudain aller à exprimer la tendance qu'il avait jusque-là parfaitement contrôlée. Nous avons fait passer le test PN à une fillette, *Marie,* 9 ans (obs. 48) de caractère opposant et difficile, qui mit en œuvre dans son test un processus de défense par isolation qu'elle maintint indéfectiblement d'un bout à l'autre (cf. ch. 7 où ce processus est exposé), de sorte qu'on ne pouvait dégager du protocole aucune tendance ni sentiment marquants. Nous étions prêts à rédiger un constat d'échec quand, tout étant terminé, nous avons présenté à la fillette, comme par jeu, l'image où Patte-noire prie la *Fée*; à ce moment s'exprimèrent soudain des sentiments fortement agressifs à l'égard de la fratrie en un thème de violente dispute qui est bien rare à propos de cette image.

Il nous faut aussi mentionner les cas où il se produit, après une inhibition durable, dans un second temps, une réaction secondaire révélatrice. Dans l'exemple d'*Anne,* 7 ans (obs. 49), il s'est agi d'une réaction dépressive. Cette fillette donne à la fable de l'agneau un thème de soumission: *L'agneau mangera l'herbe et l'autre boira le lait.* Elle fait du grand un garçon de 9 ans et du petit une fille de 3 ans. Mais comme il arrive souvent en pareil cas, invitée à s'identifier, Anne déclare qu'elle voudrait être la petite fille, ce qui est bien entendu un processus de défense par régression. Or un peu plus loin lui est proposé le thème de l'*enter-rement (L. Düss): Il est mort quelqu'un qu'on va enterrer; qui est-ce?* La fillette a répondu d'une voix angoissée: *C'est le petit agneau qui mangeait de l'herbe; il est mort parce qu'il n'avait plus le bon lait de sa maman.* Ici invitée derechef à s'identifier, Anne voudra être le petit *qui vit encore parce qu'il a du lait.*

1. *Absence d'agressivité*

L'inhibition de la rivalité fraternelle se traduit dans les tests par le fait que les thèmes ne comportent aucune agressivité. Davantage, lorsque le matériel pro-jectif offre des scènes d'agressivité, la tendance est niée et souvent remplacée par la tendance contraire.

Dans la Fable de l'agneau, le grand va dire « Oui maman! ». Il va être content de manger de l'herbe. Il aimera bien le petit agneau. Et l'enfant s'identifie à ce grand agneau docile.

Dans le Dessin de famille, le sujet inhibé ne se permet aucune des éliminations qui signeraient sa rivalité fraternelle. Bien que la consigne du test l'autorise à imaginer une famille comme il lui plaira, il s'estime obligé de faire figurer sa propre famille, avec tous ses membres sans exception, dans l'ordre hiérarchique des fonctions et des âges.

Dans le Village, il n'y a pas de scènes d'agressivité ni d'accident. Tout le monde y vit en paix, dans une atmosphère de villégiature et de calme. Parfois il est dit que c'est un village où il ne se passe rien, qui a peu d'échanges avec le dehors, et nous saisissons par là que l'inhibition de l'agressivité peut avoir aussi pour effet d'éteindre le dynamisme vital dans son entier.

Dans le Test PN, où certaines planches imposent des thèmes agressifs, l'inhibition se traduit souvent par le refus initial des images agressives, particulièrement de celles qui peuvent susciter la rivalité fraternelle: *Bataille, Hésitation, Portée* et *Tétée 2.*

Dans d'autres cas, les images en question sont acceptées, mais l'évidence du thème agressif est niée. C'est ainsi que dans *Bataille,* où il est pourtant impossible de ne pas voir que Pattenoire est aux prises avec un petit blanc, la scotomisation de l'agressivité se produit dans 22 cas sur 100, le thème étant alors qu'on s'amuse ou qu'on broute l'herbe. Lorsque l'anxiété inhérente aux manifestations agressives est très forte, il peut arriver, nous l'avons dit, que toute action soit interdite comme significative d'agressivité. Ainsi *Jean,* 8 ans, (obs. 50), dans toutes les planches du test où Pattenoire accomplit une action quelque peu répréhensible, nie cette action et la remplace par « on s'amuse », avec cette conséquence que la rivalité fraternelle est complètement absente de son test, et nous savons par ailleurs qu'elle a été inhibée par de fortes censures parentales dans les relations de ce garçon avec sa fratrie.

2. Les « blancs »

La scotomisation de l'agressivité peut se traduire par un « blanc ». Nous établissons ici, comme *Freud,* une analogie avec ce qui se passe pour les journaux dans un pays en guerre, lorsque Dame Censure, surveillant les informations que va publier un Journal, efface au dernier moment quelque détail qu'il pourrait être dangereux de révéler au public, de sorte que, la composition étant déjà faite et ne pouvant être remaniée l'article paraît avec un blanc. Chacun sait que c'est dans ces blancs — quand on parvient à deviner ce qu'ils dissimulent — que se trouvent les informations les plus intéressantes. Pareillement les blancs d'un test projectif sont en rapport direct avec une tendance interdite.

Nous avons dit un peu plus haut que dans le test PN, le refus initial des images agressives équivaut à un blanc, car si ce refus est maintenu, on ne trouve pas trace d'agressivité dans le test, ce qui indique que la pulsion est frappée d'interdit.

Dans le test du Village, nous avons montré *(16)* que les « zones blanches », c'est-à-dire les parties de la table que la construction ne recouvre pas, devaient être spécialement étudiées dans cette perspective comme représentant des zones où il est interdit d'aller, parce que dangereuses. Dans la mesure où le village n'a pas d'existence réelle, mais est la projection de la vie intérieure du testé (c'est le cas le plus général), le danger en question émane bien entendu des pulsions instinctives du sujet. L'expérience montre en effet que lorsqu'on interroge après coup le sujet sur ces zones blanches, dans un grand nombre de cas on apprend de lui que ce sont des zones inhabitées, où les gens ne vont pas volontiers parce que il y a danger de s'y perdre ou de s'y noyer ou qu'il s'y rencontre des bêtes fauves.

Le cas est typique dans les villages n'occupant qu'une petite partie de la table, soit au centre, soit sur un côté, villages resserrés sur eux-mêmes, ne s'étendant pas vers le dehors, n'effectuant pas d'échanges avec les villages voisins, et où les gens restent chez eux. Il apparaît qu'une telle construction symbolise bien la crainte d'une expansion qui pourrait être dangereuse, et en conséquence la recherche d'un milieu de protection.

3. *Les silences*

L'inhibition se marque aussi très souvent par des silences. D'une manière générale, on l'a vu, les enfants inhibés se taisent et ne fournissent que des protocoles très pauvres. Le silence est bien entendu total quand un thème agressif est escamoté.

Mais particulièrement intéressants sont les cas où cette inhibition silencieuse est élective, se manifestant pour un thème déterminé, soit au début, soit au cours du récit. Il arrive par exemple qu'au moment de décrire *Bataille,* qu'il a retenue, l'enfant se bloque et ne puisse rien dire; c'est qu'il se défend par le mutisme contre les tendances agressives qu'il aurait à exprimer.

Voici l'exemple de *Jacqueline,* 7 ans (obs. 51) qui,

devant *Portée* hésite un long moment, puis sur notre insistance: que vois-tu? elle dit en s'interrompant fréquemment: *un monsieur qui leur donne à boire......* *un autre qui amène de la paille......... des enfants qui veulent boire et ne peuvent pas... parce qu'il y a une barrière.........* (ici un long silence) Que vois-tu encore? *des tout petits; il y en a trois.* S.I. ne voit rien d'autre. La scène sera placée dans les non-aimées, *parce que Pattenoire et ses frères ne peuvent pas grimper,* et, pour finir, Jacqueline s'identifiera à un des tout petits. Ce qui est exprimé d'abord, c'est la frustration de Pattenoire, l'inhibition de l'agressivité se traduisant au début par la scotomisation du groupe mère-petits. Puis la fillette réintègre les nouveau-nés, mais c'est que dès ce moment elle s'est identifiée à eux. Par contre, sa charge agressive contre la mère se manifeste par le fait qu'elle n'en parle aucunement, l'éliminant et en même temps se préservant par là contre l'expression de sa propre agressivité.

II. INHIBTION PARTIELLE

Comme nous venons de le voir à propos des silences, il est nombre de cas, plus faciles pour l'interprétation psychologique, où l'inhibition du refoulement n'est que partielle. Les protocoles des tests nous donnent alors, côte à côte, les signes d'inhibition et les signes exprimant les tendances libérées de l'inhibition. Tantôt c'est l'inhibition qui au début prédomine et, dans un second temps, son relâchement permet aux tendances de s'exprimer. Tantôt c'est l'expression des tendances qu'on a d'abord, le sujet se laissant aller d'emblée à sa spontanéité, mais ensuite, prenant conscience de ce qu'il a dit, il fait entrer en jeu sa défense et s'inhibe.

Comme nous l'avons montré déjà, le test PN, avec sa division en Thèmes et Préférences-identifications, se prête particulièrement bien à ce double mouvement.

Par exemple, *Bataille* ou *Portée* ou *Tétée 2*, réveillant dans l'âme de l'enfant fortement jaloux des sentiments d'intense agressivité, peuvent être au début rejetées; mais ensuite la censure se relâchant, l'enfant prendra une certaine satisfaction à les décrire pour exprimer sa rivalité, quitte, s'il se sent après coup répréhensible, à ne pas s'identifier au héros de l'action. En sens inverse, on voit des enfants choisir ces images de rivalité dans les premières et les décrire en thèmes francs; et l'on est surpris de constater qu'ensuite le sujet les rejette dans les non-aimées, en tentant d'en esquiver la responsabilité.

Soulignons à ce propos que, dans les tests pratiqués selon notre méthode des P.I., le refoulement inhibiteur d'une tendance se traduit par le rejet total de l'image l'exprimant: elle est refusée au début (non acceptée), placée dans les non aimées, et par surcroît non assumée (Thèmes 3 N.A.) En revanche, quand l'inhibition n'est que partielle, il y a ambivalence, le refus ne portant que sur le choix initial, ou sur le choix des P.I. ou sur l'identification qui assume.

Il se déduit de là que, pour le psychologue, les thèmes les plus intéressants à retenir sont ceux, soit des images refusées, soit des images non aimées, puisqu'ils correspondent aux tendances refoulées, c'est-à-dire précisément aux tendances qui exercent une action pathogène. L'analyse des raisons pour lesquelles le sujet rejette une planche doit donc nous permettre de découvrir quelles sont les tendances qui ont été refoulées par la défense du Moi et pourquoi elles l'ont été. Mais il arrive que l'inhibition arrête en quelque sorte sur ses lèvres ce que le sujet allait nous révéler; il est fréquent que, invité à dire pourquoi il a placé une planche dans les non-aimées, le sujet ne réponde pas ou bien dise qu'il ne la comprend pas, ou même donne une raison banale qui n'explique en aucune manière son choix. Nous conseillons alors au psychologue de mettre en œuvre une technique de « retournement en contraire » en disant au sujet: « Supposez qu'on puisse modifier l'image, y ajouter ou en retrancher quelque chose, que faudrait-il changer pour que cette image vous plaise? » C'est l'inviter à retourner la tendance interdite en son contraire, ce qui lui permettra de l'exprimer. Ainsi dans un cas où l'enfant avait choisi *Tétée I* comme la moins-aimée, en disant simplement qu'elle n'était pas intéressante, sollicité de modifier l'image, il a exprimé le désir que le père et les deux petits blancs soient là aussi, en somme que toute la famille soit réunie, ce qui nous indique qu'il refoule son désir de l'éliminer pour être seul avec sa mère, désir entraînant culpabilité.

1. *Les formations réactionnelles*

Nous avons vu au Livre I que les formations réactionnelles complétant le refoulement inhibiteur en arrivent à transformer complètement le caractère d'un enfant, supprimant en particulier tout comportement agressif de rivalité fraternelle.

Il est des cas où ces formations réactionnelles se retrouvent telles quelles dans le thème projectif. Mais plus intéressants pour le psychologue sont ceux où, à la faveur d'une certaine libération pulsionnelle, on voit s'exprimer côte à côte et la formation réactionnelle et la pulsion qu'elle est destinée à combattre.

Le cas de la Fable de l'agneau est assez typique du processus réactionnel et de sa fréquence. Sur une centaine de cas *(9)*, nous avons obtenu dans 50 % un thème de *soumission intégrale* à l'ordre de la mère et, comme nous l'avons souligné, en pareil cas la projection ne nous est utile que pour apprécier l'intensité de la censure du Moi.

Le Test PN permet par contre beaucoup mieux l'expression de la tendance et de sa censure. Plusieurs de nos images ont été faites dans cette intention, le héros Pattenoire accomplissant l'action coupable et un ou deux petits blancs s'en abstenant. Ainsi dans *Auge* et dans *Jeux sales,* où figure le sadisme anal, il est fréquent que l'enfant prenne une satisfaction particulière à l'action sadique-anale de Pattenoire, mais qu'en même temps il la censure, soit en plaçant l'image dans les non-aimées, soit en s'identifiant non à Pattenoire, mais à un petit blanc qui ne participe pas à l'action. De même à *Bataille,* il est très remarquable que le thème de la dispute est vu dans les 4/5 des cas, mais qu'aux P.I. l'image n'est pas aimée dans plus de la moitié des cas et qu'elle est celle de tout le test où il y a le moins d'identifications à Pattenoire (24 %) alors qu'il y a 43 % d'identifications au petit blanc qui se sauve.

Notons encore un autre mode de formation réactionnelle dans l'opposition de *Tétée 1* et *Tétée 2.* Il est conforme au principe du plaisir, qui gouverne nos tendances instinctives, que *Tétée 1*, où le héros jouit seul de la présence maternelle, soit préférée à *Tétée 2*, où il est en butte aux revendications de ses frères rivaux; et c'est en effet ce qui se produit dans la plupart des cas. Mais dans un certain nombre d'autres (environ

10 %), c'est l'inverse: *Tétée 1* est non aimée, et *Tétée 2* aimée, avec des attendus critiquant la trop grande avidité de Pattenoire et soulignant que, si Pattenoire préfère être seul avec sa mère, celle-ci en revanche préfère qu'il y ait les trois. Voici par exemple *Anne* 12 ans (obs. 11), aînée de 3, qui refuse au début *Tétée 1,* mais accepte *Tétée 2;* celle-ci sera aimée, celle-là non aimée, *parce qu'ils ne sont que deux sur l'image, qu'il n'y a pas le frère et la sœur.* S.I. *c'est mieux quand ils sont réunis.* Pourquoi? *pour distraire Maman.* Et Patte-noire qu'en pense-t-il? *Ben lui il est heureux; il préfère être tout seul (dit d'un ton un peu agressif)* Et la ma-man? *Elle préférerait qu'il y ait les trois.*

Les formations réactionnelles se révèlent aussi, mais d'une toute autre manière, dans les tests « construc-tifs », ceux où l'enfant est invité à réaliser de lui-même une construction, c'est-à-dire le Dessin de Famille, le Gribouillis et le Village. Ce qui se manifeste alors, c'est bien moins une réaction particulière à telle ou telle pulsion qu'une tendance réactionnelle générale marquant le comportement entier du sujet et substi-tuant notamment la règle à la fantaisie. Nous décou-vrons ici les vertus caractérologiques de la ligne droite. Rien dans la nature ne suit une ligne droite: ni le tronc des arbres, ni le cours de la rivière, ni le tracé du chemin de campagne. La ligne droite, c'est toujours l'œuvre artificielle des hommes, qui plantent des po-teaux télégraphiques, creusent des canaux, tracent des autostrades. De même dans la personnalité humaine, la ligne droite, la « règle » est toujours une production contraire à l'ordre naturel.

Dans le Dessin de Famille, au lieu du dessin qui court librement sur le papier et où dominent les arrondis, l'enfant qui obéit à des formations réactionnelles dessine des personnages rigides, au garde à vous, avec beaucoup de lignes droites. Voici par exemple les dessins de deux frères jumeaux qui, en dépit de leur très forte ressemblance physique, ont des traits de caractère qui les distinguent (fig. 10 et 11). On pourrait

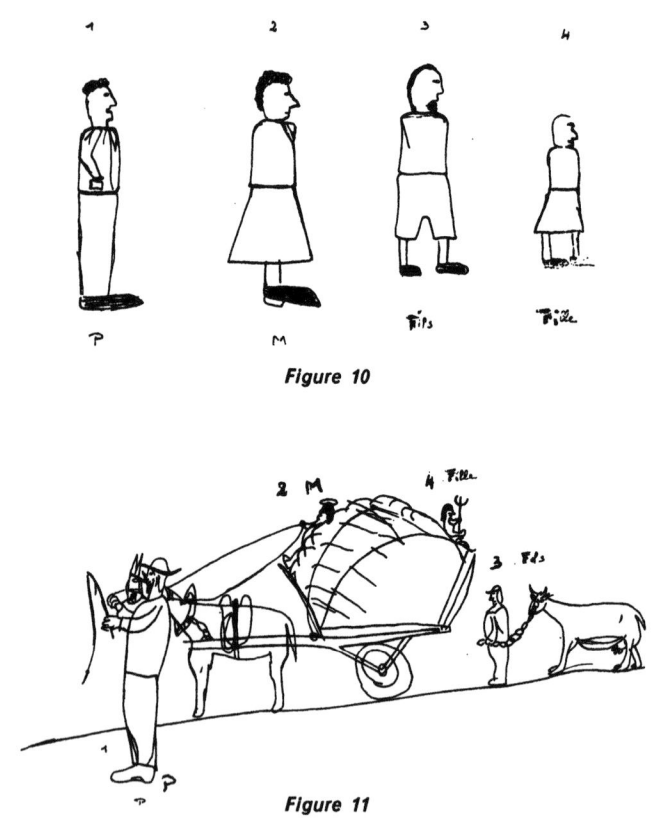

Figure 10

Figure 11

penser, au vu de ces deux dessins, que le second (celui de *Michel*) indique un niveau d'intelligence supérieur au premier (celui de *Christian*). Or c'est le contraire qui est vrai. Les deux frères sont en classe de 6ᵉ, où Christian suit à peu près, tandis que Michel est dans les derniers. D'autre part Christian a plus de personnalité: il est patient, assidu à son travail scolaire, montre plus d'initiative et de décision que son frère, nous est donné comme moins ouvert, plus personnel. Michel est par contre plus nerveux, plus coléreux, plus ouvert, plus primesautier et plus instable. On saisit bien par là que la rigidité du dessin de Christian est la rançon de son moi plus rigide, qui impose des règles sévères à sa spontanéité vitale et l'inhibe, ce qui favorise l'obéissance aux règles, qui est une des conditions du bon travail scolaire. Tandis que la valeur esthétique plus grande du dessin de Michel est due à ce qu'il a une personnalité plus souple, plus labile, n'acceptant pas de se soumettre à une règle, comme cela est fréquent chez les natures d'artistes.

Dans le test du Gribouillis, nous opposons le tracé impulsif et primesautier de ceux qui déchargent librement leur agressivité, au tracé hyperdiscipliné des formations réactionnelles, très proche d'une page d'écriture. Tout se passe en pareil cas comme si un maître d'école sévère se tenait avec sa férule derrière l'enfant, tout prêt à châtier d'un coup de baguette toute fantaisie dans le tracé, tout écart avec la ligne droite. Il nous est souvent arrivé de diagnostiquer l'importance des formations réactionnelles chez un enfant (ou un adulte) à la seule vue de son gribouillis. Voici le cas de *Christian,* 7 ans (obs. 52), qu'on nous amène pour des troubles anxieux surtout nocturnes; ce garçon est d'autre part un scrupuleux morbide, hanté par le souci de faire correctement ses devoirs d'école et qui, en rentrant le soir à la maison, au lieu d'aller jouer, se donne de lui-même des lignes d'écriture à faire. Il se présente comme un inhibé, et il est remarquable que dans son test PN, il n'y a pas trace d'agressivité. Son gribouillis (fig. 12) traduit une intensité de formation réactionnelle rare à cet âge. Ayant des raisons de

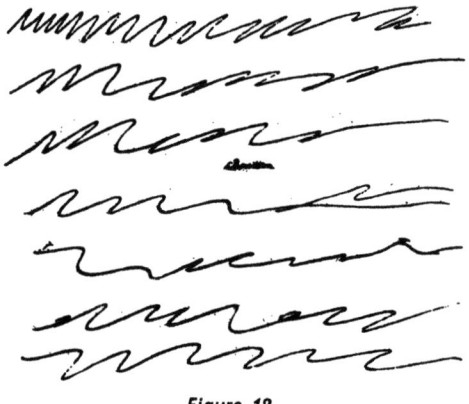

Figure 12

croire à une forte agressivité sous-jacente, nous avons pris ce garçon en psychothérapie, et il a effectivement joué des thèmes d'intense rivalité fraternelle, cependant que ses troubles anxieux s'amélioraient, et parallèlement son gribouillis s'est modifié dans le sens d'une plus libre décharge agressive (fig. 13).

Dans le test du Village, la même tendance à construire en lignes droites s'observe chez les sujets de formations réactionnelles. A la limite extrême, on obtient des villages tracés au cordeau, sans aucune ligne courbe, sans aucune fantaisie dans la construction. Ce sont en général des villages où l'on travaille. Il n'est pas rare d'ailleurs que de tels villages comportent deux parties différentes: l'une où se trouvent l'usine, l'école, les bâtiments publics, avec des rues larges et droites, un agent au carrefour; et l'autre pittoresque, semée d'arbres, avec des animaux en liberté, des routes courbes qui ne conduisent nulle part et qui représentent l'endroit où il fait bon vivre.

Figure 13

2. L'ambivalence et le doute névrotique

Quand deux tendances sont en conflit, elles peuvent se manifester toutes les deux dans la projection, soit simultanément, soit successivement. C'est le cas pour les pulsions agressives et les formations réactionnelles contraires. Il en résulte que le sujet est tiraillé entre deux tendances opposées et se trouve dans ce qu'on appelle une situation d'*ambivalence*. Nous venons d'en voir plusieurs exemples, notamment dans le test PN, à propos des images *Bataille* et *Jeux sales.*

Souvent, chez les très jeunes sujets, il se produit alors un dédoublement de la personnalité, l'enfant, incapable de s'assumer pleinement, projetant sur un autre personnage celles de ses tendances qui sont objet de censure et qui lui causent de l'angoisse, et *transformant la réalité complexe des conflits en une opposition simpliste du bon et du méchant.* Par exemple dans le test PN, comme il n'est pas possible de nier les tendances qui s'extériorisent dans les Aventures du héros, l'enfant, tout en en profitant pour s'assouvir dans la projection, refuse d'en endosser la responsabilité. Ainsi *Daniel,* 10 ans (obs. 53) deuxième enfant et seul garçon d'une famille de 4, donne pour *Charrette* un thème très agressif, en ajoutant que *Pattenoire est méchant parce qu'il n'aime pas ses sœurs.* Il place ensuite cette image dans les non-aimées *parce que moi, j'aime bien mes frères et sœurs.* En conséquence, il n'osera pas s'identifier à Pattenoire parce que, dit-il, *Pattenoire serait heureux qu'on emmène les deux sœurs pour les tuer, afin d'être seul à boire le lait de la maman.*

Chez des sujets plus âgés, dont le Moi a une plus grande maturité, un tel dédoublement n'est plus guère possible. L'ambivalence s'exprime alors dans les hésitations du personnage central, oscillant sans cesse de la tendance à la défense. On sait qu'une telle ambivalence est à l'origine du doute obsédant de beaucoup de névrotiques. Nous avons représenté cette situation dans notre test PN, en particulier dans l'image *Hésitation,* où Pattenoire, le corps tourné vers la droite (où se tiennent la mère et un petit la tétant), la tête tournée vers la gauche (où son père boit à l'auge avec un autre petit), semble perplexe sur ce qu'il va faire, aller avec le père comme un grand, ou avec la mère comme un petit.

Il n'est pas rare que le doute d'ambivalence s'exprime dans les attendus par des ou bien... ou bien. Ainsi *Paul* (obs. 7) dont nous avons cité le cas plus haut comme exemple de la transformation brusque du caractère par formation réactionnelle, place *Portée* dans les aimées *à cause des sentiments de Pattenoire.* Quels sont-ils? *Ca dépend de son caractère, ou bien admiration pour les nouveau-nés, ou bien envie.* En pareil cas, nous essayons de rétablir une projection plus authentique en amenant le sujet à mieux s'identifier au héros de l'histoire et nous demandons: A voir Pattenoire, que penses-tu qui domine? *c'est plutôt l'envie,* et cette réponse sera suivie d'une identification à la mère *pour le plaisir d'avoir des petits.* De même à *Baiser,* non-aimée parce que Pattenoire se croit négligé: *ou bien il se réjouira de voir les parents s'entendre, ou bien il en sera jaloux.* Et à la question: d'après son attitude, que penses-tu? *Qu'il en sera jaloux* (ici encore identification à la mère). De même encore à *Tétée 2,* non-aimée, à la question de savoir ce que pense Pattenoire: *Ca dépend; peut-être aime-t-il mieux être seul, que ses sœurs ne viennent pas... ou au contraire a-t-il demandé à sa mère la permission pour que ses sœurs viennent.*

3. *Les psychodrames*

Nous avons vu que l'inhibition cède parfois au cours du test projectif pour faire place à une « percée » d'agressivité qui souvent surprend par son intensité.

Le fait est plus remarquable encore dans les psychodrames. Il est en général très difficile d'obtenir des

enfants inhibés des thèmes psychodramatiques vala-
bles: ou bien ils ne trouvent rien, ou bien ils se réfu-
gient dans la banalité d'un fait divers ou de quelque
histoire lue dans un livre. De même leur jeu est pauvre,
sans véritable engagement, et ils se refusent à toute
manifestation agressive. Par exemple *Françoise,* citée
un peu plus haut (obs. 10) se présente, nous l'avons vu,
comme une fillette très inhibée, ne parlant qu'à voix
basse, ne riant jamais. Eduquée très sévèrement, elle a
réagi au début par l'agressivité, se souillant notamment
de jour et de nuit jusqu'à 3 ans; puis elle s'est inhibée.
Dans ses psychodrames, bien que les thèmes qu'elle
donne soient d'une agressivité très atténuée (par exemple casser un verre ou une fleur), elle se refuse à les
jouer et résiste à toutes les suggestions de la psychologue pour se montrer agressive.

Il est cependant nombre de cas où le climat psychodramatique fait céder peu à peu l'inhibition, et où
l'on assiste à une libération des tendances refoulées.
L'on est toujours surpris ici de voir la violence avec
laquelle, chez les inhibés, les pulsions agressives se
déchaînent, et l'on comprend mieux alors la raison
d'être de leur inhibition, mécanisme de défense brutal
qui est rendu nécessaire par la brutalité même des
tendances à combattre.

Il faut considérer bien entendu que cette libération
pulsionnelle n'est pas la fin poursuivie par la psychothérapie; elle n'est qu'un premier temps, nécessaire
pour soulager la tension intérieure et permettre une
évolution progressive de l'agressivité vers la socialisation. Avant que ce résultat soit obtenu, on assiste à
des oscillations fréquentes de la tendance à la défense
et vice versa, la libération pulsionnelle au cours d'un
psychodrame pouvant susciter des thèmes où domine à

nouveau la culpabilité et l'interdit, reproduisant dans la psychothérapie le conflit qui a été à l'origine des troubles pour lesquels on est consulté.

4. Normal ou pathologique

Le refoulement des pulsions, leur retournement en contraire avec formations réactionnelles et l'inhibition sont des mécanismes de défense dont le Moi fait un usage fréquent. Nous avons vu que, dans une certaine mesure, ces mécanismes appartiennent à une évolution normale vers la socialisation. Ce que signifie ici « dans une certaine mesure » nous est expliqué par les considérations déjà exposées sur la *sublimation* qui, comme nous l'avons vu, comporte une part de refoulement et d'inhibition.

Une situation pathologique est par contre réalisée quand le refoulement inhibe complètement les pulsions, en particulier agressives, et que celles-ci ne se manifestent, ni dans la conduite du sujet, ni dans ses tests projectifs.

On devra donc conclure à un blocage quand l'agressivité, et particulièrement l'agressivité contre la fratrie, est absente du protocole d'un test, et l'on pourra en déduire qu'elle a été l'objet d'un très fort interdit, lequel, en déferlant sur les autres domaines de la vie pulsionnelle, met de sérieuses entraves à toutes les réalisations du sujet, notamment dans le domaine scolaire.

On pourra aussi penser à une situation pathologique quand, dans le test, l'inhibition venant à cesser, l'agressivité s'exprime en des thèmes sauvages, lesquels ne peuvent manquer, de par leur violence même, de provoquer le Moi à de nouveaux refoulements. Que l'on considère par exemple le cas de *Madeleine* (obs. 18), inhibée, lente dans tout ce qu'elle fait, manquant d'initiative et d'intérêt pour l'école, qui ne fait montre, ni dans sa vie, ni dans ses thèmes projectifs, d'aucune agressivité contre sa nombreuse fratrie; qui par contre présente, au moment des Préférences-Identifications du PN, une impulsion meurtrière soudaine contre les nouveau-nés qu'elle noie, pour aussitôt après revenir en arrière et refuser d'assumer la responsabilité de l'acte criminel. Il faut comprendre ici que c'est précisément le caractère sauvage des pulsions agressives qui provoque de la part d'un Moi enfantin encore faible, donc incapable d'assurer une sublimation correcte, une inhibition totale, laquelle supprime tout danger, mais au prix d'une extinction du dynamisme vital.

De même le cas de *Jean* (obs. 50), ce garçon de 8 ans qui, comme on l'a vu, nie toutes les actions répréhensibles de Pattenoire, disant chaque fois « on s'amuse », de sorte que la rivalité fraternelle est complètement absente de son test, alors qu'elle a été au début de sa vie très forte à l'égard du petit frère de 4 ans plus jeune, mais paralysée par les censures parentales. Après le test PN, invité à raconter « le mauvais rêve d'un petit garçon », il fait aussitôt une identification projective et, employant la première personne, dit: *Je rêve des choses affreuses, que Daniel est noyé, que quelqu'un l'a poussé dans l'eau, un petit garçon qui ne me ressemble pas. Je rêve qu'il y a des gens qui sont morts, des papas et des mamans, surtout des mamans,* et il manifeste en faisant ce récit une très vive anxiété, criant, pleurant et appelant sa mère. Or la psychologue, se référant au dossier, s'aperçoit alors que Daniel est le nom du petit frère. Il est remarquable de voir s'extérioriser soudain ainsi une rivalité fraternelle meurtrière, jusque-là très bien contenue par l'inhibition, et cela, en dépit de l'effort désespéré que fait le sujet pour ne pas se trahir, par une négation *(un garçon qui ne me ressemble pas),* négation qui équivaut bien entendu à une affirmation. D'ailleurs, que ce « mauvais rêve » soit la réalisation à peine déguisée d'un désir refoulé (selon l'enseignement de *Freud*), on le voit bien par l'intense culpabilité qu'il entraîne et l'angoisse qui fait se précipiter le garçon dans les bras de sa mère. Ici comme dans le cas précédent, on peut comprendre que c'est l'intensité sauvage de la pulsion agressive qui suscite, en vertu de l'angoisse de culpabilité, une inhibition complète de toute l'activité pulsionnelle.

Chapitre IV

LE RETOURNEMENT CONTRE SOI
ET LA REACTION DEPRESSIVE

Comme on l'a vu au Livre I, l'humeur triste de certains enfants, leurs réactions anxieuses et leur propension à démissionner devant tous les obstacles sont souvent le motif principal de la consultation médico-psychologique, sans qu'on puisse au premier abord soupçonner que la cause en réside dans les conflits de rivalité fraternelle.

Les thèmes projectifs reproduisent en pareil cas la situation dépressive, souvent avec une grande force. Mais surtout ils en mettent en évidence les raisons profondes et nous font toucher du doigt le mécanisme de retournement contre soi par lequel le Moi se défend contre les pulsions, nous révélant en même temps contre quelles pulsions cette défense est dirigée.

I. LES SIGNES DEPRESSIFS

Remarquons tout d'abord que, comme le retournement en contraire, le retournement contre soi entraîne une inhibition des tendances qui se traduit, dans la vie comme dans les tests, par un manque de dynamisme et d'imagination (thèmes pauvres), un caractère timide et hésitant (temps de réaction longs), une absence d'engagement (thèmes descriptifs sans action ni sentiment). Il est difficile d'obtenir du sujet qu'il montre un intérêt positif pour le test, et des silences prolongés sont souvent la principale réaction aux stimulis.

Mais l'inhibition se double ici de *signes dépressifs*. Certains thèmes sont des récits tristes, où le héros est malheureux, où il lui arrive de fâcheuses mésaventures en contrepartie de ses actions. Le ton émotionnel avec lequel certains thèmes sont donnés est empreint d'anxiété; le regard et la voix de l'enfant l'expriment bien. Il arrive aussi que l'inhibition réussisse à banaliser le récit, de sorte qu'on n'en pourrait rien déduire si l'on n'était alerté par le ton anormal avec lequel ce récit banal est raconté. Voici par exemple (obs. 8) les thèmes donnés par une fillette de 10 ans, *Isabelle*, dans le test PN. Elle se projette d'emblée dans le héros dont elle fait une fille de son âge. Après un long temps de réflexion, elle compose avec toutes les planches une histoire dont les thèmes frappent par leur brièveté. Elle dit en effet: *Portée, c'est l'histoire d'une maman; Tétée 1, ici c'est le petit cochon qui boit à sa maman; Baiser, puis il voit par-dessus le mur son père et sa mère qui s'aiment bien*. Rien de plus banal en apparence que ce dernier thème, mais on doit noter qu'Isabelle a manifesté en le donnant une très vive émotion. L'explication nous en sera donnée aux P.I., car cette image (habituellement très aimée) est ici placée dans les non-aimées *parce que Pattenoire est jalouse de l'amour du père et de la mère et croit qu'elle, on ne l'aime pas*, thème de frustration qui marquera fortement tout le protocole.

II. LA CULPABILITE

Quand les thèmes dépressifs dominent, c'est toujours que l'agressivité, et particulièrement la rivalité fraternelle, est interdite par la censure du Moi, porte-parole du Surmoi, et entraîne d'intenses sentiments de culpabilité. L'agressivité est donc refoulée, mais la culpabilité, génératrice d'anxiété, l'est aussi et devient inconsciente. Avec cette conséquence, comme nous l'avons dit au Livre I, que l'enfant est « conditionné » à la culpabilité, que la moindre de ses actions, de par le seul fait qu'elle est action, se trouve être fautive et mérite punition. On voit alors dans les thèmes projectifs l'agressivité, même atténuée, être sanctionnée par un châtiment sévère, et souvent par la mort.

Il est fréquent de voir s'exprimer aussi une crainte anxieuse d'abandon, dont nous avons vu plus haut deux exemples dans les cas de *Anne* (obs. 11) et de *Henri* (obs. 22).

Il convient de remarquer que ce qui est surtout refoulé en vertu de l'interdit, c'est l'agressivité, que par contre la culpabilité peut rester en partie consciente. Avec cette conséquence, au premier abord assez inattendue, que les thèmes projectifs extériorisent beaucoup plus la tendance dépressive et la culpabilité que la tendance agressive. Il faut en tenir compte dans l'interprétation, car la succession des thèmes peut ne pas obéir ici à la règle logique qui veut que la cause précède l'effet, donc que l'agressivité soit exprimée d'abord pour être ensuite sanctionnée par la punition. C'est l'inverse qu'on voit souvent, en vertu de cette règle psychanalytique qui veut que ce qui est moins refoulé émerge à la conscience avant ce qui est plus refoulé, c'est-à-dire ici que la culpabilité soit exprimée avant l'agressivité. Par exemple dans le PN, il arrive que *Charrette* soit décrite d'abord, avec un thème où s'exprime la crainte de Pattenoire d'être emmené à l'abattoir tandis que les petits resteront avec les parents; puis vient *Portée,* avec un thème où s'exprime d'une manière assez discrète la rivalité fraternelle du héros, qui voudrait bien enlever les nouveau-nés et prendre leur place. On doit donc, pour une reconstruction logique, inverser l'ordre des deux images et en déduire que l'éviction du héros est la conséquence de son agressivité fraternelle.

III. LA DEVALORISATION DE SOI

Alors que l'agressivité dévalorise le frère rival pour mieux s'assurer la première place, au contraire la réaction dépressive conduit à la dévalorisation de soi-même.

Cela peut aller jusqu'à l'élimination de soi dans le thème projectif ou, ce qui revient à peu près au même, à l'anéantissement du personnage représentant le sujet. Comme nous le verrons, il est rare toutefois qu'un enfant accepte de disparaître sans recours; d'ordinaire la projection des pulsions agressives se fait sur un personnage qui subit le châtiment pour lesdites pulsions, mais quant à l'enfant lui-même, il s'identifie alors à un autre personnage de conduite beaucoup moins coupable.

Dans bien des cas, le dépressif ne va pas jusqu'à cette annihilation, mais il se déprécie, se trouve bête et laid, se donne la dernière place, se voit orphelin ou abandonné, constate qu'on ne l'aime pas et que c'est de sa faute. Nous verrons par exemple que dans le PN, cette dépréciation de soi-même s'accroche souvent à la « tache noire » dont le sujet fait une marque d'infamie. Fréquemment aussi, le personnage auquel le sujet s'identifie est donné comme le moins heureux et le moins gentil, le moins heureux parce que le moins gentil, ce qui met évidemment l'accent sur la culpabilité de l'agressivité. Il exprime souvent le souhait de devenir meilleur, afin de trouver grâce auprès de l'instance parentale et de pouvoir à nouveau être heureux.

IV. L'IDENTIFICATION AU SURMOI

On a vu précédemment que le retournement contre soi des pulsions agressives est l'œuvre d'un Surmoi particulièrement sévère, qui interdit lesdites pulsions et impose au Moi de les refouler, développant en lui au moindre relâchement d'intenses sentiments de culpabilité. Le Moi se trouve ainsi très souvent écartelé entre les fortes pulsions du Soi et les interdits du Surmoi, situation génératrice d'une angoisse persistante et que la plupart des enfants ne sont pas capables d'assumer. Aussi verrons-nous que l'identification au sujet à la fois agressif et châtié est assez rare. Tantôt l'enfant testé cherche à se dérober à la culpabilité de ses pulsions et pratique une identification d'esquive à un personnage non impliqué dans les actions interdites du héros. Tantôt il y a identification à l'instance punitive du Surmoi; cette identification est souvent annoncée à l'avance dans les thèmes punitifs quand l'enfant dit en parlant du héros de l'action: *C'est bien fait pour lui.* *Anna Freud,* qui a bien étudié ce processus de défense (car c'est une défense) l'appelle *identification à l'agresseur;* on pourrait plus généralement l'appeler l'*identification au puissant,* à celui qui dispose du pouvoir de punir et qui d'autre part ne risque lui-même aucun châtiment. L'on verra par la suite combien fréquente est en effet l'identification à un personnage de type parental.

1. *Fable de l'agneau*

Dans ce test, les thèmes dépressifs sont beaucoup plus rares que les thèmes de soumission par formation réactionnelle dont nous avons parlé plus haut. Sur cent cas, pour 50 thèmes de soumission, nous n'avons que 10 thèmes dépressifs. Les thèmes forts, où le grand agneau est abandonné ou mort sont rares, d'ailleurs particuliers au sexe féminin et ont une signification pathologique.

Certains enfants donnent des thèmes d'abandon, où l'enfant, n'ayant plus la protection de sa mère-brebis, est exposé à périr. Ainsi, *Isabelle,* 8 ans (obs. 8) dit que *le grand est parti; la mère est restée avec le petit et n'a pas cherché à revoir son fils.*

Nicole, 8 ans (obs. 54), après avoir donné un thème de soumission, ajoute: *le chasseur a tué le grand; il n'a pas pu tuer le petit parce que la mère était en train de lui donner à boire.* Egalement *Serge,* 8 ans (obs. 55) dit: *le grand a mangé de l'herbe, mais étant à l'écart de sa mère, il a été dévoré par un loup.* Ces deux thèmes nous montrent bien l'importance de la protection maternelle. Il y a lieu d'en rapprocher, mais ceux-ci sont beaucoup plus fréquents, les thèmes conflictuels agressifs-dépressifs, où la jalousie du grand se trouve ensuite sévèrement punie.

En fait, comme nous l'avons dit, ce petit test ne permet pas en général un engagement suffisant pour livrer les contenus inconscients très refoulés. Mais il arrive parfois que la frustration évoquée dans la Fable ait une telle résonance dans l'âme de l'enfant qu'elle déclenche après coup une réaction dépressive, comme on l'a vu dans l'exemple de l'obs. 49.

2. *Test du Gribouillis*

Ici il n'y a pas de thème, mais l'état dépressif se révèle très nettement à trois signes. En premier une forte réduction de la surface gribouillée, correspondant à la pauvreté des thèmes dans les autres tests et exprimant, comme on l'a vu, l'inhibition. En second lieu un tracé très léger, à peine appuyé, le plus souvent en estompe, exprimant l'absence de tonus agressif. En troisième lieu le fait que le tracé recouvre en général le nom, ce qui, comme nous l'avons montré, indique que les pulsions agressives (le tracé gribouillé) s'attaquent par retournement contre soi au Moi même du sujet (le nom) (fig. 14).

Figure 14

3. Test du Village

Ici aussi la dépression se marque par l'inhibition, la lenteur avec laquelle se fait la construction, la forte réduction de la surface construite et le petit nombre d'éléments employés. Dans le commentaire, il peut y avoir des thèmes dépressifs, des thèmes de maladie, d'accident, de mort. Parfois il est dit que les gens du village sont malheureux. L'intérêt du test réside dans le fait que la projection peut nous révéler les tendances agressives culpabilisées du sujet.

Ainsi, *Nicole* 11 ans (obs. 4), aînée de 3, ne manifeste pas cliniquement de jalousie à l'égard de ses frères et sœurs. Elle est inhibée, hyperémotive, timide, toujours prête à pleurer. Elle construit un village peu étendu, et chaque fois qu'elle tente de l'élargir, elle éprouve le besoin de le refermer par des barrières dont elle l'entoure. Elle met hors du village à gauche un bois où il y a un lion qui mange toutes les bêtes qu'il trouve. Après avoir dit qu'il ne mange pas les gens et que d'ailleurs elle, petite fille de 8 ans, va volontiers se promener dans le bois, elle déclare qu'il a mangé une dame, puis le mari de cette dame, puis un petit garçon et une petite fille. Mais un monsieur gentil va venir qui tuera le lion. On élèvera une statue à ce bienfaiteur. Il y a d'ailleurs aussi dans son village une statue de la Vierge Marie qui protège le village contre les bêtes fauves.

Nous avons ici un déplacement de l'agressivité œdipienne et fraternelle de Nicole sur le lion qui, remarquons-le, ne fait rien à la petite fille quand elle va dans le bois. Ce lion mange toutes les bêtes, substituts de ceux à qui Nicole en veut: mais ensuite, la censure se relâchant, il est déclaré que le lion va manger toute la famille. Toutefois, sitôt cette déclaration faite, qui entraîne culpabilité, en dépit du déplacement, Nicole fait intervenir un sauveur qui tue le lion. On remarquera qu'il y a ici accumulation des structures défensives contre l'agressivité: les barrières qui ceinturent le village, le monsieur (symbole du Surmoi) qui tue le lion, et la Vierge, également protectrice. La fillette ajoute que les gens du village vont beaucoup à l'église pour prier afin d'être protégés, et l'on saisit par là le conflit qui, chez Nicole, opposant le devoir aux pulsions, est à l'origine de sa tendance dépressive.

4. Dessin de Famille

Le Dessin de Famille est un remarquable détecteur de la tendance dépressive.

Elimination de soi. Au cas le plus extrême, qui fait pendant à l'élimination agressive du rival, se place l'*élimination du sujet lui-même*. Il est exceptionnel que cette élimination soit totale, car il faut une grave dépression pour renoncer à l'existence. Nous n'en avons rencontré qu'un seul cas, chez une fillette de 12 ans, dont nous avons donné la relation dans notre ouvrage *(9)*.

Dans la grande majorité des cas, la défense contre l'anxiété dépressive fait que l'enfant se dérobe et s'identifie à un autre personnage plus privilégié. Quand le sujet ne s'est pas représenté dans son dessin, il faut donc toujours lui demander à la place de qui il voudrait être s'il faisait partie de cette famille-là, et pourquoi.

Par exemple (obs. 56) *Danielle,* 11 ans, aînée de 8, reproduit avec les noms et les âges réels les personnes de sa propre famille, mais on constate qu'il en manque quelques-uns: le père, les trois garçons et enfin Danielle elle-même. Figurent seules la mère et les quatre sœurs. A la question: Qui est le moins heureux dans cette famille?, elle répond d'abord *Personne*, puis *quelqu'un qui n'est pas là, peut-être Danielle*. Mais par défense elle s'identifie à la maman *parce qu'elle a des enfants*, et probablement en secret à la petite dernière dans le berceau, âgée de 3 mois, qu'elle déclare la plus gentille et la plus heureuse.

Dévalorisation de soi. Réplique à la dévalorisation du rival dans la réaction agressive, la dévalorisation de soi signe la tendance dépressive.

Ainsi, *Nicole*, dont nous avons donné plus haut le test du village (obs. 44), représente sa propre famille, éliminant toutefois la sœur puînée avec laquelle elle est en forte rivalité. Mais on remarque dans son dessin (fig. 15) une importante anomalie: elle a mis le benjamin Serge en premier à côté du papa et s'est repoussée, elle à la quatrième place, se dessinant par surcroît plus petite et en dessous des autres. Or cette fillette se

Figure 15

présente comme une inhibée très anxieuse. On nous dit qu'elle aime beaucoup son petit frère et prend bien soin de lui, mais qu'elle a toujours peur qu'il lui arrive un accident.

Dans son PN, à *Charrette*, elle déclare: *les petits que la maman vient d'avoir* (à Portée) *vont être emmenés à l'abattoir pour y être tués*, ce qui, pour une fillette de cet âge, indique de très fortes pulsions de rivalité. Il est à remarquer que, dans le Blacky fait ensuite, on assiste au contre-coup dépressif: le test se déroule dans un climat d'émotion intense et, pour finir, Blacky est déclaré le moins heureux parce que ses parents lui préfèrent Tippy, et il va s'en aller de la maison pour ne plus jamais revenir.

5. *Test PN*

Les thèmes dépressifs sont assez fréquents dans ce test. Il est bien entendu naturel que de tels thèmes soient donnés pour des images telles que *Charrette, Hésitation, Jars, Trou*, où le héros est en situation d'exclusion ou d'abandon. On devra donc retenir surtout comme significatifs les cas où le thème dépressif s'étend à d'autres images. Nous avons vu par exemple un peu plus haut le cas d'*Isabelle* (obs. 8) qui réagit dépressivement à *Baiser*, disant que les parents s'aiment, mais que Pattenoire, lui, ne se croit pas aimé [1].

L'intérêt particulier du test PN est de nous révéler

---

[1] Il y a bien entendu tous les degrés de transition entre la position agressive et la position dépressive, et certaines observations données plus haut comme exemples de la punition des tendances agressives (entre autres Christine, obs. 34) pourraient à la rigueur figurer ici.

les motivations profondes de la dépression. Il est des cas particulièrement typiques et dont l'interprétation est facile, où le sujet nous conte une histoire dépressive tout à fait thématique.

Ainsi *Germain* 16 ans (obs. 57) relate en 5 images son propre cas. *Nuit* et *Portée* sont présentées comme la conception et la naissance des petits; après avoir dit que Pattenoire est content d'avoir des petits frères, aux P.I. il déclarera qu'ils se battent entre eux, pour aussitôt revenir en arrière et supposer qu'ils font ça en s'amusant. Puis à *Jeux sales*, où de nouveau les enfants se bagarrent, fait ensuite *Départ. Il s'en va; il ne veut plus revenir... je ne voudrais pas être à sa place.* Quand on lui demande ce qui s'est passé avant, il dit: *Il ne devait pas bien s'entendre avec ses frères, alors il a décidé de partir, d'aller trouver refuge autre part.* Et cela se termine par *Charrette: Pattenoire rêve qu'on les emmène... pour les tuer, Pattenoire et les deux autres. Il y a les parents qui regardent et les petits.* A la fin, Pattenoire sera donné comme *le plus malheureux, parce qu'il n'est pas aimé et est tenu à l'écart.*

Or, ce jeune homme, le 3ᵉ d'une fratrie de 8, est un fragile hypersensible, indolent, passant à l'école pour paresseux. Son père est un homme très sévère, auquel Germain n'ose se confier, et il a décidé de mettre son fils en pension dans l'espoir d'un meilleur travail scolaire, éviction que le garçon a très mal supportée, pleurant continuellement. Il convient de remarquer que dans son test il n'assume pas du tout l'agressivité, et que d'autre part il fait usage aussi de la défense par régression, s'identifiant et dans *Portée,* et dans *Charrette* à un des tout-petits.

Catherine, 13 ans (obs. 58) fait le test avec beaucoup d'inhibition et une expression de tristesse dans le regard et dans la voix. Ses thèmes sont typiques dès le début. *Hésitation: Pattenoire il est tout seul; ses parents ne l'aiment pas; ils aiment mieux ses frères... il est jaloux de ses frères... sa maman ne le regarde pas, elle regarde l'autre petit. Rêve M.: Pattenoire rêve... à sa maman... il rêve qu'elle est gentille, qu'elle l'aimerait bien. Bataille: Pattenoire est jaloux, alors il bat ses frères et ses sœurs... ses parents vont venir le battre... ses frères ils ne l'aimaient pas. Trou: Il est perdu... dans un trou de marais... il crie. Départ: Il s'en va... il part de chez lui parce que ses parents ne l'aiment pas... Il s'en va chez d'autres gens qui le nourriront mieux.* Ce test débute donc par un sentiment d'intense frustration, suivi d'un thème de compensation consolatrice, puis d'un thème de rivalité fraternelle que les parents punissent, et d'un châtiment d'exclusion. L'ensemble donc plus dépressif qu'agressif. Par contre aux P.I., *Bataille* est la plus aimée parce que le héros se venge de sa fratrie, et ce thème nous indique la force profonde des pulsions agressives de cette fillette; mais aussitôt après il est redit que ni ses parents ni ses frères ne l'aiment, parce qu'avec sa tache il n'est pas beau, et ceci nous indique que la simple expression de la rivalité suscite immédiatement le choc en retour dépressif. La moins aimée est *Charrette,* que Catherine voit comme un départ en promenade des parents avec les frères, Pattenoire restant tout seul; suivie de *Trou* et plus loin de *Départ,* avec pour les deux le même thème: *Pattenoire s'en va parce qu'il est trop malheureux et ne veut plus rester chez lui* (dit à voix basse avec des larmes dans les yeux). A la fin Pattenoire sera donné comme le moins heureux *parce que son père ne l'aime pas.*

Dans la Fable de l'agneau, Catherine fournit un

thème de soumission avec identification à l'agneau qui est exclu, ce qui est également dépressif. Or cette fillette est la benjamine de deux, et son frère, son aîné de 2 ans, préféré du père, ne l'a jamais acceptée; comme on l'a vu dans son PN (obs. 45), il va jusqu'à nier complètement l'existence de sa sœur rivale. La fillette a réagi à cette exclusion par un état dépressif habituel: elle est d'humeur triste, lente, passive et ne fait guère de progrès à l'école.

Il est d'autres cas, typiques eux aussi, où se répète obsessionnellement un même thème dépressif. Ainsi *Elisabeth,* 9 ans (obs. 41) prend comme première image *La Fée,* qu'elle décrit dramatiquement en disant: *La Fée a foutu Pattenoire à la porte;* et dans le cours du test, cette phrase sera répétée cinq fois; par exemple à *Baiser: Pattenoire embrasse un autre cochon; la mère le regarde contente; Pattenoire pense à la Fée qui l'a foutu à la porte.* Dans ce test il n'y a aucune trace d'agressivité, ni contre les parents, ni contre la sœur; car dans les images où cette agressivité est manifeste, Elisabeth scotomise le thème. La réaction de Pattenoire en difficulté n'est pas de se défendre ni de se battre: elle est de pleurer et d'être malheureuse. Convergence directe avec la Clinique, car Elisabeth a été éliminée plusieurs fois de la famille, à 3 ans, à 4 ans et surtout à 6 ans, peu après la naissance de sa petite sœur, parce qu'elle avait eu contre celle-ci de fortes manifestations d'agressivité. On l'a alors mise en pension, mais elle a très mal supporté cette exclusion, réagissant par un état dépressif avec amaigrissement de 7 livres en 9 mois, et on a dû la ramener à la maison.

Voici donc trois observations où la dépression est provoquée par une crainte d'éviction, plus ou moins ressentie comme une punition de la rivalité fraternelle;

ce thème est fréquent, surtout chez les filles ou chez les garçons de tempérament féminin, comme dans le cas qu'on va voir ci-après.

Il arrive aussi que les thèmes dépressifs comportent des châtiments pour les actions du héros. Ainsi *Jean-Paul*, 9 ans (obs. 59), qui a deux sœurs aînées et un petit frère de 5 ans, au début fait de Pattenoire une fille, mais ensuite, devant les actions agressives, il réagit dépressivement et, dans sept images, fournit des thèmes où le héros est blessé ou tué. Pour finir il donne Pattenoire comme le plus méchant et le moins heureux et refuse d'en assumer la conduite, puisqu'il ne s'identifie à lui que deux fois. *Trou,* où s'exprime une forte crainte d'abandon, sera la moins aimée.

Jean-Paul avait 4 ans quand le petit frère est né; comme c'est un enfant délicat, de petite santé, sensible et tendre, très doux et très affectueux, il n'a jamais brutalisé le petit frère, mais il réclame d'être câliné comme lui et veut sans cesse embrasser sa mère. Le test nous révèle derrière ce comportement une forte crainte d'abandon.

a. *Le thème de l'orphelin.* Ce thème dépressif débute au Frontispice par l'exclusion de Pattenoire, qui est déclaré enfant sans parents, les deux gros étant les parents des petits blancs. Ainsi un garçon de 12 ans, *Claude* (obs. 60), enfant adopté (qui a une sœur de 9 ans, adoptive aussi et un frère de 8 ans né de la mère), de caractère grincheux et dépressif, s'identifie au héros orphelin. A la fin de son test il dit que Pattenoire va retourner chez ses parents, parce que les parents des copains ne s'occupent plus de lui. Il pense que sa patte noire est vilaine, que c'est pour cela que les gens ne veulent plus de lui (cf. plus loin le thème dépressif de la « tache »). Mais dans le cours même du test, il y a rivalité agressive entre Pattenoire et les deux autres, et la revendication de Claude lui fait alors désigner dans les images de tétée le gros à la tache comme la mère de Pattenoire, le gros blanc étant la mère des deux copains, ce qui nous montre l'ambivalence de ses sentiments.

Que la réaction dépressive soit le retournement contre ısoi de l'agressivité nous est montré d'une manière très expressive dans le test d'une fillette de 12 ans, *Françoise* (obs. 61), aînée de 4, test où l'on verra se formuler avec netteté l'opposition du « méchant » et du « triste ». Cliniquement cette fillette est donnée comme plutôt dépressive qu'agressive: elle se chamaille certes avec les trois autres et dit souvent *quelle barbe d'avoir des frères et sœurs*; mais elle extériorise peu ses sentiments, passe pour secrète et triste, et se montre sensible aux gronderies qu'on fait à ses sœurs. Il est à noter que sa mère est une anxieuse perfectionniste, qui ne supporte pas de ses enfants la moindre incartade.

Françoise nous donne au PN le thème de l'orphelin. Le test commence par *Tétée 1* et *Tétée 2* que, les regardant rapidement, la fillette déclare être pareilles, ce qui indique son désir secret d'éliminer ses rivaux. Puis vient *Portée,* qui confirme en l'expliquant la condition d'orphelin de Pattenoire: *Pattenoire et les deux autres s'aperçoivent que ce n'est pas leur mère et ils ont de la peine. Avant ils croyaient que c'était leur mère parce qu'elle n'avait pas de petits.* Aux P.I. l'image est non aimée parce que *Pattenoire est jaloux que la maman donne à manger aux petits et pas à lui. Les deux autres sont tristes, parce qu'ils croyaient qu'ils avaient une mère et ils s'aperçoivent que ce n'est pas leur mère.* Identification: *un des petits qui sont tristes, qui ne pensent pas du tout à la méchanceté, qui ne pensent pas à faire du mal.* Trois images plus loin: *Bataille, il devient méchant avec les autres petits, parce qu'il est jaloux;* image également mise dans les non-aimées *parce que c'est méchant.* Identification: *celui qui s'en va, qui n'aime pas se battre.* Puis *Charrette: la nuit il rêve qu'on emmène les petits cochons dont il est jaloux, les petits cochons qui sont les vrais enfants; les parents ont de la peine de les voir partir; Pattenoire se dit que c'est bien fait pour eux.* Ce sera la moins aimée, et Françoise s'identifie à un petit près de la maman *parce qu'il a l'air triste, parce qu'il doit trouver que c'est méchant d'emmener ce petit cochon-là qui n'a rien fait.*

Ainsi donc de par la naissance des frères et sœurs rivaux, Françoise se voit dépossédée de sa mère, qui donne tout aux nouveau-nés, et elle en conçoit une forte rivalité jalouse qui culmine dans *Charrette.* Mais son agressivité lui donne de vifs sentiments de culpabilité, qui se traduisent par une censure de la méchanceté de Pattenoire et par le fait que les images agressives sont non aimées, avec refus d'identification au jaloux. Elle ne sera Pattenoire qu'une seule fois, mais par contre s'identifiera 9 fois à un des petits blancs, son préféré parce que gentil et surtout, comme il est exprimé ci-dessus, « parce qu'il est triste ».

Il est remarquable de voir s'exprimer ici à la fois la rivalité fraternelle de la fillette, d'une manière très intense, et sa réaction dépressive à l'agressivité, qu'elle projette sur un autre personnage et qu'à la faveur de cette projection elle assume pleinement.

b. *Le thème de l'aîné sacrifié.* A côté du thème de l'orphelin, on observe aussi le thème de l'aîné sacrifié, qui remplit par exemple une grande partie du test d'*Anne,* (obs. 11) déjà citée plus haut comme un cas typique de formation réactionnelle contre l'avidité orale. Chez cette fillette, *Hésitation,* refusée au début, est décrite aux P.I. en ces termes: *Pattenoire, eh bien il ne fait rien là.* Explique-toi? *Il y a un cochon qui boit avec le papa et il y en a un autre qui tète... Pattenoire doit bouder... parce que le père ou la mère l'a renvoyé... il pense que ses frères et sœurs sont des chouchous.* Et à *Trou: Pattenoire est sorti et est tombé dans une fosse... parce qu'il n'était pas heureux, parce que ses parents aimaient mieux ses frères et sœurs.* Et enfin à *Charrette: Le monsieur emmène Pattenoire à la boucherie parce que c'est l'aîné.*

Comme nous l'avons dit, cette fillette est d'humeur constamment dépressive. Mais de plus nous la voyons dans le test tendre également à une solution régressive, et notamment dans *Portée,* qui est non aimée parce que *la mère ne va pas laisser les grands venir téter,* elle finit par s'identifier à un des tout-petits, âgé de 15 jours. Et ceci rejoint son âge d'or: *Quand on est bébé, 9 ou 10 mois parce qu'on ne se fait pas disputer.*

c) *Le thème de la tache noire.* L'existence d'une tache noire à la patte du héros est interprétée différemment par les enfants. Les uns y voient un signe de distinction, qui fait reconnaître Pattenoire, et que les autres n'ont pas l'avantage d'avoir; les autres y voient au contraire une marque d'infamie, une « tache », et accrochent à ce signe la culpabilité des actions du héros. Ainsi *Henri,* 8 ans (obs. 22) à qui l'on demande: Que ferais-tu si tu étais Pattenoire? répond: *Je m'arracherais ma patte noire et je la casserais pour être moins méchant.*

Voici le cas d'un garçon de 12 ans, *Michel* (obs. 62)

qui est très nerveux, a des tics et des angoisses nocturnes avec crainte de mourir. A la fin du test, il déclare que Pattenoire est le moins gentil parce qu'il fait des bêtises et le moins heureux; il est le moins heureux parce qu'il a une patte noire et il va demander à la *Fée* de la lui enlever. Comme deuxième souhait, il va lui demander d'être heureux, c'est-à-dire, ajoute-t-il, plus gentil; on peut donc en conclure qu'il est malheureux par sa méchanceté. Enfin son troisième souhait (après une longue inhibition), c'est de vivre longtemps. Ces réponses éclairent le problème clinique des angoisses nocturnes, qui sont très probablement liées à la crainte de Michel d'être puni de ses fautes par la mort.

Didier, 9 ans (obs. 63) a pour thème dominant qui inaugure le test, *Jeux sales;* il appelle le héros « tache noire ». Pour une seule identification à Pattenoire, déclaré le moins gentil et le moins heureux, il y aura six identifications au frère de 8 ans, le plus gentil, le plus heureux qui lui ne se salit jamais, et que Didier déclare préférer. Pattenoire n'est pas content d'avoir sa patte noire; il pense que c'est sale et il voudrait qu'on la lui enlève. A peine lui a-t-on présenté l'image de la *Fée* qu'il dit, avant toute question: *Si elle tape sur Pattenoire avec sa baguette, il va plus avoir sa tache, et alors il sera plus gentil.* Ce garçon généralise la signification dépressive de la tache. Il dit que Pattenoire va devenir un père avec 4 enfants dont 2 auront une patte noire et 2 pas; ces derniers seront les plus gentils. Le frère de 8 ans, lui, deviendra un gentilhomme; il se choisira une « maman »; ils se marieront et auront huit enfants, qui seront tous blancs et tous gentils.

6. *Psychodrames*

Nous avons montré précédemment que l'expression d'une forte agressivité, dans la vie comme dans la projection, entraînait habituellement le talion, et que les thèmes dépressifs viennent en général sanctionner les thèmes agressifs. C'est le cas dans les psychodrames comme dans les tests.

Lorsqu'il y a retournement dépressif contre soi, la punition dépasse de beaucoup en gravité la faute, et, à la limite, il arrive même que, l'agressivité étant absente (ou paraissant l'être parce que non exprimée), le thème dépressif soit au premier plan. *Anne* (obs. 11) a pour thème principal de ses jeux la rivalité fraternelle entre un garçon et une fille. Elle joue le plus souvent le rôle du garçon, mais en dépit de ce choix elle s'engage peu dans l'action et même s'y dérobe. En tout cas, quand elle joue, elle n'est jamais celui qui prend l'initiative de la dispute, et très souvent, la terminaison de ses histoires est dépressive, le coupable étant sévèrement châtié.

Chez *Martine* (obs. 9), cette fillette de 8 ans atteinte de névrose obsessionnelle, en forte rivalité avec sa mère et son petit frère de 2 ans, les thèmes psychodramatiques sont au début de forte agressivité contre la fratrie, mais sans que la fillette ose s'en prendre à la mère. Or, dans un de ses psychodrames, la fillette, ne voulant pas manger (c'est-à-dire faisant de l'opposition), la maman la frappe, la tue et la jette à la poubelle; les autres seront heureux sans elle.

Françoise (obs. 10), cette fillette de 12 ans, très inhibée, cadette de 3, entre une sœur aînée de 14 ans et un frère de 4 ans, le préféré des parents, ne représente dans son dessin de famille, que les parents et le petit frère, éliminant sa sœur rivale et s'éliminant elle-même, cette élimination de soi étant bien entendu dépressive, d'autant qu'elle en assume le rôle en disant qu'elle serait *la sœur de 12 ans, la plus méchante, moi*. Nous avons vu au chapitre précédent que, dans ses psycho-drames, elle se comporte en inhibée, se refusant à se montrer agressive. En revanche les sanctions, surtout paternelles, sont décrites comme très sévères, et la fillette en ressent une vive angoisse. Aussi, verrons-nous (au chapitre suivant) qu'elle cherche souvent à s'y dérober en jouant le rôle d'un garçon de 5 ans prénommé Michel, qui a donc l'âge et le nom de son petit frère, identification régressive de sécurité, comme on le verra.

DEPRESSION ASSUMEE ET IDENTIFICATION

On a vu que la défense par retournement de l'agres-sivité contre soi a pour but d'atténuer l'angoisse de culpabilité, de par la règle constante que la punition assumée efface la faute. Dans le même sens, nous avons montré que l'agressivité contre la fratrie est plus souvent refoulée que la dépression, au point que c'est celle-ci et non l'agressivité qui occupe la scène con-sciente et domine dans les thèmes. Il s'en déduit encore qu'aux P.I. du PN, on voit les thèmes dépressifs être acceptés (avec l'attendu que ce qui lui arrive est bien fait pour lui) et en général placés dans les aimés, tandis que les thèmes agressifs, refoulés, non acceptés, sont placés dans les non-aimés. La conséquence, c'est que souvent les thèmes dépressifs sont assumés alors que les thèmes agressifs ne le sont pas, ce qui est tout à fait caractéristique du retournement dépressif contre soi. Remarquons qu'il y a ici (quand le thème dépressif est aimé et assumé) une certaine érotisation de la souffrance conduisant à une sorte de masochisme moral.

Toutefois il faut convenir que cette règle n'est pas constante, car elle implique un Moi assez fort pour supporter le châtiment. Chez beaucoup d'enfants, dont le Moi est trop faible, on voit la défense par retournement contre soi se compléter par d'autres mécanismes de défense.

Tantôt il y a régression et identification à un tout petit, choyé des parents, ce qui, comme nous le verrons au chapitre suivant en en donnant des exemples, supprime tout conflit, mais au prix d'une altération du réel qui a souvent pour l'adaptation des conséquences fâcheuses.

Tantôt l'identification ne se fait pas au héros malheureux, mais à un de ses compagnons, donné en général comme le plus gentil et le plus heureux. Ainsi *Jean* (obs. 50), donné plus haut comme exemple de l'inhibition quasi totale des pulsions agressives, avec le thème constant de « on s'amuse », fait de Pattenoire un garçon de 8 ans comme lui, et d'un des frères aussi un garçon de 8 ans. Après avoir esquivé le thème agressif de *Bataille,* tout à coup à *Hésitation* il se déchaîne et voit une bagarre générale. Mais cette décharge agressive a dû susciter en lui une vive culpabilité car, aux P.I., après s'être deux fois identifié à Pattenoire, il scotomise complètement le thème de bagarre de *Hésitation,* et à partir de ce moment-là, il ne voudra plus être Pattenoire; il sera par contre 9 fois le « jumeau », déclaré plus gentil que Pattenoire.

Tantôt il y a identification au Surmoi punitif, mère

ou père selon les cas. Etant donné l'importance de ce dernier mécanisme, qui est caractéristique de la situation dépressive, nous allons en relater deux observations.

Philippe, 10 ans (obs. 64), deuxième de 3, en très forte rivalité avec sa sœur de 8 ans, fait le test PN avec beaucoup d'inhibition, ce qui se traduit entre autres par le refus de 11 images sur 16, parmi lesquelles toutes celles qui représentent l'agressivité; cela nous indique qu'il y a chez lui une forte inhibition de la rivalité. L'ensemble du protocole est dépressif, et la fin est tragique: tous les cochons de l'histoire vont être tués et mangés. Mais Philippe n'assume pas, et pour une identification à Pattenoire *(Tétée 1),* donné comme le moins gentil et le moins heureux, il y en a 6 au petit de 7 ans (représentant probable de la sœur de Philippe), le plus gentil et le plus heureux parce que ses parents l'aiment beaucoup. *Bataille* est 3 N.A., refusée, non aimée avec le thème que les parents vont venir le battre, et non assumée puisque l'identification est à l'instance punitive, à la maman, qui est par ailleurs décrite comme frustrante, ne lui donnant pas du bon lait.

Chez *Brigitte,* 7 ans (obs. 65), l'identification au Surmoi est massive (14 identifications à la mère). Aînée de 5, en forte rivalité avec sa puînée, âgée de 6 ans, Brigitte nous est amenée pour un retard scolaire avec dyslexie, derrière lesquels on découvre une tendance dépressive marquée, avec hyperémotivité, craintes multiples, terreurs nocturnes. La maman est du type gentille et consciencieuse, mais très exigeante, trouvant anormal que Brigitte se dispute avec ses frères et sœurs, anormal aussi que par moments la fillette reste dans un coin à rêver, et la censurant pour l'un comme pour l'autre.

Dans son test PN, les 9 images analysées le sont très brièvement; d'une manière purement descriptive qui ne nous apprend rien. Mais déjà, quand à la fin des thèmes on demande à Brigitte comment vont se terminer les aventures de Pattenoire, elle répond: *Ca va se terminer d'être gentils...... des fois ils ne sont pas gentils; la maman les gronde.* Les P.I. nous révèlent que la plupart des tendances sont censurées, puisqu'il y a 12 non-aimées sur 16. La moins aimée est *Tétée 2* avec l'attendu que les petits cochons sont méchants avec leur maman. Dans plusieurs images la fillette fantasme, racontant les « méchancetés » de Pattenoire. Ainsi à *Rêve P, Pattenoire finira par être méchant, ne faire que des bêtises... la maman range une casserole, il la ressort... on lui dit d'aller mettre une assiette dans le placard, il la casse... A Nuit, il n'aime pas dormir... il est méchant... il s'asseoit sur une chaise, il tombe... il allume la télé, la télé tombe... il veut manger, il appuie trop sur la fourchette, la fourchette casse... il joue avec la bourrouette, la bourrouette se casse.* Il est dit plusieurs fois qu'il aime ses parents, mais que, comme il fait des bêtises, ses parents ne l'aiment pas. La maman dit toujours Oui aux deux autres, mais toujours Non à Pattenoire parce qu'il n'est pas gentil. Pour terminer, Pattenoire sera donné comme le moins gentil et le moins heureux.

Il est une autre façon encore de ne pas assumer la culpabilité dépressive, et nous l'observons particulièrement dans les psychodrames. C'est de projeter son agressivité sur un personnage d'emprunt, par exemple un animal. Ainsi *Yves,* 10 ans, (obs. 66) cadet de 4, se met en scène sous le nom de Jo et se donne un petit singe ami Jocko. C'est Jocko qui fait toutes les bêtises. Or un jour qu'il veut rejoindre Jo à l'école, il part seul sur la route et se fait écraser. Jo le rapporte mort à la maison.

Michel, 9 ans (obs. 67) aîné de 2, en grande rivalité avec son frère de 7 ans, projette son agressivité sur un chien qui attaque le frère; le garçon, accusé, se défend en disant que c'est son chien; le chien est mis à la fourrière, mais le garçon le délivre, et il recommence ses attaques. Dans un des jeux s'introduit une variante: le garçon se déguise en chien pour tromper ses parents. Pour finir le père capture le chien (le vrai) et le tue. La collusion constante de Michel avec le chien qui est « le sien », le fait qu'il le délivre, puis le fait qu'il se déguise lui-même en chien, tout nous prouve son identification profonde avec l'animal, mais c'est ce dernier qui subit la sanction.

Chapitre V

LA DEFENSE PAR REGRESSION

Nous avons vu au Livre I l'importance de la régression comme réaction vitale de conservation chaque fois qu'une entrave est apportée à l'expansion. Dans le cas particulier où cette entrave est constituée par des pulsions instinctives que le Moi ressent comme dangereuses pour sa sécurité, la régression est un mécanisme de défense privilégié, qui supprime le danger en reportant le sujet à une époque de sa vie où la menace instinctive n'existait pas encore.

Dans la mesure où les autres mécanismes de défense étudiés: le déplacement, le refoulement inhibiteur et le retournement dépressif contre soi ne suppriment pas complètement le conflit et laissent subsister un certain malaise d'anxiété, la régression apparaît comme un mécanisme plus radical et, ainsi que nous le montrerons par nombre d'observations, on la voit souvent compléter les autres défenses.

Les tests projectifs, d'une part nous éclairent sur l'origine régressive de beaucoup de troubles du comportement, en mettant en pleine lumière le désir du sujet de redevenir petit; d'autre part nous renseignent souvent sur les causes de cette régression, dans la mesure où les événements qui l'ont provoquée ont été refoulés, éliminés du conscient et par conséquent ne sont pas décelables par la clinique, mais peuvent à nouveau s'extérioriser à la faveur de la projection.

1. Le test de l'âge d'or

Nous avons déjà au Livre I fait allusion à ce test simple qui consiste à demander à l'enfant, d'une manière très projective qui détourne son attention de son propre problème: « A quel âge penses-tu que les enfants sont les plus heureux? », la réponse qu'il donne étant toujours imprégnée de subjectivité et, sous son caractère très général, valant surtout pour lui-même (15).

Comme nous l'avons dit, la généralité de la tendance régressive s'exprime ici par la fréquence avec laquelle on obtient comme réponse: *tout petits, parce qu'on est choyé, parce qu'on est mieux aimé, parce qu'on peut jouer tout le temps.*

Mais outre ce caractère général, l'âge d'or choisi est souvent lié à des conditions particulières de la vie de l'enfant à une certaine époque, époque où il était tout spécialement heureux et dont il a gardé la nostalgie, souvent d'ailleurs aussi parce qu'il a vécu par la suite des moments pénibles.

Ainsi *Roger*, 11 ans (obs. 1) qui, bien que d'une assez bonne intelligence, n'a jamais rien fait à l'école et qui est encore, comme nous l'avons dit, encoprésique de jour, donne comme âge d'or 2 ou 3 ans. Or quand il avait cet âge, il lui est né un petit frère et, pour cette naissance, il a été écarté de la maison durant plusieurs mois pour être placé chez ses grands-parents où il s'est beaucoup ennuyé. Il était propre à son départ, mais chez les grands-parents il est redevenu sale, et par la suite il a continué de faire tous les jours dans ses culottes, sans nul doute par agressivité contre la mère rendue responsable de la frustration. Il n'a d'ailleurs jamais accepté son cadet.

Jackie, 12 ans (obs. 68), en situation difficile entre un frère de 13 ans qui l'écrase par ses succès scolaires et un cadet de 6 ans qu'il envie, bien qu'intelligent n'a jamais pris goût à l'école. Il est nerveux, instable et a toujours été énurétique nocturne. Il donne comme âge d'or 2 ans *parce qu'ils sont petits et qu'on les laisse faire ce qu'ils veulent;* en revanche l'âge le moins heureux, c'est 12 ans *parce qu'on a beaucoup de devoirs d'école à faire à la maison.* Comme convergences d'indices, nous avons son dessin de famille, où il représente avec les parents un seul enfant, un petit garçon de 2 ans[1]. Egalement dans le PN, Pattenoire et les deux petits blancs sont des garçons de 2 ans, et les thèmes du test expriment d'un bout à l'autre la frustration résultant pour Pattenoire de la naissance des tout petits.

Christian, 10 ans (obs. 69) cadet de 3 garçons (les autres ont 11 et 5 ans), donne comme âge d'or lui aussi 2 ans *parce que les tout petits peuvent s'amuser avec leur mère,* tandis que l'âge le moins heureux est 5 ans *parce qu'ils restent en classe et pleurent.* Comme convergences d'indices, nous avons la Fable de l'agneau où, après avoir fourni un thème de soumission, Christian s'identifie au tout petit, celui qui aura le lait. Dans son Dessin de Famille, qui ne reproduit pas la fratrie

---

[1] Cf. ce dessin de famille au n° 34 du livre sur « Le test du Dessin de Famille ».

réelle, il figure entre autres un bébé de 3 mois dans les bras de la maman, donné comme le plus gentil et à qui, pour finir, Christian s'identifie [1]. Dans le PN, le héros est un garçon de 2 mois, et à *Portée*, première image décrite, il est dit que *Pattenoire envie les petits de 5 jours qui peuvent téter, qu'il était plus heureux tout petit, à une semaine, parce qu'il pouvait s'amuser avec sa mère, tandis qu'après il ne pouvait plus, parce qu'elle était occupée avec les autres petits*. La frustration s'exprime dans ce test par un thème dominant: la préférence de la mère pour un plus jeune, en général de sexe féminin, préférence qui suscite chez le héros une tristesse et une revendication. A la fin, il est dit que Pattenoire préférerait rester petit que grandir pour ne pas aller à l'abattoir.

Il est des cas où l'âge d'or régressif est lié, non pas à la souffrance de conditions de vie actuelles qui font regretter le passé, mais à une souffrance plus intime, celle qui résulte des conflits névrotiques entre le Moi et les pulsions. Nous avons donné déjà le cas très typique de *Paul* (obs. 7), ce garçon de 15 ans atteint de névrose de doute et de scrupule, qui a fait vers l'âge de 5 ans des formations réactionnelles soudaines, et qui donne précisément comme âge d'or *avant 5 ans, parce qu'on n'a pas de soucis, qu'on ne se rend pas malheureux par ses mauvais sentiments*.

De la même façon, une jeune fille de 22 ans, *Paulette* (obs. 70) donne comme âge d'or 4 ans *parce que les enfants de cet âge sont insouciants; ils ont une âme pure et innocente*. Or cette jeune fille est atteinte de névrose obsessionnelle et vit dans une hantise constante

---

[1] Ce dessin est le n° 36 de notre Livre sur « Le test du dessin de famille ».

d'attractions sexuelles qu'elle censure avec force; il apparaît que cette névrose a débuté vers l'âge de 5 ans au moment de la naissance d'un petit frère, naissance qui a été pour cette jeune fille l'occasion d'une grande inquiétude concernant le problème des sexes et de la naissance, et aussi au moment où elle a fait l'expérience de jeux érotiques avec des camarades, ce dont elle a ressenti une intense culpabilité. L'âge d'or, c'est donc pour elle aussi les années de petite enfance, alors que ces tourments de l'âme n'existaient pas encore.

2. Fable de l'agneau

C'est la pratique de ce test de L. Düss qui a attiré pour la première fois notre attention sur l'action de la défense du Moi dans la rivalité fraternelle. Il semblait en effet naturel, comme le pensait l'auteur de la Fable, qu'en cas de perturbation dans les relations fraternelles, la projection donne des thèmes de forte agressivité. Or une étude de cent cas nous a montré que les réponses à la Fable de l'agneau exprimaient bien moins souvent l'agressivité que son absence, et nous avons obtenu 50 % de ce que nous appelons une réponse de soumission intégrale, soumission au désir de la mère que son enfant cède la place au tout petit et aille gentiment manger de l'herbe. Il advint que parmi ces 50 cas, un certain nombre montraient dans leur vie quotidienne, au moins de manière intermittente, des signes patents de rivalité fraternelle. D'après le test, il fallait donc admettre, ce qui était contradictoire, que ces enfants consentaient à leur élimination, et par surcroît sans entretenir dans leur cœur aucun ressentiment contre le rival qui prenait leur place. C'est alors que nous nous posâmes la question de savoir si l'enfant s'identifie ici nécessairement au héros principal, et nous pensâmes qu'il n'y avait qu'un seul moyen valable d'être renseignés là-dessus, c'était de le demander à l'intéressé lui-même: « Si tu faisais partie de cette histoire, qui serais-tu? » *(11)*.

Dans un nombre important de cas, la réponse fut: *le tout petit, celui qui boit le lait.* Il est en effet remarquable que l'identification au petit dépasse 50 % (49 % chez les garçons, 56 % chez les filles), nettement supérieure à l'identification au grand (43 % chez les garçons et 26 % seulement chez les filles où elle est souvent remplacée par l'identification à la mère-brebis).

Si l'on considère plus spécialement les thèmes de soumission, c'est-à-dire de formation réactionnelle contre l'avidité du « tout pour moi », on obtient 43 % d'identifications au tout petit contre 22 % seulement au grand (beaucoup plus chez les filles 52 % que chez les garçons 36 %).

Le dynamisme psychologique qui détermine cette identification nous éclaire sur ce qui se passe dans la réalité clinique. Dans la vie comme dans le test, l'enfant qui subit péniblement la privation d'amour de la mère, lorsque celle-ci consacre tout son temps et ses soins au plus petit, sait que les manifestations d'agressivité contre son rival ne seront pas acceptées par les parents et risquent de le faire exclure; alors il les refoule et adopte un comportement d'enfant sage qui dit « Oui maman »; mais à mesure que la situation se développe, soulignant l'éviction du grand agneau et le privilège dont va jouir seul le petit, l'enfant éprouve de plus en plus la nostalgie de cet âge heureux qu'il a connu dans le passé et, pour finir, il s'identifie au tout petit.

Que cette identification régressive soit une défense contre l'angoisse nous est prouvé par le grand nombre de cas où elle fait suite à un thème dépressif. En voici quelques exemples.

Serge (obs. 55) dont nous avons donné plus haut le thème d'abandon, *l'agneau, étant à l'écart de sa mère, a été dévoré par un loup,* est le benjamin de 2, avec un frère de 14 ans. C'est un enfant fragile, d'humeur dépressive, très fatigable, toujours collé à sa mère, et que son caractère doux et passif fait considérer comme « la petite fille » de la maison.

Danièle, 10 ans (obs. 56), cadette de 3, donne un thème de soumission avec issue dépressive. C'est elle aussi une enfant délicate, paraissant plus jeune que son âge, hypersensible aux gronderies, pleurant sans cesse, d'humeur constamment triste, manquant de confiance en elle et se dévalorisant.

Christine, 13 ans (obs. 71), aînée de 3, dit que *le fermier le met avec les autres, séparé de sa mère, et on l'emmène à l'abattoir sans qu'il ait revu celle-ci. Le tout petit console la mère qui est triste.*

Marie-Laure, 8 ans (obs. 72), enfant du milieu, dit que *l'agneau partira dans une autre maison.* Que cette issue soit de nature dépressive nous est prouvé par le fait que la fillette s'identifie à celui qui a le lait, mais plus encore par le fait qu'au thème de l'enterrement, elle dit, comme la fillette de l'obs. 49 que *celui qu'on enterre, c'est l'agneau qui n'avait pas eu de lait.*

Dans tous les cas cités, l'identification de l'enfant a été au tout petit, par une défense contre l'angoisse d'abandon que nous pouvons, vu sa fréquence, considérer comme normale.

3. *Dessin de Famille*

Dans les tests qui utilisent l'espace, comme le Dessin de Famille, le Gribouillis et le Village, la tendance progressive porte la main qui dessine ou construit de la gauche vers la droite, tout au moins chez les droitiers. Il existe en effet un symbolisme de l'espace qui a sa valeur en psychologie: le côté gauche représente le passé, le côté droit l'avenir. Dans la majorité des cas, les personnages de la famille sont dessinés en commençant par la gauche de la feuille; mais c'est parfois l'inverse, de droite à gauche, et, hormis le cas des francs gauchers chez lequel le mouvement habituel peut être inversé, cette manière de faire indique une forte tendance régressive.

Par ailleurs, la régression conduit le sujet à faire figurer dans son dessin des enfants en bas âge, même quand il n'en existe pas dans la famille; et surtout, les tout petits sont spécialement mis en valeur, tant par le dessin que par le commentaire les déclarant soit les plus gentils, soit les plus heureux, et ils sont objets d'identification.

Lorsqu'on compte les cas où l'enfant a déclaré nettement vouloir s'identifier au tout petit figuré dans son dessin, on en obtient 35 sur une statistique de 800 cas; mais ce chiffre est un minimum, car il faudrait y ajouter, et ils sont nombreux, les cas où, la censure intervenant au dernier moment, empêche l'enfant d'exprimer ouvertement son désir d'identification, ce désir étant néanmoins prouvé par la mise en valeur particulière du tout petit, comme nous allons le voir.

De l'analyse que nous avons faite de ces cas dans notre ouvrage sur *Le test du Dessin de Famille,* il ressort:

1 — que cette défense par régression est employée deux fois plus fréquemment par les filles que par les garçons;

2 — qu'elle est fréquente chez les aînés et les enfants du milieu, mais qu'elle est en revanche nettement plus rare chez les benjamins;

3 — qu'elle est tout à fait exceptionnelle chez les enfants uniques;

4 — que le bébé auquel les enfants s'identifient est dans la majorité des cas du sexe féminin;

5 — que cette identification régressive s'observe à tous les âges, de 6 à 15 ans, sans que nous soyons en mesure de dire si elle obéit à une loi de fréquence particulière selon les âges, nos cas étant en trop petit nombre. Mais s'il paraît très naturel à un jeune enfant de régresser ainsi, par contre la même régression, se produisant chez un adolescent, quand elle marque aussi son comportement dans la vie, a évidemment une signification pathologique (cf. le cas 75).

La fréquence de cette identification régressive a déjà été soulignée dans cet ouvrage, par les cas de *Pascale* (obs. 40), *Elisabeth (41) Danielle* (obs. 56), *Jackie* (obs. 68), *Christian* (obs. 69).

Voici encore l'exemple de *Laurent* (obs. 73), 8 ans, aîné de 2, qui a vécu toute son enfance en Afrique Noire dans des conditions paradisiaques qu'il regrette. Depuis son retour en France il s'adapte mal, est opposant aussi bien à la maison qu'à l'école, peu sociable, ne jouant qu'avec des tout petits. Il est en adoration devant la petite sœur de 18 mois, et les parents disent qu'il n'en est pas jaloux, mais il faut noter qu'à table il revendique les mêmes portions qu'elle. Son dessin (fig. 16) peut être considéré comme une reproduction de la famille réelle, le garçon qui figure en dernier ayant son âge. Cette situation en dernier, et également

Figure 16

le fait que les traits du visage ne sont pas marqués, indiquent une dévalorisation de soi qui est dépressive. Le bébé au berceau, donné par Laurent comme le plus gentil parce qu'il ne désobéit pas et n'est jamais frappé, est au contraire valorisé par sa position en premier et ses liens avec le père. Invité à s'identifier, Laurent déclare être le bébé, et nous sommes par là en droit de penser que ses difficultés d'adaptation sont dues à sa régression avec identification à la toute petite sœur. Cela nous est confirmé par les autres tests projectifs, où Laurent extériorise une grande avidité orale régressive. A la Fable de l'agneau, après un thème de soumission, il s'identifie au tout petit privilégié. Dans le PN, il donne Pattenoire comme une fille, benjamine de la famille, ce qui revient encore à s'identifier à la petite sœur. La rivalité fraternelle s'exprime cependant dans *Portée* par la scotomisation complète des nouveau-nés.

Colette, 14 ans (obs. 74), aînée de 4, représente sa vraie famille, parents, grands-parents, une tante, les deux frères et la sœur, mais elle-même n'y figure pas, ce qui indique son élimination dépressive (fig. 17). Par

Figure 17

contre, elle y a introduit un personnage qui n'existe pas: un bébé-garçon de 4 mois qui se trouve au centre du dessin avec la maman, isolés tous les deux par un cercle protecteur. On est en droit de penser qu'elle s'identifie à ce personnage surajouté; et effectivement, Colette déclare vouloir être le bébé, *parce qu'il est le plus heureux, qu'il est petit et qu'on le promène.* Notons en outre que ce dessin, ici agrandi pour être plus lisible, n'occupait dans l'original que le quart supérieur gauche de la feuille, ce qui indique aussi une forte tendance régressive.

Comme convergences, nous avons l'âge d'or, qui est aussi de 4 mois *parce qu'ils suivent toujours leur maman.* Egalement le PN, où s'extériorise une forte rivalité fraternelle, mais très culpabilisée, de sorte qu'à la fin, Pattenoire est déclaré le moins gentil et le moins heureux; la tendance de la fillette à échapper à cette situation de conflit par une régression se marque dans le fait qu'après avoir donné Pattenoire comme un garçon aîné, au cours du test elle en fera une fille et l'appellera toujours le petit.

Cliniquement Colette est d'un caractère grincheux, très opposant, se disputant sans cesse avec le frère et la sœur qui la suivent, ne s'accordant bien qu'avec le benjamin, garçon de 8 ans. Elle est donnée comme aimant beaucoup les petits au berceau et s'en occupant gentiment. On peut penser que sa tendance régressive s'explique au moins en partie par des conditions natives: Colette a eu un développement difficile, n'ayant jamais d'appétit, et elle est restée chétive. Nous avons montré que de telles conditions favorisent une fixation au stade oral et par conséquent une régression.

Loïc, 15 ans (obs. 75), benjamin de 3 garçons, ne fait figurer dans son dessin aucun membre de sa vraie fratrie, mais, avec les parents et les grands-parents un bébé qui n'existe pas réellement (fig. 18). Il donne à ce bébé 5 mois. Comme on le voit, le bébé est dessiné en premier, et toutes les grandes personnes sont tournées vers lui, le regardant. Loïc a reproduit ce même dessin 15 jours après. La première fois il a déclaré qu'il ne faisait pas partie de cette famille-là. La seconde fois il a dit vouloir être le bébé, *car il est le plus heureux, n'ayant aucun souci.*

Figure 18

La Clinique nous confirme la régression de ce jeune homme, donné comme manquant totalement de maturité affective: passif, sans initiative, incapable d'un effort personnel, vivant dans la nostalgie de sa petite enfance, non évolué sexuellement. Sa structure physique est grêle, quelque peu féminoïde, et il faut ajouter qu'il a été dans ses premières années très choyé par sa mère, mais ensuite, placé par la mauvaise conduite sexuelle de celle-ci et la dissociation du foyer familial dans une situation de quasi-total abandon moral.

Bien qu'il ne s'agisse pas à proprement parler ici de rivalité fraternelle, puisque Loïc n'a que des grands frères beaucoup plus âgés que lui, il y a lieu de souligner qu'il a été accueilli depuis plusieurs mois par un oncle, et que celui-ci a une fillette de 7 ans avec laquelle Loïc joue volontiers, que sa tendance régressive naturelle s'est donc probablement cristallisée sur cette fillette, dont il jalouse le sort beaucoup plus favorisé. Il convient cependant dans un cas de ce genre de penser que la régression avec identification à un bébé a une signification nettement pathologique, n'étant pas un « accident de parcours » momentané, mais s'inscrivant en profondeur dans les tendances vitales d'un garçon en pleine puberté, et susceptible par conséquent de provoquer des troubles sérieux dans le développement ultérieur.

4 *Test du Village*

La régression se marque en premier lieu dans la construction même du village, par le soin particulier que met l'enfant à en édifier la partie gauche, la partie droite pouvant même parfois rester blanche.

En second lieu, par le fait que la circulation sur les routes se fait de droite à gauche, et que la majorité des personnages sont tournés de ce côté, comme s'ils regardaient vers le passé.

En troisième lieu par le fait que c'est dans cette partie gauche privilégiée que l'enfant se situe, qu'il déclare habiter et où il a ses intérêts dominants. Il arrive que se délimitent dans la construction deux parties bien distinctes qui soulignent l'ambivalence du sujet: la partie droite est construite suivant un plan assez rigide et comporte travail et devoir (usine, école, bâtiments administratifs); la partie gauche au contraire est édifiée avec fantaisie, décrite comme un coin de pays où il est agréable de se livrer aux plaisirs du « far-niente ».

En quatrième lieu la régression s'exprime dans l'âge donné aux enfants du village, et particulièrement à celui auquel le sujet s'identifie.

Les cas les plus intéressants sont ceux où l'enfant, retenu par quelque pudeur, n'ose s'identifier nommément à un bébé, mais en met un dans son village en en faisant le centre de l'intérêt général. Ainsi *Jacques,*

10 ans (obs. 4), cadet de 3, avec un frère de 14 ans et une petite sœur de 6 ans dont la naissance a été pour lui la fin d'un règne de gâteries: c'est ainsi qu'ayant dû quitter alors la chambre des parents pour céder la place à la sœurette, il est devenu somnambule, se levant la nuit pour retourner près des parents. Il est donné comme très solitaire. Or dans son village, il se représente seul enfant des parents et il généralise, disant qu'il n'y a aucun autre enfant dans le village. Si pourtant! A la fin de sa construction, ayant placé dans la partie inférieure gauche un bébé dans une crèche et devant lui une foule admirative de villageois, il dit avec ravissement: *Le petit bébé est joli; tout le monde vient le voir.* Cet investissement privilégié du tout petit indique à coup sûr un désir secret d'identification. Il est d'ailleurs à remarquer que, dans son dessin de famille, Jacques inverse les rôles, se mettant benjamin, donnant 7 ans à la fillette et 5 ans au garçon, auquel il s'identifie *pour pouvoir jouer et parce qu'on est mieux aimé petit.*

Une fillette de 8 ans, *Suzanne* (obs. 76) met de la même façon au centre même de son village, en pleine place publique, un bébé et près de lui sa mère, entouré d'une cour admirative de villageois (fig. 19). La position centrale du bébé et l'investissement dont il est l'objet indiquent ici encore un désir d'identification, et Suzanne déclare d'ailleurs qu'elle voudrait être ce bébé-là.

5. *Test PN*

Il convient de souligner dès le début que le test PN favorise l'expression des états régressifs: d'une part à cause de la projection sur un petit animal; d'autre

Figure 19

part du fait que les tendances orales y tiennent une place particulièrement importante. Il n'en reste pas moins que ce test ne crée point par lui-même l'état régressif; il ne fait qu'en favoriser l'expression.

a) *Les thèmes d'oralité*

En premier lieu, la régression se traduit dans les protocoles par l'accent particulier mis sur l'oralité, soit que cette tendance s'exprime avec une intensité anormale, soit qu'elle s'extériorise à propos de planches qui n'ont pas de rapport proche avec elle.

Comme exemple du premier cas, *Virginie*, 8 ans (obs. 77) qui décrit en débutant *Tétée 1: Pattenoire boit à sa mère et il va boire longtemps. Chèvre: la mère n'avait plus de lait, alors Pattenoire va boire à la chèvre, et si le petit chevreau vient il n'aura qu'à aller boire ailleurs. Tétée 2: Pattenoire avait encore soif, alors il est revenu boire à sa maman, et de nouveau il boit tout, de sorte qu'il ne reste plus rien pour les deux autres. Hésitation: Pattenoire, qui n'avait plus soif, laisse les autres boire, mais il va bientôt aller de nouveau téter sa mère.* Or la Clinique nous apprend que Virginie, aînée de 3, n'a pas été aimée de sa mère, qui lui préférait les deux plus jeunes. Elle a réagi à cette grave frustration par un déchaînement de sadisme agressif, lacérant les vêtements neufs de sa mère, les couvrant d'excréments, et d'autre part, signe direct de sa revendication orale, elle se lève la nuit, insatisfaite, pour aller dérober de la nourriture dans le garde-manger, ou bien, lorsqu'on lui demande d'aller porter un reste à la basse-cour, on la surprend en train de le manger elle-même.

La même fillette est d'ailleurs aussi un exemple du second cas; chez elle en effet, le thème oral se retrouve dans *Bataille* et dans *Auge*: elle dit que *Pattenoire et la fille se mordent pour avoir le lait de la maman;* et à *Auge: il va manger dans un trou pendant que les autres dorment; il avait faim, alors il est allé manger toute la sallée des petits.*

Marie-Annick, 7 ans (obs. 19), qui fait un père nourricier constant, avec des thèmes oraux prédominants, dans *Bataille* voit l'un des bagarreurs *allant au-dessous de l'autre pour lui sucer son lait.*

Il n'est pas exceptionnel non plus qu'il y ait un thème oral pour *Baiser* ou pour *Nuit.* Ainsi *Laurent* (obs. 73), dont nous avons relaté le cas un peu plus haut en donnant les convergences d'indices qui montrent sa forte régression, témoigne dans son PN d'une très grande avidité orale: les images de tétée sont décrites en premier, avec insistance sur la gourmandise du petit cochon; la plus aimée est *Baiser,* où le petit garçon feint de ne pas voir l'intimité des parents et déclare que le petit cochon va aller téter sa mère.

Annie, 8 ans (obs. 78), décrit *Nuit* en disant: *Patte-noire regarde sa mère; il va aller près d'elle et téter.* Le thème oral a une grande importance dans son test, mais il est toujours accompagné d'un sentiment de frustration; c'est ainsi qu'à la fin, la fillette dit que Pattenoire est le moins heureux *parce qu'on ne lui donne pas beaucoup de lait,* que par contre *les plus heureux sont les petits nouveau-nés parce que leur maman leur donne à boire.* Annie était un bébé gai, mais elle est devenue triste et pensive à l'âge de 4 ans, quand sa petite sœur de 1 an, ayant été malade, a accaparé tous les soins de la famille.

Il n'est pas rare que l'oralité soit exprimée sous une forme sadique, comme thème de morsure ou de dévoration. On en a déjà vu un cas à propos du jeune Patrick (obs. 28), dont l'agressivité sauvage entraînait un talion immédiat.

Chez *Yves,* 8 ans (obs. 79), l'oralité envahit tout le protocole du test, et on la note même dans *Auge, Bataille* et *Rêve M.* Mais dans les cinq images de tétée se répète identiquement le même thème sadique: *Pattenoire (ou un blanc) mord la maman;* Pourquoi? *Parce que la maman a été méchante, l'a battu et l'a mordu.* Que va-t-elle faire? *Elle va le mordre à nouveau.* Notons au surplus qu'au Frontispice, Pattenoire est donné comme un garçon de 9 ans, orphelin, les parents-cochons étant ceux des autres; à la fin du test, Yves dira que *Pattenoire n'a pas de maman, que sa maman n'a pas voulu de lui et qu'elle s'en est allée dans la forêt.* Or cette situation de frustration ainsi évoquée a réellement été vécue par le petit garçon, que sa mère, une femme déséquilibrée, a pratiquement abandonné de 3 à 5 ans. On comprend donc la revendication agressive de Yves.

Que la régression orale soit un mécanisme de défense, comme nous l'avons montré déjà, est encore prouvé dans le PN par le fait qu'on voit très souvent une image de tétée, particulièrement *Tétée 1,* suivre des images traumatisantes pour le sujet, celui-ci cherchant alors refuge auprès de sa mère. Par exemple *Cécile* 11 ans (obs. 80) raconte d'une manière très vivante les aventures de Pattenoire, et elle dit l'aimer bien parce qu'il est rigolo. Mais elle refuse de s'identifier à lui et dit à la fin pourquoi: c'est qu'il est le moins gentil et le moins heureux. D'ailleurs, après une tentative d'escapade manquée, le test se termine par *Tétée 1:* bientôt il aperçoit la ferme et retrouve vite sa maman car il a encore faim; sa maman est contente de le retrouver, ainsi que son papa et ses frères; ils sont tous heureux à présent et mènent une vie tranquille. Et ce sera, des 16 images du test, la seule où la fillette s'identifie à Pattenoire.

b) *L'identification régressive à un tout petit*

On voit avec une grande fréquence l'enfant s'identifier dans le PN à un tout petit. Cela débute d'ordinaire dès le Frontispice où l'enfant, se projetant d'emblée dans le héros des aventures, lui donne, non pas son âge, mais un âge de bébé. Il est remarquable de voir se produire ici très souvent un renversement des rôles, l'enfant ne se donnant pas la place qu'il occupe réellement dans sa fratrie, mais se situant par exemple en benjamin alors qu'il est l'aîné. Nous avons pu montrer que l'âge attribué à Pattenoire coïncide fréquemment avec l'âge d'or donné par le même enfant.

L'identification à un tout petit se poursuit dans le protocole, particulièrement à *Portée,* où la tentation est grande pour l'enfant de prendre la place d'un des bébés qui tètent. Le sort fait à cette image peut nous indiquer l'attitude que le sujet a prise dans la vie au moment de la naissance des petits frères (on l'a vu entre autres par le cas remarquable de *Madeleine,* obs. 18). Il arrive qu'elle soit d'emblée refusée; on peut en déduire que la seule vue de la scène cause à l'enfant une angoisse insupportable, à la lettre qu'il ne veut pas voir la mère allaitant les bébés, ni les trois grands exclus de l'intimité maternelle. Or il n'est pas rare en pareil cas que l'image soit aux P.I. placée dans les aimées, parfois même choisie comme la plus aimée, que l'accent soit mis alors sur les nouveau-nés, ce qui apparaît au premier abord comme tout à fait contradictoire. Mais la contradiction disparaît au moment de l'identification, car l'enfant s'identifie souvent à un des tout petits; nous en avons vu un exemple typique dans le cas de *Jacqueline* (obs. 51). En voici un autre chez *Anne* (obs. 11), cette fillette de 12 ans que nous avons donnée comme ayant retourné en contraire et aussi contre soi sa rivalité fraternelle. Anxieuse et dépressive, Anne cherche par moments refuge dans la régression; nous l'avons vu déjà par son âge d'or *(quand on est bébé).* Elle refuse *Portée* et la place ensuite dans les non-aimées parce que *ni le fermier ni la mère n'acceptent que Pattenoire vienne se nourrir,* situation bien entendu très pénible à laquelle Anne réagit en s'identifiant à un des nouveau-nés âgés de 15 jours.

Les cas sont fréquents aussi où l'identification à un tout petit marque le protocole dans son entier. *Lysiane,* 10 ans (obs. 81), aînée de 2, a une petite sœur de 5 ans qui est expansive et gaie, alors qu'elle-même est timide, inhibée et toujours grincheuse, supportant mal sa cadette, à laquelle on la compare trop souvent. En faisant le test, elle se montre très inhibée, parlant d'une voix basse et avec des temps de réaction très longs. Elle n'assume presque pas ses tendances; non seulement elle n'assume pas son agressivité, mais encore elle abandonne aussitôt la position du héros, donné comme aîné, pour régresser au niveau d'un bébé, déclarant *que les grands sont méchants, que par contre les bébés sont plus gentils et mieux aimés.*

Martine, 10 ans (obs. 37), aînée de 2, a comme nous l'avons dit très mal accepté sa petite sœur, née quand elle avait 2 ans. Placée alors chez ses grands-parents, elle est devenue triste, ne mangeant plus, et on a dû la ramener à la maison. Elle refusait de regarder le bébé, et depuis elle a toujours été d'humeur grincheuse. Dans son PN, elle donne le thème de l'enfant qui se voudrait unique, mais ce désir est chargé de culpabilité. La rivalité fraternelle est fortement censurée, et le ton général est très dépressif. *A Portée,* Martine s'identifie à l'un des tout petits. Et à la fin, elle déclare vouloir être le plus petit (un des petits blancs) parce qu'il est le plus heureux, dit-elle. Nous avons vu précédemment que son agressivité fraternelle s'exprime dans les psychodrames, mais très culpabilisée, et nous avons en particulier cité l'exemple de ce thème où elle joue un loup qui essaie d'emporter le petit frère, mais est tué.

Margaret, 9 ans (obs. 82), fait de Pattenoire un garçon de 7 ans, lui donne un frère de 9 ans qui ne jouera en vrai aucun rôle dans l'histoire, et une sœur de 2 ans. Comme elle est fille unique, il y a lieu de se demander à quoi correspondent dans son monde personnel les deux autres petits cochons. Asthénique, ayant de grandes difficultés scolaires, il est probable qu'elle s'est placée d'emblée en position régressive, de 2 ans plus jeune, et que le frère de 9 ans, qui pourrait la représenter, ne joue ici aucun rôle parce qu'elle-même dans son âge actuel n'en joue aucun. Elle sera donc le garçon de 7 ans, mais comme il se comporte en mauvais sujet, Margaret ne s'identifie à lui que deux fois. Par contre, en introduisant au début une petite fille de 2 ans, (ce qui est son âge d'or), fillette qu'elle nous donnera tout au long de son histoire comme un petit ange, elle s'est d'emblée ménagé une position de retraite, et elle s'y identifiera 7 fois. On peut supposer que Margaret regrette cet âge où elle était heureuse et sans culpabilité, et nous en avons une preuve dans sa réponse à la question: Que deviendra Pattenoire? Elle nous dit en effet: *Il reviendra comme avant qu'il ne fasse son sot en ne voulant pas obéir.*

Elisabeth, 9 ans (obs. 41), que nous avons déjà citée pour son thème général dépressif: *La Fée a foutu Pattenoire à la porte,* inverse les rôles, puisqu'elle fait du héros une petite fille de 2 ans, ce qui est l'âge de sa petite sœur, et lui donne une sœur de 10 ans, ce qui est à peu près son âge à elle. L'ensemble du protocole est très oral, et l'on y tète sans cesse. A *Portée,* elle dit que *Pattenoire a grandi, s'est mariée et c'est le petit frère qui tète,* thème qu'elle développe ensuite dans les quatre images *Tétée 1, Tétée 2, Trou* et *Rêve M.* On serait en droit de penser qu'Elisabeth s'identifie ici à Pattenoire devenue maman; mais pas du tout; elle sera aux P.I. un des tout petits de *Portée,* et dans les quatre autres images le petit qui tète Pattenoire.

Deux remarques sont à faire à propos de ces cinq observations. D'une part elles sont encore des exemples d'états dépressifs que la régression tente de compenser. D'autre part elles concernent toutes des filles, et nous devons ici souligner que le double mécanisme dépressif-régressif se rencontre beaucoup plus fréquemment chez les filles que chez les garçons.

6. Psychodrames

On peut également observer cette défense par régression dans les psychodrames.

En premier lieu, il n'est pas rare, comme on l'a vu, qu'après l'expression d'une forte agressivité, l'angoisse de culpabilité suscite une défense, cette défense pouvant être dans certains cas de type régressif, avec cette particularité, spéciale aux jeux psychodramatiques, que l'enfant se met alors véritablement à jouer le rôle d'un bébé, suce son pouce, vient sur les genoux de la psychologue pour se faire câliner ou se pelotonne sur lui-même comme pour dormir.

En second lieu, il arrive aussi que la régression impose au sujet de jouer le rôle d'un bébé. Nous avons déjà vu au chapitre précédent le cas de *Françoise* (obs. 10), cette fille de 12 ans dont l'inhibition dépressive est telle qu'elle n'ose jouer son agressivité en psychodrame. Or dans plusieurs de ses jeux, elle prend le rôle régressif d'un petit garçon de 4 ans, qu'elle prénomme Michel, ce qui est l'âge et le nom de son petit frère.

Florence, 9 ans (obs. 83), enfant du milieu, joue à plusieurs reprises le *thème de la bonne fée qui transforme la fillette en une plus petite, de 3 ans, qu'elle prénomme Catherine*, et l'emmène « en la portant » dans une maison où il n'y a pas d'enfant, où la fillette trouve une nouvelle maman très gentille, où elle n'a rien d'autre à faire que de se promener, où on la gâte parce qu'elle est petite, où on lui donne des plats merveilleux, « de meilleurs en meilleurs » et des jouets magnifiques. Cette fillette intelligente et d'une grande maturité pour son âge n'ose évidemment se donner d'une manière directe un rôle de bébé; l'intervention d'une fée lui permet de fantasmer et de réaliser son rêve d'enfant unique et choyée.

Christine, 6 ans (obs. 84), 5ᵉ de 7, est très agressive avec ses frères et sœurs et les frappe; et cependant elle est aussi très timide et très inhibée. A l'école, elle est donnée comme appliquée, soigneuse dans son travail, mais lente. Ses psychodrames sont très inhibés, et souvent elle refuse de jouer. Ses jeux en tout cas gravitent toujours étroitement autour de trois personnages: une maman, en général méchante, un père gentil et un enfant unique, tantôt garçon, tantôt fille, qu'elle appelle le « bébé » et auquel elle donne son âge. Souvent elle passe tout le temps du jeu à donner le biberon à cet enfant, et dans un de ses psychodrames elle dit: *Elle ne boit que du lait; elle boira toujours du lait; elle ne veut pas grandir; elle ne se mariera jamais; elle ne veut pas avoir d'enfant.*

Revue à l'âge de 13 ans, Christine présente toujours les mêmes difficultés d'adaptation. Sa mère ayant eu une petite fille, Christine, qui aurait désiré que ce fût un garçon, l'a cependant très bien acceptée et son visage, à l'ordinaire maussade, s'illumine lorsqu'on lui parle du nouveau-né; mais elle veut s'en occuper elle-même et refuse aux frères et sœurs le droit d'y toucher. Il est remarquable qu'au cours d'un test avec phrases à compléter, sur 30 questions, 16 de ses réponses concernent le « petit frère ». Par exemple, elle aimait surtout jouer avec — (réponse) *son petit frère;* la nuit elle — *se lève pour admirer son petit frère;* l'endroit qu'elle préférait, c'était — *à côté de son petit frère;* elle n'aurait voulu pour rien au monde — *quitter son petit frère*; quand elle revenait de l'école, elle — *promenait son petit frère pour que tout le monde le voie*; de tous ceux de la maison, elle préférait — *son petit frère*. Et nous apprenons à la fin de ce test que cet attachement est solidaire d'une identification régressive: elle aurait bien voulu être à la place de — *son petit frère, car elle serait chouchoutée par ses parents, ses frères et sœurs*.

7. *Le conflit du Moi et de la régression*

Ici encore se pose la question de savoir si ce mode de défense est pathologique ou non. Plusieurs facteurs sont à considérer:

En premier lieu l'âge de l'enfant. Comme on l'a vu, un état régressif est d'autant plus anormal que le sujet est plus âgé, et par exemple au moment de la poussée expansive pubertaire, une régression qui dure n'est pas sans inquiéter (cf. *Loïc,* obs. 75).

En second lieu, l'importance de la régression, selon qu'elle atteint la totalité de la personnalité, le Moi aussi bien que les pulsions, ou qu'elle reste partielle, limitée alors au domaine pulsionnel et épargnant le Moi, qui garde un bon contact avec la réalité actuelle.

En troisième lieu la durée de la régression, les perturbations qu'elle entraîne étant d'autant plus graves qu'elle se prolonge plus longtemps.

Il convient de faire remarquer ici que lorsque le Moi n'est pas entièrement gagné par la régression, il y a conflit entre la défense du Moi et les tendances pulsionnelles régressives.

Tantôt le conflit aboutit à une sublimation, et la personnalité garde un bon équilibre. C'est ainsi qu'on voit certaines fillettes, affectivement fixées à une période révolue de leur enfance, s'intéresser d'une manière positive aux bébés de la famille et même à tous les autres bébés, et déclarer qu'elles veulent être plus tard puéricultrices ou institutrices de classe maternelle, la régression se montrant en pareil cas susceptible de déterminer une véritable vocation.

Tantôt le conflit est à l'origine d'un refoulement et du développement dans le conscient des formations réactionnelles contraires. Le tableau clinique est alors plus complexe, car le comportement de l'enfant paraît au premier abord être du type progressif: manifestations d'indépendance, de dynamisme actif, de supériorité agressivement affirmée. Sans doute peut-on considérer un tel comportement comme mieux adapté que l'état de dépendance passive du sujet entièrement régressé. Il reste que les tendances passives refoulées continuent d'être actives dans l'inconscient, engendrant une situation bien caractérisée d'ambivalence.

Ainsi *Jean-Paul*, 11 ans (obs. 85), au test PN dit à *Départ: il a choisi le chemin de la liberté et il a pris une grand-route au soleil*. Mais ensuite vient *Trou: en revenant il tombe dans un trou, s'enlise, et n'arrive plus à en sortir... sa maman va finir par le délivrer;* suivi de *Tétée 1*, la consolation. Or aux P.I. *Départ* est non aimée: *Pattenoire avait envie de liberté, mais aura peur tout seul et puis il va avoir faim, se rappellera que sa maman donnait bien à manger et il voudra la retrouver*. Or Jean-Paul est très attaché à son milieu familial, qu'il ne veut pas quitter; mais il a de fortes réactions d'indépendance et déclare vouloir faire tout ce qui lui plaît sans qu'on le commande.

Nous pouvons redire ici ce que nous avons déjà fait remarquer au Livre I au sujet des formations réactionnelles du Moi. Lorsqu'elles sont modérées et souples, elles s'apparentent à la sublimation et ne sont pas un obstacle à l'adaptation. Par contre quand elles sont excessives et rigides, elles indiquent une situation pathologique; il est certain par exemple que les formations réactionnelles contre l'avidité orale peuvent aboutir à un renoncement total, et sur le plan physique à un refus de manger qui vont au-delà du but. De même l'indépendance réactionnelle est à l'origine de comportements inadaptés, comme il se voit chez certains adolescents qui affirment avec ostentation leur désir de ne dépendre de personne, et qui sont exposés, au premier coup dur, à retomber dans l'état premier de dépendance passive et à solliciter de l'aide.

Chapitre VI

LA DEFENSE
PAR IDENTIFICATION AU RIVAL

Comme on l'a vu, c'est une loi psychanalytique que l'on tend à s'identifier à la personne dont on a subi les frustrations les plus fortes, cette identification ayant le double avantage de supprimer l'agressivité ressentie contre cette personne, et de l'introjecter en soi sous la forme idéale d'un bon objet non frustrant. Ainsi, comme nous l'avons montré au chapitre précédent, l'enfant qui est frustré dans son attente d'affection par la naissance d'un petit frère rival s'identifie à celui-ci en régressant.

Cette tendance est générale et, dans la vie comme dans les situations projectives, nous voyons les enfants se défendre contre leur propre agressivité en s'identifiant à leur rival. Plusieurs facteurs entrent ici en jeu:

1 — L'âge du rival, facteur prépondérant pour déterminer si l'identification sera progressive ou régressive.

2 — La situation familiale, notamment la préférence

accordée par les parents à tel ou tel membre de la fratrie, lequel devient de ce fait un objet d'identification privilégié.

3 — Les interdits éducatifs qui, inhibant l'agressivité, empêchent l'enfant d'assumer ses tendances vitales et le contraignent à une identification d'esquive.

4 — La constitution psycho-physique de l'enfant, qui commande ses réactions d'expansion ou de conservation, orientant son identification soit vers l'avenir, soit vers le passé.

Comme nous l'avons dit au chapitre précédent, l'identification régressive est particulièrement fréquente chez les enfants de constitution fragile, plus ou moins fixés au stade oral, quand leur rival est un tout petit et que les censures parentales leur interdisent toute manifestation ouverte d'agressivité. Nous avons montré qu'alors l'identification régressive au rival a le double intérêt de faire disparaître en grande partie la rivalité et de procurer à l'enfant les avantages attachés à la condition de tout petit.

Quand en sens inverse, le rival est un frère ou une sœur plus grand, (il s'agit alors de cadets ou de benjamins), il y a possibilité d'une *identification progressive* qui fait participer le plus jeune aux prérogatives de l'aîné et, tout comme l'identification au parent de même sexe, favorise la maturation psychique et physique.

Nous avons vu d'autre part au Livre I l'importance de l'*identification à l'autre sexe,* facilitée, soit par une structure physique prédisposante que la morphologie du sujet rend souvent évidente, soit par le sexe du rival envié, surtout quand les parents marquent pour celui-ci une nette préférence.

Il y a lieu de mentionner aussi l'*identification d'esquive*, qui exprime en général le conflit entre les pulsions du Soi et les interdits du Surmoi. Comme l'on sait, il est fréquent que dans les tests projectifs l'enfant donne libre cours à ses pulsions, particulièrement à ses pulsions agressives de rivalité, et même qu'il les assouvisse sauvagement. Quand on lui demande qui il serait dans son histoire, on éveille sa conscience de soi, et l'auto-censure intervient; on voit alors l'enfant « méchant » s'identifier à un petit compagnon « bien sage », qui n'a été que spectateur de l'action coupable et qui sera bien vu des parents, ou bien, comme dans l'observation de *Françoise* (obs. 61), l'identification se fera non au « méchant », mais au « triste ».

Cette manière de faire est particulière aux tests directifs, où l'enfant se trouve placé devant une situation qu'il ne peut esquiver. Mais dans les tests non directifs, par exemple le Village ou les Psychodrames, où l'enfant est beaucoup plus libre, un autre mécanisme de défense intervient fréquemment, comme on l'a vu: c'est de faire entrer en scène un personnage qui assume les tendances agressives et éventuellement les punitions qu'elles encourront, tandis que le sujet lui-même se tient « sur la touche », jouissant en spectateur qui participe du regard aux actions de rivalité tout en en esquivant la responsabilité.

I. IDENTIFICATION PROGRESSIVE

Quand, dans un test projectif, un enfant déclare s'identifier à une personne plus âgée que lui, parent ou frère, il faut se garder d'en conclure sans autre à une bonne maturité du Moi. Il importe de toujours demander au sujet la raison de son identification. Il n'est pas rare en effet que le désir d'être plus grand ne corresponde pas à une véritable maturité, à la capacité d'assumer des devoirs plus importants, mais soit seulement fixé sur certaines prérogatives d'indépendance désirées, telles que posséder un vélomoteur, ou pouvoir sortir seul le soir, ou avoir de l'argent de poche, autrement dit que l'enfant en soit encore, en dépit de son identification, au stade du principe du plaisir.

D'une manière analogue, il arrive qu'un sujet, plus particulièrement une fille, s'identifie à la mère pour avoir des bébés et les nourrir, mais désire en même temps être le bébé que la mère tient dans ses bras. Une telle identification double nous indique que, bien loin d'avoir atteint la maturité qui préparera son évolution ultérieure, l'enfant en est encore au stade de l'unité duelle mère-enfant. Ainsi *Isabelle* (obs. 8), très frustrée, on l'a vu, par la naissance de ses frères et sœurs, donne comme âge d'or *22 ans parce qu'on peut être maman,* et aussi *6 mois parce qu'on est un petit bébé choyé.*

Dans la Fable de l'agneau, nous avons vu la fréquence de l'identification régressive au tout petit. L'histoire telle qu'elle est contée ne permet pas l'identification progressive. Et cependant certains enfants introduisent des personnages surajoutés, soit un jeune berger, soit d'autres agneaux déjà dans la prairie, qui se font les compagnons de l'exclu, et souvent l'identification consciente se fait à eux.

Dans le Village, l'enfant peut se projeter dans l'avenir à l'âge d'un frère ou d'une sœur aînés dont il envie la situation.

Dans le Dessin de Famille, il advient que l'enfant,

tout en se situant lui-même dans le dessin à son âge réel, déclare ensuite vouloir être un frère ou une sœur plus grands, qu'il a également figurés.

Mais plus caractéristiques sont les observations où le sujet ne s'est pas représenté lui-même, tout en figurant son aîné rival. En opposition avec les cas où le rival est éliminé du dessin, nous devons penser ici que l'enfant en investit l'image, et que son propre effacement volontaire indique qu'il se projette tout entier dans son identification audit rival, ce qui a évidemment des conséquences beaucoup plus importantes pour la personnalité que le cas précédent.

Il est fréquent aussi qu'il y ait ambivalence et que l'enfant hésite entre progresser et régresser, qu'il s'identifie à la fois à un plus grand et à un plus petit. Ainsi *Jacques,* 13 ans (obs. 86) figure dans l'ordre un petit de 5 ans, le papa, le frère de 15 ans et la maman (fig. 20). Cela se passe en Chine, dit-il, et ils dansent.

1   2   3   4

Figure 20

En vrai, Jacques est l'aîné de 3, avec une sœur de 9 ans, sa rivale directe (éliminée ici) et un petit frère de 5 ans. Dans le dessin, Jacques est sans nul doute identifié secrètement au petit de 5 ans, figuré *en pre-*

mier, déclaré le plus heureux parce que le plus gâté et le préféré du papa. Mais son identification déclarée est le frère de 15 ans, le moins gentil, qui frappe le petit dont il est jaloux. On notera ici que ce garçon de 15 ans est dessiné aussi grand que le papa, et tout près de la maman.

II. IDENTIFICATION A L'AUTRE SEXE

Nous nous limiterons ici au Dessin de Famille, au test PN et aux Psychodrames, où cette identification prend une importance particulière.

La fréquence de cette inversion de sexe est assez grande, mais dépend du test projectif employé. C'est ainsi que dans le Dessin de Famille, sur un total de 800 dessins de garçons et de filles, nous l'avons observée dans 10 % des cas. En revanche dans le test PN, cette fréquence est beaucoup plus grande: chez les garçons (sur 250 cas) elle s'observe dans 20 % des cas; chez les filles dans 75 % des cas. C'est que, d'un test à l'autre, le niveau projectif change; dans le test PN, la projection ramène au jour des tendances très profondes, souvent complètement refoulées; par contre, dans le Dessin de Famille, la censure du Moi est beaucoup plus active et empêche souvent l'identification à l'autre sexe. On est cependant en droit d'être surpris du chiffre anormalement élevé des identifications masculines dans les PN de filles (3 identifications masculines pour une féminine); certes on sait que, particulièrement dans notre monde actuel, il y a chez beaucoup de fillettes une revendication virile, parce que le sort des garçons leur paraît plus enviable que le leur et qu'elles seraient heureuses de changer de sexe. Toutefois il est probable que le titre même de notre test: les Aventures de Pattenoire, porte les filles à faire du héros un garçon, sans pour autant faire nécessairement une inversion de leur sexe. Pour établir qu'elles sont réellement identifiées à un garçon, il faut obtenir des convergences d'indices suffisantes, en montrant notamment que le comportement du héros s'apparente plus à celui des garçons qu'à celui des filles, et qu'en particulier les tendances œdipiennes sont inversées.

1. *Dessin de Famille*

L'identification à l'autre sexe peut se diagnostiquer ici de plusieurs façons.

Tantôt elle se marque par l'investissement privilégié du premier personnage dessiné, lequel n'est pas, contrairement à l'usage, du même sexe que le sujet testé. Tout se passe ici comme dans le « Dessin d'une personne » de *Machover,* où l'on peut inférer l'identification sexuelle d'un individu par le sexe de la personne qu'il choisit de dessiner en premier.

Tantôt elle se marque par le choix d'identification qui est fait ensuite, avec les attendus qui en éclairent le motif. Il est des cas où l'identification déclarée coïncide avec le premier personnage figuré, et ce devrait être la règle si la tendance inconsciente qui investit ce premier personnage était acceptée sans résistance par le Moi conscient. Mais dans la mesure où cette tendance est objet de censure (environ dans la moitié des cas), les deux identifications, l'inconsciente et la consciente ne coïncident pas. On doit donc s'attendre à ce que l'identification à l'autre sexe, quand elle se trahit par le choix du premier personnage dessiné, ne soit pas en général approuvée par le Moi, et l'on peut alors en déduire qu'il y a double identification: l'identification du Soi et l'identification du Moi.

Ainsi, chez *Nicole,* 16 ans (obs. 87), qui consulte pour un état d'inhibition, une grande émotivité anxieuse et une névrose d'échec entravant beaucoup ses progrès scolaires, le dessin représente dans l'ordre un garçon de 10 ans, une fille de 13 ans, la mère et le père (fig. 21). Le garçon est donné comme le plus gentil et le plus heureux. On serait donc en droit de penser que

Figure 21

Nicole va s'identifier à lui; mais elle hésite longtemps et pour finir déclare vouloir être la mère, qu'elle a donnée comme la moins gentille parce que sévère avec sa fille. D'après les règles projectives, on peut donc en déduire que dans son for intérieur, Nicole veut être le garçon, mais que consciemment elle s'identifie à l'instance punitive du Surmoi, ce qui indique, nous le savons, une tendance dépressive.

Que peut-on penser de ce dessin, vu que Nicole, étant fille unique, n'a pas de frère? L'explication nous en est apportée par un entretien confidentiel avec la jeune fille. Ses parents, nous dit-elle, désiraient un garçon qui aurait pu satisfaire leur ambition de s'élever dans la hiérarchie sociale en faisant des études. Ils le lui ont souvent dit, surtout son père, de sorte qu'elle a vécu toute son enfance dans la hantise de la venue d'un petit frère, qui aurait été le préféré des parents, et par suite elle a elle-même fortement désiré être un garçon. Elle se comportait d'ailleurs comme tel, ne jouant ni à la poupée, ni à des jeux calmes, mais préférant les jeux de mouvement et la compagnie des garçons à celle des filles. Entre 10 et 13 ans, elle a changé de caractère et, comme sa mère lui reprochait ses manières garçonnières, elle s'est inhibée, est devenue timide, doutant d'elle-même, surtout à partir de ses premières règles qu'elle n'a pas bien acceptées. Elle ambitionne, dit-elle, d'être professeur de physique, ce qui exprime aussi sa revendication virile. On peut donc supposer que cette prétention est censurée par un Surmoi interdicteur, ce qui expliquerait la névrose d'échec. D'autre part, l'âge de 10 ans donné au garçon dans le dessin correspond très probablement à une période heureuse où Nicole jouait sans culpabilité le rôle masculin, mais qu'elle n'ose plus assumer consciemment aujourd'hui, se contentant d'investir parallèlement les deux personnages masculin et féminin qui sont en elle.

Martial, 12 ans (obs. 88), 3ᵉ de 4, s'identifie toujours dans ses dessins de famille à un personnage féminin, tantôt sa mère, tantôt sa grande sœur Chantal, âgée de

15 ans, tantôt sa petite sœur Viviane, âgée de 4 ans, devant laquelle il est en adoration. Dans un de ses dessins (fig. 22), il met particulièrement en valeur la petite sœur qui joue, puis grand frère et grande sœur, rejetant les parents tout au bout et les dévalorisant;

Figure 22

il donne leurs noms et leurs âges réels aux personnages; il s'agit donc bien de sa propre famille, mais lui n'y est pas. En pareil cas il faut toujours se demander à quel autre personnage le sujet s'identifie; ici Martial fournit la réponse: il serait la petite sœur *parce qu'on est tranquille et qu'on s'amuse bien.* Par la suite, vers ses 13 ans, Martial continuera de figurer en premier un personnage féminin, mais, sans doute en vertu d'une prise de conscience et d'une plus forte censure, il se donnera consciemment une identification masculine, toujours à son frère aîné. Comme convergence d'indice, nous avons l'âge d'or, que Martial situe *à 3 ou 4 ans parce qu'ils ont beaucoup de plaisir à s'amuser.* Dans la Fable de l'agneau, *le grand va être triste, mais il va obéir; il trouvera le petit agneau gentil;* identification de Martial à ce tout petit. Dans le PN, le garçon s'identifie à une petite fille de 2 ans; aux thèmes, le héros est emmené à *Charrette,* et cette éviction est motivée par *Bataille* qui précède; il est ajouté qu'il va être rendu aux siens et qu'il jure alors de ne plus faire de bêtises; à *Baiser,* qui suit, les parents, de joie de l'avoir retrouvé, s'embrassent. Ce protocole nous permet de comprendre ce qui a dû se passer au moment de la naissance de la petite sœur quand Martial avait 8 ans; comme à cet âge, toute manifestation agressive contre le nouveau-né serait très sévèrement censurée, l'inhibition détermine un comportement d'enfant très sage, et la régression produit une identification au rival, ici la petite sœur. L'on saisira la force de cette identification féminine quand on saura qu'à la fin de son PN, Martial déclare que *Pattenoire est content d'être une fille, parce que c'est plus joli, et qu'elle deviendra une maman.*

On s'explique par là les difficultés d'adaptation de ce garçon. Son caractère est doux, trop doux. Il ne joue jamais avec son frère aîné, mais aime jouer à la maman où à la poupée avec sa petite sœur ou avec des enfants de même âge qu'elle. Il est très docile à tout ce qu'on lui commande, mais de lui-même il n'a aucune initiative, est insouciant, peu intéressé par l'école, de sorte qu'en dépit d'une bonne intelligence, il a un retard scolaire de 2 ans.

2. Test PN

Les remarques restrictives que nous avons faites plus haut concernent surtout, on l'a vu, les identifications masculines des filles. Il ne faudra donc pas se contenter de l'affirmation initiale que le héros des thèmes est un garçon, mais considérer en plus si son comportement dans le test correspond bien à ce qu'on attend d'ordinaire du sexe masculin.

Par exemple *Annick,* 12 ans (obs. 89) a un frère de 3 ans plus jeune qu'elle, avec lequel elle est en forte rivalité; mais cette rivalité a été inhibée par les censures parentales, le petit frère étant le préféré du père. Dans son PN, Annick fait un univers masculin, puisque Pattenoire, garçon de 5 ans, a deux frères jumeaux du même âge. Un des thèmes les plus importants du test est celui de *Départ*; cette image, où Pattenoire s'en va vers les montagnes, est première choisie et la plus aimée: *ce doit être Pattenoire, car il est toujours parti... il s'en va seul se promener, tandis que quand il va avec ses parents, il est obligé de leur obéir... tandis que là il peut faire ce qu'il veut. A Nuit, Pattenoire regarde pour voir si ses parents dorment, parce qu'il veut s'évader;* suivie de *Trou: il est tombé dans un trou d'eau et ses parents l'ont puni.* Un peu plus loin, à *Auge, ils vont se coucher... puis Pattenoire va encore se sauver.* La rivalité fraternelle est forte, mais mal assumée: à *Bataille,* Annick est le petit qui ne se bat pas; à *Portée,* la jalousie s'exprime: *ils doivent se dire « ces trois-là ils vont être plus aimés que nous, parce que nous, maintenant, on est plus vieux »* alors ils ne *sont pas contents; ils sont contents d'avoir une petite sœur, mais pas des petits frères.* Et Annick assouvit son agressivité d'une manière détournée en s'identifiant au fermier *parce qu'il est content d'avoir des porcins pour les faire tuer plus tard.* Notons qu'il y a par surcroît dans ce test deux identifications au père, mais aucune à la mère. A la fin Pattenoire sera donné comme le plus heureux, parce qu'il est content d'aller se promener. Comme convergence d'indice, nous avons l'âge d'or: *quand ils ont la majorité, 20 ans, parce qu'ils peuvent se promener tout seuls... parce que, plus petits on a toujours envie de donner la main à sa maman,* déclaration qui exprime tout de même une certaine ambivalence de sentiments.

Comme type de garçon identifié à une fille, voici le cas de *Paul* (obs. 5), ce garçon de 10 ans que nous avons déjà cité au Livre I, qui est farouchement jaloux de sa sœur, de 2 ans plus jeune que lui, dont sa mère lui vante constamment la gentillesse et le meilleur travail scolaire. Lorsqu'il se met en colère, il lui arrive de frapper sa sœur et sa mère, mais en dehors de ces moments-là, il se montre doux, passif, et froussard, n'osant jamais se battre avec les garçons de son âge.

Dans son test, il fait de Pattenoire une fille unique de 8 ans; ce faisant, il s'identifie à sa sœurette dont il prend la place, ce qui lui donne en outre les avantages de l'enfant unique. Il donne les deux petits blancs comme des copains de 8 et 9 ans; mais cela ne va pas sans difficulté, et au cours du test il apparaît que les copains sont des substituts à peine déguisés de la sœur rivale, car il est manifeste que les parents de Pattenoire ont une préférence pour eux: à *Trou, ils restent avec les copains;* à *Charrette* aussi, et *Pattenoire seule est emmenée;* à *Hésitation, la maman qui en veut à Pattenoire d'être trop gourmande, préfère les copains.* Ces copains, Pattenoire les rencontre donc toujours sur son chemin, les jalouse et se bagarre avec eux. Mais son agressivité est fortement censurée et ne se manifeste que très timidement: chaque fois que Pattenoire est en situation de se battre, elle en est empêchée par les parents, surtout la maman, qui sépare les combattants. Et Paul, interrogé, ne peut jamais dire qui sera le plus fort; de lui-même d'ailleurs, il refuse la bataille et déclare que ce n'est pas bien de se battre. Il ne s'identifiera au total que trois fois à Pattenoire, dans des images non agressives, et, dans toutes celles où il y a bataille ou conflit, il esquivera, de sorte qu'il aura douze identifications au copain. A la fin, bien qu'il déclare Pattenoire *la plus heureuse, parce qu'elle a ses parents,* et les copains *les moins heureux parce qu'ils sont tristes d'avoir perdu les leurs,* comme Pattenoire est *la moins gentille parce qu'elle frappe les autres,* il exprimera le désir d'être les petits copains, ce qui va dans le sens des douze identifications mentionnées. Cela peut, au premier abord, paraître contradictoire, et on s'attendrait à ce que le garçon, prenant dans le test la place de la petite sœur préférée des parents, s'identifie à elle avec prédilection. Mais il convient de noter ici qu'à part quelques rares exceptions, chaque fois qu'un garçon s'identifie à une fille, il refuse ensuite cette identification pour se donner, soit une identification d'esquive, comme le fait Paul, soit, ce qui est plus fréquent encore, une identification au puissant (père, mère ou autre personnage équivalent). Le mécanisme psychologique est probablement celui-ci: le garçon qui a renoncé à sa virilité s'identifie à une fille et en adopte le comportement; or, mis en présence des actions aventureuses de Pattenoire, il n'ose les assumer, ce qui revient à renoncer à son identification au héros, dont il craint la punition, et à chercher la sécurité dans une autre identification. Ainsi fait Paul en s'identifiant aux copains qui sont ici, comme on l'a vu, les substituts de la sœur cadette, ce qui revient donc au fond à s'identifier derechef à celle-ci.

Rappelons que ce garçon nous a offert un exemple remarquable de la pseudo-agressivité de *Bergler,* en s'attaquant un jour sans aucune raison valable à un plus petit que lui, pour montrer à ses camarades qu'il n'était pas « une nouille », comme ceux-ci le prétendaient. Il importe au psycho-clinicien de bien connaître ces cas où un comportement agressif recouvre en quelque sorte une mollesse profonde, modalité particulière de formation réactionnelle contre l'identification féminine dont on a honte, mais qui, comme beaucoup de formations réactionnelles, porte la marque de l'inadaptation et peut conduire à des actions antisociales dangereuses.

3. Psychodrames

Dans les jeux psychodramatiques, la liberté entière du choix des rôles permet à l'enfant toutes les identifications.

L'identification progressive s'observe quelquefois. Par exemple, le cadet qui, dans la vie, subit péniblement l'autorité de son aîné, pourra donner libre cours à sa rivalité en inversant les rôles et en s'attribuant toutes les prérogatives du plus grand, souvent même en forçant les doses, si l'on peut dire.

L'identification à l'autre sexe est fréquente, elle aussi. On a vu par exemple aux deux chapitres précédents le cas de *Françoise,* cette fillette de 12 ans, très inhibée et très dépressive, qui a les yeux fixés sur son petit frère de 4 ans, le préféré des parents et qui, dans ses psychodrames, n'ose exprimer son agressivité, mais par contre décrit les sanctions paternelles comme très sévères et, pour y échapper, se donne à plusieurs reprises le rôle d'un garçon de 5 ans prénommé comme son frère.

Claude, 9 ans (obs. 90), qui a deux sœurs rivales, s'identifie dans tous ses tests à une fille. Dans ses psychodrames, il en assume aussi le rôle, mais il joue d'ordinaire une fille très agressive, tant à l'égard de sa fratrie qu'à l'égard de ses parents. Or un jour que la psychologue, pour le provoquer, lui disait: « Je n'ai pas peur; les filles, c'est pas fort!», il cria: *Comment! les filles, c'est pas fort! attendez, je m'en vais chercher l'épée de mon père!* Le symbolisme de cette réponse est transparent, et il nous éclaire sur la très fréquente identification des garçons-filles au personnage paternel, au personnage qui possède l'attribut majeur de la virilité, le phallus.

III. NORMAL OU PATHOLOGIQUE

Que peut-on inférer de ces identifications de défense pour le développement ultérieur de la personnalité? La normale ne consiste-t-elle pas à s'assumer pleinement dans les conditions d'âge et de sexe qui sont les nôtres? Cela n'est pas douteux, mais il faut remarquer que la personnalité d'un enfant se constitue peu à peu, par le processus alluvionnaire des identifications successives; nous avons vu en particulier que la résolution du complexe d'Œdipe se réalise par une identification au parent de même sexe, le rival.

Une distinction doit cependant être faite ici entre l'identification partielle et l'identification totale. Comme nous l'avons déjà vu, à propos de l'identification à un tout petit, les satisfactions régressives que se procure ainsi le plus grand peuvent laisser à peu près intactes les capacités d'adaptation de son Moi à la situation présente, nonobstant le conflit qui est alors dans une certaine mesure inévitable. Il en est de même pour les autres types d'identification de défense: lorsqu'une partie seulement de la personnalité est engagée dans de telles identifications, il peut en résulter une complexité susceptible d'être enrichissante et qui, en tout cas, ne met pas d'entrave sérieuse à l'adaptation.

Lorsque, au contraire, l'enfant s'identifie dans la totalité de son être à la personne du rival, annihilant par là même sa propre personnalité, il en résulte un véritable décentrage, du fait qu'il n'est plus lui-même mais l'autre, qu'il conforme par conséquent sa conduite à une personnalité d'emprunt. L'exemple donné par *Anna Freud* sous le nom de « cession altruiste » et que nous avons cité au chapitre 3 du Livre I, est tout à fait typique: la jeune fille dont le cas nous est rapporté, en s'identifiant aux autres et à leur réussite, a renoncé à développer ses propres dons et de ce fait n'a pas eu une vie vraiment authentique.

De la même manière, dans la mesure où un garçon ou une fille s'identifie totalement à l'autre sexe, toute sa conduite se trouve en porte à faux, puisqu'elle obéit à un modèle artificiel et ne satisfait aucune des aspirations profondes du sexe du sujet. Ainsi, nous avons vu que la jeune fille nommée *Nicole,* tiraillée entre son désir d'identification masculine et les exigences de son sexe au moment de la puberté, s'est inhibée et n'a pas réussi à s'affirmer ni sur l'un, ni sur l'autre plan. De même, *Martial,* par son identification à sa petite sœur, manque à épanouir les dispositions qui sont en lui, reste passif et sans initiative, et ne fait pas de progrès à l'école, en dépit de sa bonne intelligence.

Chapitre VII

LA DEFENSE
PAR RELATION A DISTANCE

Nous avons souligné au début de cet ouvrage les exigences d'union du tempérament enfantin, qui ne peut supporter la solitude, mais a besoin pour son épanouissement physique, affectif et intellectuel d'être au sein d'une famille ou d'un groupe. D'où nous avons déduit que les liens entre frères et sœurs sont aussi importants à considérer que la rivalité qui les oppose.

Lors donc qu'un enfant s'isole, c'est en vertu d'un mécanisme de défense contre un rapproché trop intime qui, par son intimité même, suscite de l'angoisse. Comme on l'a vu, pulsions érotiques aussi bien que pulsions agressives nécessitent le contact des corps. Quand les unes ou les autres sont frappées d'interdit, cet interdit peut se manifester par une rupture de contact, avec toutes les conséquences que cela entraîne, comme nous l'avons montré au Livre I. Disons tout de suite que dans la majorité des cas, l'interdit du contact est une défense qui s'adresse *à la fois* à la sexualité et à l'agressivité, et qu'en conséquence il nous sera ici très difficile de départager ce qui revient à la rivalité fraternelle et ce qui revient à l'Œdipe.

Dans les tests projectifs, l'isolation peut s'exprimer de plusieurs manières.

En premier lieu par une *mise à distance* des personnes vers lesquelles les pulsions du sujet sont dirigées. Tantôt les rivaux sont purement et simplement éliminés, comme dans le rejet agressif, de sorte que ce rejet qui, comme on l'a vu, traduit l'intensité des sentiments de rivalité, peut signifier aussi que l'enfant redoute de céder à ses propres pulsions et essaie d'en écarter l'objet. Tantôt le rival est présent, mais placé loin du sujet, par exemple dans le Dessin de Famille ou le Village. Tantôt on met à sa place un étranger, un personnage qu'on déclare ne pas connaître, et les relations affectives qu'on a avec lui ne portent pas la marque de relations authentiques; ainsi dans le test PN.

En second lieu, cette mise à distance peut être doublée, dans le Dessin de Famille ou le Village, de cloisons, de barrières qui matérialisent en quelque sorte l'isolation, en empêchant davantage encore les contacts.

En troisième lieu l'isolation peut s'exprimer par une mise hors-circuit des sentiments censurés, que l'on sépare du contexte descriptif des histoires. Ce processus, qui est caractéristique du mode de défense des « obsessionnels », permet de faire face à une situation traumatisante sans en nier la réalité, mais en la dédramatisant par un récit froid, dont les sentiments sont absents; nous verrons que cette défense aboutit à des thèmes projectifs purement descriptifs, avec très peu d'action et de sentiment.

En quatrième lieu l'isolation peut se manifester dans le discours lui-même sous la forme de pauses séparant les divers éléments d'une action ou d'une histoire vécue, et supprimant de la sorte la continuité dynamique qui donnerait à l'événement sa pleine valeur d'authenticité. Ces pauses sont dans un récit l'équivalent de ce que sont les blancs et les cloisons dans un dessin ou une construction.

1. Dessin de Famille

Comme on vient de le voir, l'absence dans le dessin d'un des membres de la fratrie, qui signifie l'élimination agressive du rival, peut aussi indiquer que l'enfant, par cette élimination, veut se préserver du corps à corps où l'entraîneraient ses propres pulsions.

Plus généralement, à l'opposé des cas où les membres de la famille sont rapprochés les uns des autres, soit qu'ils se tiennent la main, soit qu'ils participent à une action commune, il faut faire une mention spéciale de ceux où les personnages sont nettement séparés. Souvent alors ils sont figés dans une attitude d'immobilité, comme des mannequins (cf. le cas de Christian fig. 10), et nous avons vu déjà que cette rigidité d'attitude indique d'ordinaire de puissantes formations réactionnelles.

Plus la distance est grande entre deux membres de la famille que leur parenté semblerait devoir rapprocher, plus il y a lieu de penser au mécanisme d'isolation, d'où l'on pourra inférer la force particulière des pulsions agressives qui les opposent.

A l'étude clinique du Livre I, nous avons rattaché à ce mécanisme d'isolation le *repli narcissique* et l'*autisme,* en montrant que l'investissement de sa propre personne est pour l'enfant un manque, une défaite dans les relations affectives avec les siens. Cela est particulièrement net dans le Dessin de Famille, où il est de règle presque constante que l'enfant dessine d'abord le père ou la mère, images privilégiées d'identification progressive, et où par conséquent la représentation en premier d'un enfant apparaît comme une anomalie. Nous avons pu démontrer qu'en pareil cas, c'est un repli narcissique qui est en cause, entraînant l'autisme et l'indifférence à ce qui n'est pas soi *(13)*. Comme nous l'avons dit déjà, le mécanisme d'isolation comporte presque toujours une double défense, et contre la rivalité fraternelle, et contre l'Œdipe. Ainsi dans le cas de *Danielle,* 15 ans (obs. 91), qui consulte pour des crises nerveuses répétées avec impression de défaillance et crainte de mourir, tout cela sans base organique, donc d'origine anxieuse. Son dessin (fig. 23)

Figure 23

met au premier plan une fille de 13 ans, très valorisée, comme on peut le voir, et qui sera déclarée la plus gentille. En second, à bonne distance, Danielle a mis la maman, déclarée la plus heureuse parce qu'elle a des enfants; en troisième un garçon de 10 ans, le moins gentil; en dernier le père, passivement rattaché à la mère. Identification: la fille de 13 ans. Or dans la fratrie réelle, il n'y a aucun garçon, puisque Danielle est la 3ᵉ de 4 filles, la cadette ayant 13 ans[1]. On voit donc que la jeune fille a ici éliminé ses 3 sœurs, exprimant par là avec force sa rivalité fraternelle, et qu'elle s'est d'autre part placée à grande distance du couple parental, compensant ce défaut d'intimité affective par une mise en valeur narcissique de son propre personnage. On ne saurait dire que ce dessin trahisse l'anxiété de la jeune fille; il est au contraire plein de sérénité; on est donc conduit à penser que l'angoisse est ici supprimée par l'isolation, le repli narcissique et l'identification, qu'elle serait au contraire très vive si la jeune fille s'identifiait au personnage le plus heureux, la mère, unie au père. Un argument en faveur de cette hypothèse nous est apporté par le test PN qui commence par *Rêve P*, image que Danielle décrit en disant: *Il ne songe qu'à ça!* D'autres thèmes de ce test nous ont amené à penser que, chez cette jeune fille, une assez forte culpabilité s'attache à l'Œdipe, pouvant expliquer l'isolation du dessin de famille. Dès lors nous comprenons la raison des crises avec angoisse de mort de la jeune fille comme étant liées à une culpabilité œdipienne inconsciente.

Le cas de *Martine* (obs. 9), déjà cité, qui associe une intense rivalité fraternelle de rejet, une forte opposition à la mère et des manifestations obsessionnelles sous

---

[1] Nous ne pouvons donner ici l'interprétation détaillée que nous avons publiée dans notre ouvrage sur Le Test du Dessin de Famille, concernant ce personnage de garçon surajouté (p. 137).

forme de manies, de rituels du coucher, de phobies des saletés, nous offre un exemple remarquable où l'isolation du dessin est complétée par des cloisons (fig. 24).

Figure 24

Ce dessin reproduit dans sa composition la vraie famille de la fillette. Dans la maison, à gauche, se trouve la chambre des parents, où ceux-ci sont avec le petit frère, puis la chambre de Jean-Luc, le grand frère de 17 ans. A droite, hors de la maison, un personnage que Martine appelle le petit Jésus, puis elle-même, très mal dessinée (donc dévalorisée), mais placée comme on le voit à grande distance des parents. Pour comprendre ce dessin, il faut savoir que deux années auparavant, à l'âge de 6 ans, Martine s'était dessinée seule avec son père dans le même lit, éliminant la mère et le petit frère. A cette époque, elle jouait des thèmes psychodramatiques très érotiques de jeux sexuels entre son père et elle. Or elle commente son dessin actuel en disant: *Je ne veux plus aller dans le dodo de papa; j'aime pas être chatouillée; c'est mal d'être chatouillée, je pense.* Puis: *Maman elle veut pas; elle y va dans le dodo car elle est grande; maman veut pas que j'aille dans le dodo; le petit frère a le droit, il est petit.* Et encore: *quand je serai grande, je me marierai pas, parce que j'aime pas être mariée; c'est pas bien d'être mariée.*

Nous voyons donc ici le refus de toucher (Martine refuse en particulier de donner la main aux messieurs) et de se laisser toucher, réaction contre un intense attrait érotique, se transposer symboliquement dans le dessin de famille, non seulement par une relation à distance, mais par des cloisons isolantes.

2. Village

Dans le village, l'isolation se marque par une construction en éléments séparés, et il est parfois manifeste, au cours même du travail d'édification, que le sujet prend un soin tout particulier à ménager des espaces vides entre les bâtiments qu'il place. Il est fréquent aussi que la maison habitée par lui soit isolée de toutes les autres, parfois même ceinturée de barrières; si de telles barrières sont considérées comme protégeant le sujet contre les agressions du dehors, il apparaît aussi qu'à un niveau plus profond, que la projection objective, elles sont appelées à protéger les gens du dehors contre l'agressivité du sujet lui-même. Nous rappellerons à cette occasion le cas de *Nicole* (Livre I, ch. 3, obs. 4), ceinturant son village pour en protéger les habitants contre une bête fauve du bois voisin, qui représente en réalité une projection de sa propre agressivité.

La relation à distance peut s'exprimer aussi par un refus d'habiter dans le village qu'on a édifié, refus motivé ici encore par le malaise d'anxiété que causent les pulsions mal refoulées. Nous en avons eu un exemple remarquable chez *Martin,* 15 ans, (obs. 92) et bien qu'il s'agisse ici d'un problème œdipien, non de rivalité fraternelle, nous l'exposerons comme particulièrement typique. Ce garçon, solidement bâti, d'une morphologie dilatée indiquant une forte expansion vitale native, était affligé, ce qui était névrotique, d'une grande timidité qui le paralysait. Assez inhibé en abordant le test, il construisit pourtant un village où se dressait au centre un petit château entouré d'un parc. Or, après coup, il voulut prendre de la distance et déclara qu'il n'habitait pas dans ce village, ce qui coupait court à tout commentaire. Nous lui suggérâmes alors d'y venir en visiteur. Il accepta, mais il se trouva aussitôt, de par son récit même, dans une situation dramatique, car un bandit venait de s'introduire dans le château pour voler. Notre garçon prêta main-forte au gendarme qu'on avait appelé. Mais le bandit, s'attaquant au châtelain, l'avait tué. Notre garçon protégea la châtelaine et, ayant fait mettre le bandit en prison, il revint plusieurs fois dans le pays et il finit par épouser la châtelaine. Le symbolisme œdipien de ce thème est tout à fait clair: le bandit, personnage imaginé, représente bien entendu les pulsions agressives du sujet, dirigées ici contre une figure paternelle, mais non assumées et s'assouvissant par projection. Par contre le garçon assume mieux le rôle de défenseur de l'ordre, mais il se fait surtout le chevalier-servant de la dame et il l'épouse, réalisant par ce détour ses désirs œdipiens. Nous comprenons par là pourquoi il ne voulait pas résider dans le village: c'est qu'il se défendait contre ses pulsions œdipiennes et qu'il désirait mettre de la distance entre lui et les images parentales. Nous étions de ce fait même éclairés sur les causes profondes de sa timidité, étroitement liée au refoulement de ses pulsions.

3. Test PN

La présentation du frontispice du PN impose presque à l'enfant de donner les deux petits cochons blancs comme frère et sœur de Pattenoire et les deux gros comme les parents des trois petits, car l'enfant ne peut se concevoir autrement qu'au sein d'une famille. Quand il ne le fait pas, c'est que la défense du Moi l'en empêche, soit qu'il désire éliminer certains des membres de sa famille avec lesquels il est en mauvais termes, soit qu'il redoute d'entrer en relation avec eux et d'être entraîné par là à extérioriser des pulsions agressives ou érotiques interdites, ce qui, à bien y réfléchir, peut revenir au même.

Comme dans ce test l'enfant ne peut se soustraire à la réalité de l'image, pour établir entre Pattenoire et les autres une relation à distance, il ne dispose que d'un moyen: refuser de les reconnaître comme parents ou fratrie; soit qu'il ne les désigne pas comme tels, se bornant à les appeler des « cochons »; soit qu'il les déclare étrangers à la famille de Pattenoire, tantôt amis de celui-ci, tantôt même inconnus de lui.

Mais un tel mécanisme de défense est difficile à maintenir devant les autres planches du test qui, montrant à maintes reprises tous les cochons réunis, imposent rationnellement l'idée d'une famille. On a vu dans l'exemple d'*Alain* (obs. 47), cité à la Rivalité de rejet

(L. II Chap. 2) l'ingéniosité avec laquelle un sujet intelligent peut parvenir à persévérer dans sa défense en imaginant que les deux petits étrangers ont été adoptés par les parents de Pattenoire.

Le même mécanisme de relation à distance peut être utilisé dans le cours du test pour telle planche particulière quand le thème que celle-ci suscite met en jeu des pulsions chargées d'angoisse. Par exemple, *Marcel* 11 ans (obs. 93) donne pour *Charrette* le thème suivant: *Les petits cochons, chassés par la fermière, sont partis; ils sont rencontrés par le fermier qui les a mis dans sa charrette* (ici le garçon dit avec beaucoup de passion dans le ton:) *Non! c'était pas eux; c'étaient d'autres petits cochons; et puis Pattenoire et sa famille regardaient... Non! Pattenoire était couché... Le monsieur les emmenait pour les faire tuer à l'abattoir... ah! non! il rêvait que son père et sa mère et ses frères regardaient d'autres petits cochons qu'on emmenait à l'abattoir.* Il faut savoir que ce garçon, aîné de 3, a été mis en pension de très bonne heure, tandis que les deux plus jeunes restaient à la maison, et qu'il a ressenti très douloureusement son éviction. La violence même de ses sentiments contre sa fratrie lui fait peur, et après avoir supposé que le fermier emmène ses frères et sœurs, il prend de la distance, déclare que ce n'est pas eux, mais d'autres, et enfin dit que c'est un rêve, donc que ce n'est pas vrai.

Une autre manière de mettre de la distance entre soi et ses rivaux consiste à scotomiser ceux-ci dans toutes les scènes de rivalité. Il arrive par exemple que dans *Hésitation*, le jaloux, identifié à Pattenoire scotomise le groupe de la mère et du petit tétant; ou bien à *Portée* scotomise les nouveau-nés; ou bien à *Tétée 2* refuse de voir les deux qui accourent et déclare que l'image est exactement pareille à *Tétée 1*. Ici encore, on conclut à l'élimination agressive des rivaux; mais solidairement il y a défense contre des pulsions que leur intensité rend dangereuses.

Il est une autre manière encore de prendre de la distance par rapport à une scène qui éveille l'agressivité. C'est de s'attacher surtout dans son récit à des détails marginaux sans relation avec le principal de la scène, exactement de la même façon que, dans une réunion mondaine, lorsque se trouve abordé quelque sujet scabreux, la maîtresse de maison essaie de détourner la conversation, en disant par exemple: « Regardez le tableau que je viens d'acquérir! Devinez-en l'auteur! »

Par exemple *Marie, 9* ans (obs. 48) emploie cette défense d'une manière systématique: elle feint de ne pas voir tout de suite le thème central de l'image, et dès qu'elle l'a vu, elle s'en évade. Ainsi *Bataille* donne: *Le père et la mère de Pattenoire... les deux petits blancs... Pattenoire qui mord la patte du blanc... une barrière, de l'herbe.* Que vois-tu encore? *Un petit blanc qui court... un petit blanc qui mord l'oreille de Pattenoire... une fleur.*

La cas de cette fillette est typique à bien des égards; il nous offre aussi un bon exemple de la défense par isolation sous la forme de pauses au cœur même du récit. Marie a fait tout le test en débitant les thèmes sur un ton artificiel de récitation scolaire, par lambeaux de phrases toujours séparés par de courts silences d'une seconde. Bien entendu, grâce à cette défense, elle ne s'engage jamais vraiment dans les actions et les sentiments du héros. Aussi, au moment des P.I., où l'engagement affectif est au premier plan, a-t-elle essayé de se dérober et a-t-elle continué de fournir des thèmes neutres, dont on ne pouvait rien déduire. Comme nous l'avons dit au chapitre III en rapportant son cas, il ne paraissait pas possible à la fin du test de conclure à autre chose qu'une forte défense. Mais soudain, devant l'image de la *Fée*, la fillette s'est déchaînée et a décrit une bagarre entre Pattenoire et un des petits blancs, représentant probable du petit frère de Marie, son rival direct.

Pour pouvoir fournir la preuve que la relation à distance est la surcompensation à un rapproché trop intime vécu dans l'angoisse, il faudrait être en mesure d'établir par la projection l'existence chez le sujet de pulsions agressives particulièrement fortes, contre lesquelles il se défend, ainsi que nous venons de le faire dans le cas précédent. Chaque observation doit être étudiée dans cette perspective. Nous avons par exemple apporté cette preuve chez *Madeleine* (obs. 18) cette fillette dont la défense par isolation s'est traduite en premier lieu par l'affirmation que Pattenoire était enfant unique et que les petits blancs étaient seulement des cousins (alors qu'elle-même est l'aînée d'une famille nombreuse); en second lieu par des thèmes brefs et uniquement descriptifs. On a vu que *Portée* est non aimée parce que Pattenoire est jaloux d'avoir des petits frères......... et il va aller les noyer dans la mare. On a vu de même dans le cas de *Martine* (obs. 9) que son érotisme et son agressivité contre la mère et le petit frère ont été très intenses et ont suscité par formation réactionnelle une névrose sévère avec phobie du toucher que le dessin de famille objective remarquablement.

Nous avons vu plus haut que cette défense par isolation est fréquente chez les enfants sous le choc immédiat de la naissance d'un rival, qu'elle peut se traduire

au début par une attitude de complète indifférence à
l'égard de celui-ci; mais qu'en général elle ne se maintient pas longtemps, parce que trop contraire aux besoins de fraternisation de l'enfance.

Nous ne serons donc pas surpris d'apprendre que,
comme la défense dépressive, cette défense par relation
à distance, génératrice d'une anxiété nouvelle, se complète par d'autres mécanismes apportant un plus grand
apaisement, et tout particulièrement par la régression.
Il est à remarquer que les filles redoutent beaucoup
plus que les garçons la solitude. Voici comme exemple
le cas de *Francine*, 11 ans (obs. 94), aînée de 3 filles,
qui a très mal accepté la naissance de sa puînée quand
elle avait 11 mois, refusant de la regarder et de l'embrasser. Par la suite elle a développé un caractère
solitaire, peu communicatif, peu affectueuse avec les
siens, se tenant à distance des camarades d'école, et elle
ne s'est jamais fait d'amie. Elle reproduit sa fratrie
dans le frontispice du PN, à cela près qu'elle y met
3 garçons, dont un benjamin de 3 mois. La tonalité
générale de son test est plutôt dépressive, et le héros
est très censuré parce qu'il est méchant, se bagarre
sans cesse et n'est pas aimé. Francine ne s'identifie
à lui que dans une seule image *Tétée 2*, et si elle est
attirée par les thèmes agressifs de *Auge, Bataille* et
Jeux sales, elle ne les assume pas du tout. En revanche
elle exprime dès le début son désir d'être à la place du
benjamin de 3 mois. Elle dit pour commencer qu'il sera
toujours près de sa maman. Elle s'y identifie à plusieurs reprises et dit à la fin qu'il est le plus gentil et le
plus heureux parce que préféré des parents. C'est ainsi
qu'à *Bataille* elle refuse d'être le bagarreur et dit: *Moi,
je serais le benjamin parce que j'ai toujours peur.*
D'ailleurs Pattenoire ne se mariera pas parce qu'il est

trop méchant, tandis que le benjamin se mariera et aura un petit enfant.

4. *Normal ou pathologique*

Dans les exemples que nous avons cités, la défense par relation à distance aboutit, tout comme le refoulement, à inhiber les pulsions, frappant par surcroît d'une sorte d'interdit les relations familiales et sociales. Elle représente toutefois un mécanisme beaucoup plus élaboré que le refoulement en ce sens que, comme on l'a vu, si elle supprime en totalité ou en partie les relations affectives, en revanche elle permet le maintien des relations intellectuelles. Cela est particulièrement net dans la névrose obsessionnelle où l'interdit des contacts, qui rend compte d'une bonne partie des symptômes, n'empêche pas les relations purement intellectuelles, celles qui sont réglées par la froide raison. Dans les formes atténuées de cette névrose, qui répondent à ce qu'on appelle le caractère obsessionnel, il faut une assez grande expérience de la psychologie pour sentir, derrière des formulations logiques et des descriptions exactes, le manque de résonance affective profonde, et le manque de créativité que cela entraîne.

Ici encore il faut cependant distinguer plusieurs degrés. Si la rupture complète des relations est un facteur de déséquilibre pathologique, provoquant ainsi qu'on l'a vu un repli narcissique, une isolation et une inhibition qui entravent sérieusement la vie en commun, affectant bien entendu aussi la vie personnelle, par contre une rupture partielle peut être considérée comme une défense normale, et favoriser bien plutôt qu'empêcher l'adaptation.

Un autre facteur entre en jeu pour distinguer le normal et le pathologique: c'est l'étendue du domaine pulsionnel qui est l'objet de l'isolation. Il faut ici opposer les cas où toute l'activité pulsionnelle est frappée d'interdit, ce qui est pathologique, et ceux où la relation à distance ne concerne que la pulsion, par exemple agressive, dirigée contre une personne déterminée. C'est ainsi que beaucoup d'individus possèdent un registre gradué de relations affectives, allant de l'intimité des contacts avec ceux qu'ils aiment à la froideur des rapports avec ceux qu'ils haïraient s'ils se laissaient aller sans retenue à leurs pulsions agressives.

CONCLUSIONS

Nous avons tenu à souligner dès le début de notre ouvrage le double aspect de la relation fraternelle, qui est à la fois rivalité agressive et désir d'union avec le rival. Comme l'écrit *Otto Rank, (29): Notre premier amour et notre première haine vont au frère;* et cette opinion nous apparaît comme beaucoup plus juste que celle de *Charles Baudouin,* déclarant que *les frères naissent ennemis.*

On ne peut en effet comprendre ce problème qu'en remontant aux sources, c'est-à-dire en remontant des sentiments aux pulsions qui leur ont donné naissance. La psychanalyse nous a montré qu'au début de la vie, comme l'écrit *Anna Freud (22): Dans les rapports objectaux de l'enfant, les éléments érotiques*[1] *et destructifs sont intimement mêlés, à tel point que dans chaque cas particulier il est difficile de distinguer le*

---

[1] Il faut comprendre ici le mot érotique dans son sens premier, en liaison avec son origine dans le mot grec « eros », et non dans le sens péjoratif qu'il a souvent dans la langue française.

rôle joué par chacun des instincts de base. Il n'est que d'observer de jeunes enfants en rivalité pour se rendre compte à quel point cela est vrai: ils se taquinent sans cesse, ils se battent, mais ils se recherchent, se caressent et ne peuvent se passer l'un de l'autre. L'évolution le montre bien aussi: les deux instincts d'agressivité et d'amour, du fait qu'ils ont une même personne, le rival, pour objet, vont peu à peu se tempérer l'un l'autre, prendre des formes moins sauvages, plus en accord avec la vie sociale. Tel est ce qu'on appelle le processus de *sublimation,* qui, selon nous, comporte toujours trois parts: une part d'assouvissement direct des pulsions, une part de répression et de refoulement, une part de dérivation vers des buts socialement acceptables (sublimation proprement dite). Ce processus tend à se réaliser spontanément par le jeu progressif des forces naturelles et par l'action éducative des parents, quand celle-ci est un juste dosage de permission et d'interdit, comme on le verra plus loin.

Comme nous le montrerons aussi, ce sont les entraves mises à cette évolution naturelle, empêchant les pulsions instinctives de se tempérer l'une par l'autre, qui sont responsables des troubles dans la relation fraternelle. Ainsi que l'écrit *Anna Freud: Les manifestations pathologiques de l'agressivité dépendent non d'une qualité ou d'une quantité en elle-même pathologique de l'agressivité, mais d'une dissociation (d'autres auteurs disent désintrication) des mouvements agressifs et libidinaux* [1]. Et de cette considération nous aurons à tirer ultérieurement toute une pédagogie de la rivalité fraternelle.

---

[1] Comme pour le mot érotique, il convient de prendre ici le mot « libidinal » dans son sens originel: en rapport avec la *libido.*

On peut remonter plus loin encore, et c'est ce que nous avons fait en rattachant la rivalité fraternelle à l'expansion vitale, montrant comment ce processus d'expansion rend compte du besoin d'union par assimilation et incorporation, et en même temps du dynamisme agressif que suscitent toutes les entraves à l'union désirée. Nous avons là les deux éléments de la relation fraternelle. Par là aussi, nous avons pu comprendre le rôle capital joué dans l'évolution de la personnalité de l'enfant par les *frustrations*. On a souvent souligné l'action pathogène de ces frustrations, soit qu'elles exaltent dangereusement l'agressivité, soit qu'elles déterminent un état de carence affective pouvant retentir fâcheusement sur le développement; nous en avons donné plus d'un exemple dans nos observations. Mais il est de la plus grande importance de distinguer ici, de ces formes pathologiques, ce qu'on est en droit d'appeler les frustrations normales parce qu'elles font inévitablement partie de l'existence enfantine; par exemple le sevrage, l'éducation à la propreté, la naissance d'un petit frère. Comment faire cette distinction? Existe-t-il une méthode qui permette d'évaluer le degré de nocivité d'une frustration, comme on peut mesurer par exemple une carence alimentaire en établissant de combien de calories un enfant sousalimenté est privé chaque jour? Non certes car, à l'opposé de la carence, le propre de la frustration est d'être non pas objectivement mesurable, mais *subjectivement ressentie* par l'enfant même qui la subit. Nous sommes par là amené à considérer la frustration dans une autre perspective, celle de la *tolérance aux frustrations*.

1. *Frustrations tolérées*

La maturation affective de chaque enfant implique une capacité croissante de supporter les inévitables frustrations de l'existence. Au principe du plaisir qui, comme l'a montré *Freud,* règne au début de la vie, où les désirs veulent être satisfaits tout de suite et complètement, se substitue peu à peu le principe de réalité, en vertu duquel, dans le monde réel, nous ne pouvons être satisfaits qu'en partie. Dans une évolution normale, cette tolérance aux frustrations augmente donc avec l'âge. D'où il se déduit que la même frustration pourra ne pas être supportée dans le très jeune âge et avoir une influence pathogène, alors qu'elle ne troublera en rien le développement d'un enfant plus grand. Ainsi par exemple la naissance d'un petit frère rival n'est pas acceptée de la même façon par tous les enfants; toutes conditions égales par ailleurs, elle sera d'autant plus traumatisante que l'enfant est plus jeune et, à égalité d'âge, qu'il est moins disposé par son tempérament ou son éducation à accepter un partage.

Il convient d'expliquer ici en quoi une frustration tolérée contribue à la maturation de la personnalité.

En premier lieu, elle fait accéder l'enfant au sentiment de la réalité des choses, comme on vient de le voir. Au début de son existence, il vivait dans un sentiment confus de toute puissance et n'avait qu'à désirer pour obtenir. On en voit bien les conséquences quand cette situation est artificiellement maintenue chez l'enfant plus grand qu'on « gâte », c'est-à-dire à qui ses éducateurs accordent tout ce qu'il désire pour ne le frustrer en rien. L'enfant gâté garde la croyance en sa toute-puissance; il tend, comme l'on dit, à prendre ses désirs pour des réalités; à la limite, il croit même encore à la toute-puissance des pensées et par là il vit dans un climat constant de contes de fée. L'enfant « raisonnable » a appris par contre à limiter ses désirs aux possibilités que lui offre la réalité.

En second lieu et dans le même ordre d'idées, il faut considérer que le très jeune enfant n'a pas la notion d'un monde extérieur distinct de lui-même. Ainsi il ne connaît pas sa mère comme un être à part, mais il croit qu'elle — et surtout le sein dispensateur de bon lait — fait partie intégrante de son propre corps et qu'il peut en disposer à sa guise. Si l'enfant pouvait se maintenir dans cet état de satisfaction paradisiaque où Moi et Non-moi sont confondus, où comme on l'a vu il n'a qu'à désirer pour obtenir, il serait heureux, certes, mais il ne connaîtrait jamais les vraies limites de son individualité et il n'accéderait pas à la notion d'un monde objectal distinct de lui-même.

En troisième lieu la frustration qui résulte de la venue d'un petit frère est à l'origine des échanges avec autrui, échanges de coups bien sûr, mais aussi échanges d'amitié, collaboration dans les jeux. L'éveil de la sexualité fait de même sortir l'enfant de son narcissisme et de son auto-érotisme pour le faire accéder à des relations à deux: caresses mutuelles et jeux érotiques certes, mais aussi sentiments d'affection partagée, qui préludent au don de soi. L'on a souvent fait remarquer que l'enfant unique n'a pas comme l'enfant de famille nombreuse l'occasion de tels échanges, qu'en conséquence si sa vivacité intellectuelle se développe précocement au contact du monde des adultes, par contre sa maturité affective laisse à désirer, que d'autre part, prisonnier de l'étroite relation triangulaire où l'enferment ses sentiments œdipiens, il n'a pas comme les autres enfants le dérivatif possible du déplacement amoureux sur ses frères et sœurs, qui diminuerait d'autant la tension de son complexe d'Œdipe et en faciliterait la résolution.

En quatrième lieu, c'est grâce à ce narcissisme d'échanges que pourront plus tard s'instaurer des relations vivantes avec l'entourage. *Paulette Cahn* souligne que *la fratrie constitue pour l'enfant une transition entre le milieu restreint de la famille et la société proprement dite, une sorte d'apprentissage social dont l'efficacité est fonction de l'attitude des parents.* Et *Maurice Porot* écrit excellemment: *L'enfant à l'origine ne faisait qu'un avec sa mère; sa naissance substitue le duel au singulier; ce sera le rôle de la fratrie de mettre ces relations au pluriel, c'est-à-dire de les rendre plus semblables à celles que l'enfant, devenu adulte, aura à établir avec la société.*

En effet, dans la compétition sociale qui met en œuvre constamment une agressivité sublimée, la « technique » (si l'on peut ainsi dire) acquise dans l'enfance par les relations fraternelles au sein d'une famille nombreuse, par le jeu mouvant des refus et des acceptations, de la domination et de la soumission, des compromis d'échanges mutuels, permettra une adaptation d'emblée que le sujet moins favorisé devra par contre apprendre, et souvent à ses dépens.

En cinquième lieu, la constitution d'un Moi qui représente dans la personnalité le principe de réalité et qui entre en conflit avec les pulsions sauvages pour réaliser comme on l'a vu une sublimation, est à l'origine d'un dynamisme vital plus grand. *P. Cahn* écrit: *D'une manière générale, on peut dire que la relation fraternelle constitue un agent stimulateur pour le Moi en formation de l'enfant.* Et *Anna Freud: Ces chocs*

perpétuels entre le Moi et les pulsions servent de stimu-
lant constant pour un plus grand développement des
capacités psychiques et déterminent en dernier ressort
la formation de la personnalité. Cet auteur en a apporté
d'ailleurs une preuve expérimentale par les observations qu'elle a faites avec *Dorothy Burlingham* dans
des orphelinats anglais *(23).* Ayant eu l'idée de grouper
les enfants en petites familles de 4 ou 5, avec une
même nurse qui leur servait en quelque sorte de mère,
ces deux psychanalystes ont vu se constituer une atmosphère de jalousie et de rivalité fraternelle entre les
enfants d'un même groupe qui, jusque-là étrangers
les uns aux autres ou presque, se trouvaient désormais
dans la situation de frères et sœurs. Ce qui est très
remarquable, c'est que, si dans lesdits groupes les
enfants se disputaient beaucoup plus que ceux de l'orphelinat qui n'étaient pas groupés en famille, en
revanche leur santé physique était meilleure, et ils se
montraient plus dynamiques, plus éveillés, plus dési-
reux de relations sociales.

2. Frustrations non tolérées

Quand par contre la frustration n'est pas tolérée,
l'enfant se trouve bloqué dans sa position de refus;
avec cette conséquence que, les pulsions premières
restant désintriquées, la sublimation échoue. C'est dans
ces conditions, comme cela a été souvent souligné, que
l'agressivité se déchaîne sauvagement, non point tant
comme l'expression d'un instinct agressif destructeur
que comme une réaction à la frustration ressentie douloureusement. *Maurice Porot* écrit très justement: *La*
rivalité fraternelle n'est pas un défaut; elle est une
souffrance. Et nous avons vu par de multiples obser-

vations que presque toujours le déchaînement d'agressivité engendre par choc en retour un état de souffrance dépressive avec culpabilité, lequel est à l'origine de l'inhibition de l'instinct.

Quelles sont les conditions d'une frustration non tolérée?

Tantôt c'est que, dans le cas de rivalité fraternelle, celle-ci est imposée à un enfant que son âge ou son immaturité rend intolérant aux frustrations.

Tantôt c'est que cette frustration atteint l'enfant à une période de sa vie où il se trouve être particulièrement vulnérable, par exemple au moment du sevrage, ou de l'éducation à la propreté, ou au cours d'une maladie qui l'affaiblit. Il peut arriver aussi que cette sensibilité particulière soit liée, non à des phénomènes visibles du développement, mais à des événements intérieurs inapparents, dont on ne peut soupçonner dès l'abord l'existence; le cas le plus typique est celui de l'enfant qui vit son complexe d'Œdipe au moment de la naissance du petit frère, et chez lequel par conséquent la rivalité fraternelle se double d'une rivalité œdipienne.

Tantôt enfin c'est qu'il y a accumulation de frustrations, la venue du petit frère étant accompagnée d'autres événements qui obligent l'enfant à des efforts d'adaptation trop grands pour ses capacités. Nous avons donné au Livre I, ch. 2 un bon exemple de ces frustrations accumulées (obs. 3). Ici doit être mentionnée spécialement l'attitude néfaste des parents lorsque, par leur incompréhension et leurs gronderies, ils ajoutent à la souffrance ressentie par l'enfant.

La conséquence de cette situation de frustration non tolérée, c'est, nous l'avons vu, que l'exaltation de l'agressivité fait échouer la sublimation, et que le Moi, trop faible pour réaliser un heureux aménagement des pulsions, fait usage de mécanismes de défense plus primitifs. Une agressivité intense entraîne en effet nécessairement des réactions d'anxiété, la crainte du talion, la crainte de l'exclusion, la crainte de l'abandon, et le Moi, dont les faibles forces se mobilisent pour échapper à cette anxiété, ne peut y parvenir qu'en inhibant les pulsions agressives.

A vrai dire, nous savons que le processus de sublimation comporte lui aussi une certaine inhibition. Mais la différence est que dans la sublimation l'inhibition, n'étant que partielle, n'empêche pas le souple jeu du dynamisme vital, s'exprimant dans l'activité pulsionnelle, sauvage pour une part, sublimée pour une autre, tandis qu'ici il y a blocage inhibiteur, et toute l'activité pulsionnelle s'en trouve paralysée. Nous avons montré que ce processus d'inhibition est à la base de la plupart des mécanismes de défense du Moi étudiés au Livre I, et l'on a pu voir la fréquence avec laquelle sont mentionnés dans nos observations l'état d'apathie, le désintérêt au travail et même parfois au jeu, le manque d'initiative et le défaut de progrès scolaire.

La conception de l'expansion vitale et de l'agressivité considérée comme une forme de cette expansion fait bien comprendre la gravité des conséquences de l'inhibition de l'instinct agressif, inhibition qui, par son caractère global, est susceptible d'atteindre des secteurs étendus de l'expansion vitale. C'est ainsi que *Fenichel (21)* a pu écrire: *Beaucoup d'inhibitions au travail sont en fait des inhibitions de l'agressivité.* Et: *Les sujets qui ont une haine intense refoulée peuvent percevoir toute activité comme une agression; c'est ainsi que les cas graves présentent une paralysie de toute activité.*

Nous en avons une preuve indirecte dans la pratique

pédo-psychiatrique, où il n'est pas rare que le traite-
ment par psychodrames d'enfants inhibés et ayant un
retard scolaire important détermine après un certain
nombre de séances un déchaînement d'agressivité
inattendu; il n'est pas rare non plus que, parallèlement,
l'enfant manifeste son agressivité à la maison, et que
les parents s'en plaignent, ayant soin d'ajouter toutefois
qu'en revanche, depuis la thérapie, leur enfant fait de
sensibles progrès scolaires. Cette constatation, qui surprend au début par son caractère insolite, s'explique à la
réflexion lorsqu'on a bien compris les relations étroites
de l'agressivité avec l'activité pulsionnelle générale.

LES INDICATIONS DE LA PEDAGOGIE

ET LES INDICATIONS DE LA PSYCHOTHERAPIE

De ce qui vient d'être exposé, on peut déduire quelles
sont les règles pédagogiques qu'il faut mettre en œuvre
devant les manifestations de la rivalité fraternelle.

Il convient de remarquer que les frustrations subies
par l'enfant au cours de son développement, encore
qu'elles résultent en majeure partie de la nature des
choses, lui sont imposées par l'intermédiaire du milieu
éducatif et au premier chef des parents. Il importe donc
que ceux-ci, ayant bien compris le rôle joué par les
frustrations et la distinction nécessaire entre frustrations maturantes et frustrations inhibantes, se donnent
pour règle constante d'éviter les deux extrêmes d'une
éducation trop libérale et d'une éducation trop inter-
dictrice.

Les *méthodes de libéralité totale* reposent en effet
sur la croyance erronée que les frustrations, quelles

qu'elles soient, sont néfastes, qu'il ne faut donc frustrer en rien les enfants, qu'il faut les laisser libres de satisfaire sans entraves tous leurs désirs. L'expérience a été souvent faite et, conséquence curieuse, elle aboutit à ce qu'on voulait précisément éviter: loin d'équilibrer les enfants, elle les déséquilibre, car la possibilité d'extérioriser librement leurs pulsions, sans le frein des censures parentales, leur donne un sentiment angoissant d'insécurité; ils n'ont plus de garde-fou; ils ne sont plus protégés contre la violence de leurs instincts, cette violence qui, comme on l'a vu, déclenche presque immanquablement la culpabilité et la crainte du talion annihilant. Il n'est que d'observer attentivement les enfants pour se rendre compte que, lorsqu'ils se sont laissés aller à leur agressivité, ils attendent des parents la sanction méritée, laquelle apaisera leur culpabilité; si cette sanction fait défaut, c'est pour eux le signe que l'instance parentale est absente, qu'ils ne peuvent en rien compter sur elle, ni pour la punition, ni pour la protection. Cela se voit remarquablement bien aussi dans le climat permissif des psychodrames, où l'enfant est libre d'inventer des thèmes et de les jouer; il est ici constant que les thèmes de violence dramatique, ceux qui se terminent par exemple par la mise à mort du frère rival, suscitent chez le sujet, en l'absence de toute réaction du psychologue visant à faire intervenir le talion, une angoisse de culpabilité qui l'entraîne souvent à interrompre soudain le jeu (« on ne va plus jouer à ça ») et parfois même le fait refuser de venir aux séances ultérieures.

En sens inverse, les *méthodes d'éducation interdictrices,* en frappant de culpabilité les moindres manifestations de rivalité fraternelle, engendrent chez l'enfant un sentiment de frustration insupportable. C'est ainsi qu'on voit souvent des parents, dont le rôle devrait être d'aider l'enfant dans ses moments difficiles, faisant fi de la souffrance que peut produire en lui la naissance de son rival, aggraver par leur attitude le sentiment d'exclusion du plus grand (placement hors de la maison, changement de chambre, envoi prématuré à l'école, menaces de rejet). Alors l'enfant, dont l'angoisse d'abandon peut atteindre un degré qu'on ne soupçonne pas, refoule et inhibe sa rivalité, adoptant un comportement d'où toute agressivité est absente. Mais cette absence d'agressivité n'est qu'apparente; l'agressivité ne disparaît pas pour autant; elle prend seulement un cours souterrain, comme on l'a vu, et ne se manifeste plus que sous des formes masquées, génératrices de maints troubles d'adaptation.

Comme l'a montré la psychanalyse, le danger de cette inhibition est double. D'une part les pulsions refoulées, enfermées dans l'inconscient, soustraites par conséquent à l'influence du conscient, ne participent plus à la maturation progressive qui les socialiserait; elles restent donc à l'état d'agressivité sauvage, « désintriquées », et on le voit bien quand d'aventure elles se défoulent, car elles surprennent alors par leur caractère de primitivité brutale et dangereuse. D'autre part le refoulement est un mécanisme de tout ou rien qui, pour réprimer les pulsions agressives dirigées contre un objet déterminé, atteint en bloc toute l'activité d'expansion et, comme on l'a vu, inhibe par conséquent le dynamisme créateur même du sujet.

Pour acquérir une *juste attitude éducative,* les parents se doivent d'éviter ces deux extrêmes.

En ce qui concerne les frustrations, ils doivent se

donner pour règle de laisser agir sur l'enfant les frustrations nécessaires, celles qui, comme nous l'avons dit, peuvent être maturantes, mais en se gardant d'y ajouter par leurs interdits personnels. Il arrive toutefois que, par suite des circonstances, ces frustrations aient un degré tel que l'enfant ne puisse les supporter. Le rôle des parents est alors d'aider celui-ci à y faire face. Il nous faut ici marquer fortement l'opposition entre gâter et consoler. *Gâter,* c'est, on l'a vu, éviter aux enfants toutes les frustrations, les empêchant ainsi de s'adapter à un monde dont la réalité est différente de leurs désirs. *Consoler* c'est, tout en laissant agir sur les enfants les frustrations inévitables, les aider cependant à y faire face en les soulageant au besoin d'une partie du fardeau, et par là leur préparer une adaptation de plus en plus solide à la réalité.

D'autre part il ne faut jamais oublier que tendances pulsionnelles et défenses du Moi sont contemporaines dans l'évolution de l'enfant et qu'elles ont une égale importance dans l'équilibre de la personnalité. Aussi l'éducateur se doit-il de maintenir le souple jeu de leur antagonisme. On doit ici s'inspirer du modèle que donne la physiologie: l'étude des régulations physiologiques nous a en effet habitués à cette notion du rôle des antagonistes; inspiration et expiration pulmonaires, systole et diastole cardiaques par exemple. De même encore dans les articulations des membres, mobilité et adresse sont obtenues par le jeu antagoniste des muscles extenseurs et des muscles fléchisseurs, se contractant et se relâchant chacun leur tour. Quand d'aventure il y a contracture permanente d'un des deux groupes musculaires commandant l'articulation, celle-ci se trouve bloquée dans une position extrême et ne peut plus manœuvrer.

Pareillement, dans la personnalité, il faut qu'il y ait un certain équilibre entre tendances et défenses. Il n'est pas bon que les pulsions dominent exclusivement, car cela entraîne tôt ou tard de graves conflits avec la famille et la société, et ces conflits, qui se répercutent intérieurement, sont des obstacles à l'adaptation. Il n'est pas bon non plus que la défense du Moi puisse imposer complètement ses interdits, car sous l'apparente adaptation qui se constitue alors, les forces de vie refoulées entretiennent dans l'inconscient une révolte permanente.

L'équilibre de la personnalité est donc un *équilibre dynamique,* où chaque tendance peut à son tour faire entendre sa voix, le mot tendance étant pris ici dans son sens le plus large, qui comprend aussi les défenses du Moi. A chaque tendance correspond un *rôle,* et à la variété des tendances correspond la variété des rôles. Il est indispensable en éducation de fournir aux enfants la possibilité de vivre toutes leurs tendances, c'est-à-dire de jouer tous les rôles qu'ils ont en eux.

L'enfant doit pouvoir vivre sa rivalité fraternelle sous sa forme agressive, apprendre par là à se battre, à lutter pour défendre ses prérogatives ou son bien, à dominer les obstacles qui s'opposent à sa marche en avant, à se dérober s'il n'est pas le plus fort pour adopter une conduite de détour.

Il doit pouvoir vivre de même son besoin d'union fraternelle, s'associer aux autres, se grouper en clans, combiner des jeux, comploter des révoltes, trouver des compromis entre son hostilité et son besoin de camaraderie.

Il doit pouvoir vivre aussi les formes premières de la

relation entre les sexes, les amours enfantines si tou-
chantes souvent dans leurs expressions spontanées, et
dont les éducateurs ne doivent pas dramatiser les conséquences, même s'il s'y adjoint des contacts physiques
de nature érotique.

Il doit pouvoir vivre son agressivité également sous
la forme en partie sublimée des jeux de groupe et des
sports où l'on se dispute pour la meilleure place.

Il doit pouvoir vivre le rôle de l'enfant sage qui, à
l'école ou à la maison, discipline ses pulsions dans le
sens d'un dynamisme constructif, étant entendu que
l'influence personnelle des parents ou du maître
d'école, leur capacité de faire jaillir de la joie des
renoncements imposés, facilitera grandement chez l'enfant l'effort de sublimation.

Il doit pouvoir vivre le rôle du rêveur solitaire qui
s'isole pour un temps du monde qui l'a déçu et se retire
en lui-même.

Il doit pouvoir vivre ses besoins de régression, le soir
au moment du coucher, ou bien quand il est fatigué ou
malade, jouer le rôle d'un tout petit sans qu'on le
censure ou se moque de lui.

Cette énumération n'est pas exhaustive, et il est
d'autres rôles encore que l'enfant doit être libre d'assumer pour que se maintienne en lui le jeu souple de
toutes les tendances, jeu grâce auquel le dynamisme
vital se développera au maximum. Mais ce qui importe,
c'est avant tout que soit sauvegardé le passage d'un
rôle à un autre quand l'adaptation au monde l'exige.
L'éducateur se doit d'y aider l'enfant. Il doit, comme le
dit *Foerster, traduire les exigences de la morale dans le*

langage de la vie croissante, c'est-à-dire ne frapper aucun rôle d'interdit, mais incliner l'enfant à modifier quand il le faut son registre d'adaptation. Voici par exemple qu'il n'est plus enfant unique, qu'un rival est né qui lui a pris sa place; bon! Facilitons lui le passage au rôle de frère aîné; comme le père de Maurras (cité au Livre I), disons à l'enfant: « Viens avec moi, nous sommes des hommes! ». Ou bien comme dans l'observation donnée par *Charles Baudouin* d'une fillette jalouse et régressive, qui s'était remise à faire pipi au lit à la naissance du petit frère; au cours d'un voyage, on lui dit qu'elle aura un lit comme une grande personne; quand elle apprend que le petit frère, lui, aura un petit lit, elle exulte et répète à chaque instant: « J'aurais un grand lit, un plus grand lit que Jacques »; dès lors elle cesse du jour au lendemain de se mouiller et son caractère s'améliore.

La règle d'or de l'éducation est ici de découvrir pour chaque enfant le ou les rôles dont la réalisation procurera à sa personnalité le plus large épanouissement et de s'efforcer de lui fournir les conditions de cette réalisation.

La bonne adaptation est en effet la possibilité de passer d'un rôle à un autre avec souplesse. L'état pathologique au contraire réside essentiellement dans la rigidité, dans le fait qu'une tendance ou une défense se maintient dans une position de blocage en dépit des circonstances. Qu'un enfant se comporte à l'école en distrait-absorbé dans un moment de fatigue ou pendant une leçon qui l'ennuie, cela n'a rien que de très normal; mais s'il l'est constamment, et qu'aucun intérêt extérieur ne réussisse à le tirer de son rêve intérieur, on pourra conclure à un état pathologique, à un conflit profond qui monopolise toute l'attention disponible. Qu'un enfant se batte avec ses camarades parce qu'il est en désaccord avec eux ou pour leur reprendre un objet lui appartenant, cela est normal; mais il est pathologique qu'à la provocation la plus minime un enfant réponde par des coups, semant la violence autour de lui et créant un climat familial impossible. Qu'un enfant soit « sage comme une image » pendant la leçon du maître, cela est normal assurément, mais s'il a la même attitude pendant les récréations et qu'à peine de retour à la maison, il occupe tout son temps libre à travailler et ne joue jamais, voilà qui est pathologique et indique à coup sûr un sentiment profond de culpabilité. Qu'un enfant, dans un moment de déception ou de fatigue, se comporte comme un bébé et demande qu'on le traite comme tel, que cela se produise par exemple dans les jours qui suivent la naissance d'un petit frère, il faut le considérer avec bienveillance comme une réaction saine; mais on est en droit de s'alarmer si une telle régression s'intensifie et se prolonge, comme nous en avons donné des exemples.

Les mêmes considérations, on l'a vu, permettent de décider ce que peuvent apporter les tests projectifs à la solution du dilemme: normal ou pathologique? Les thèmes les plus variés peuvent être observés, exprimant les divers rôles que l'enfant a en lui, et nous avons montré, en exposant le mouvement dynamique des tests, que l'équilibre des tendances et des défenses pouvait se modifier d'un moment à l'autre de la passation, soit par le simple effet de l'évolution naturelle des sentiments et des pensées, soit quand le psychologue intervient en sollicitant telle ou telle instance de la personnalité, comme il le fait par exemple dans la méthode des Préférences-Identifications. Nous avons insisté sur la prudence qu'il faut montrer dans l'interprétation des protocoles avant de conclure à une situation pathologique, celle-ci ne pouvant être affirmée que lorsqu'il y a rigidité des thèmes; tantôt quand, dans les tests non directifs, le même thème monotone est fourni spontanément par le sujet, comme si son registre imaginatif se limitait à cela; tantôt quand, dans les tests directifs comme le PN, aux situations variées des planches présentées, il soit toujours donné la même réponse. Rappelons par exemple le cas de Jean (obs. 50) qui, à toutes les planches, dit « on s'amuse », nous révélant par là-même une inhibition systématique de son agressivité avec retournement en contraire.

Il en est de même en ce qui concerne les identifications; contrairement à ce qu'on pourrait penser au premier abord, une identification constante au héros de l'histoire, comprenant même les situations où il est en danger, est l'indice d'une rigidité anormale qu'il conviendra d'expliquer. Il apparaît comme beaucoup plus conforme à la normale qu'un enfant ait dans ce test un assez large éventail d'identifications, dont celles au héros n'entrent que pour moitié environ. On peut en dire autant des autres identifications: par exemple si un enfant s'identifie aux tout petits de *Portée,* on ne pourra de ce seul indice rien conclure de ferme; mais on sera par contre en droit de penser à une régression de caractère pathologique si, dans un protocole, l'enfant s'identifie avec une grande fréquence à un tout petit (comme dans le cas 41).

Psychothérapie. Les considérations qui viennent d'être exposées vont nous être aussi un fil conducteur précieux pour décider ce qu'il convient de faire, pédopsychiatres ou psychologues, quand on est consulté pour un conflit de rivalité fraternelle, que ce conflit soit manifeste, motif principal de la consultation, ou qu'il soit masqué et qu'on le découvre seulement au cours de l'examen psychologique.

Un usage très habituel veut qu'on prescrive des médicaments. Certains, isolant l'agressivité et l'anxiété de leur contexte psychologique, y voient des symptômes pathologiques qu'il faut à tout prix réduire pour rétablir l'état normal. On est en droit de critiquer une telle manière de voir, qui réduit la Médecine à un empirisme de médiocre valeur. De la même façon, on voit des praticiens sans expérience traiter la fièvre par des antipyrétiques, comme si elle était un mal en elle-même, alors qu'elle n'est que le symptôme d'un état pathologique qu'il s'agit d'identifier, le seul remède efficace étant celui qui s'attaque non à la fièvre, mais à sa cause. Pareillement l'agressivité, l'anxiété ont une origine profonde qu'il nous faut découvrir pour traiter non le symptôme, mais les facteurs psychiques qui le produisent.

C'est ainsi en particulier qu'on se leurre quand on croit que les médications chimiques peuvent procurer à peu de frais l'ataraxie, détendre le ressort trop tendu de l'agressivité ou de l'angoisse et procurer à chacun le calme, le sommeil, la maîtrise de lui-même. Les calmants, ou bien ne diminuent en rien l'agressivité des enfants, ou bien n'obtiennent un résultat qu'à de fortes doses, lesquelles éteignent en même temps tout le dynamisme vital du sujet. De même les médications de l'angoisse peuvent certes avoir pour effet de diminuer les fortes crises, dangereuses par leur intensité même, et par là de faciliter l'action de la psychothérapie, mais elles peuvent être remplacées, et souvent avec avantage, par le simple entretien avec un médecin ou un psychologue avertis, hommes ou femmes qui, par leur science et leur humanité, savent dire les paroles qui rassurent.

On préconise aussi, quand les conflits de rivalité fraternelle ont une certaine gravité, la séparation de l'enfant et de ses rivaux par un placement dans une Maison pour « caractériels ». Lorsque ces Maisons sont organisées en vue d'une action en profondeur visant à rétablir l'équilibre perturbé de l'enfant « difficile », elles répondent certes à un besoin et peuvent être efficaces; encore faut-il ensuite aider l'enfant à retrouver sa place au foyer, en agissant sur les autres éléments du conflit, parents et fratrie. Mais trop souvent, ces Maisons sont conçues comme de simples homes d'enfants, irréprochables quant à tout ce qui concerne l'hygiène physique, mais si préoccupées de bonne tenue et de respectabilité qu'elles ne se donnent d'autre but psychothérapique que d'étouffer les conflits sous une inhibition de bon aloi; la paix y règne certes, et l'ordre et le silence, et les mains propres, mais les visages des enfants n'y reflètent nullement la joie qui témoignerait d'une heureuse expansion vitale.

L'action essentielle est en définitive l'action psychique. seule capable de rétablir l'équilibre d'un psychisme perturbé. On sait que, depuis l'avènement de la psychanalyse, la psychothérapie n'a plus ce caractère d'appel à la raison qu'elle avait jadis, mais se préoccupe surtout de l'origine profonde des troubles et met au premier plan l'exploration de l'inconscient. Les diverses techniques de psychothérapie chez l'enfant sont toutes plus ou moins inspirées par cette psychologie des profondeurs. Notre dessein n'est pas ici de les décrire, mais seulement d'en poser les indications.

En présence d'un conflit de rivalité fraternelle ou de ses conséquences, quand la psychothérapie est-elle indiquée?

Pour *Mélanie Klein,* la célèbre pédo-psychiatre anglaise, il serait nécessaire de psychanalyser tous les enfants, pour les aider à résoudre leurs conflits et empêcher le développement ultérieur de désordres pathologiques. Cette prise de position a été très critiquée; en effet, outre l'impossibilité pratique d'une telle thérapeutique, on peut en théorie contester qu'il y ait un avantage quelconque à résoudre des conflits qui d'une part peuvent se résoudre d'eux-mêmes par le seul mouvement en avant de la croissance, et d'autre part peuvent quand ils ne sont pas trop intenses avoir sur la personnalité du sujet une influence dynamisante, comme on l'a vu. Nous suivrons bien plutôt *Anna Freud* pour qui l'indication d'une psychothérapie est donnée par le blocage. Comme cette psychanalyste, nous pensons que tant que le conflit intérieur reste mobile, que le jeu alternant des tendances et des défenses reste souple, que la personnalité garde un secteur libre d'activité, un secteur non dominé par le conflit, il n'y a pas à intervenir autrement que par des conseils pédagogiques de prudence. Quand par contre le conflit intérieur inhibe une large part de l'activité pulsionnelle, que le jeu des tendances et des défenses a perdu sa souplesse, que la personnalité est en quelque sorte engluée dans la névrose, l'indication d'une psychothérapie se trouve formellement posée.

Le rôle des parents. Dans tout ce qui précède, nous avons maintes fois parlé du rôle des parents et des éducateurs comme s'il leur suffisait d'être éclairés sur les conflits de rivalité fraternelle pour adopter une juste attitude éducative. Mais en une telle matière, il convient de dire que nous n'éduquons pas un enfant seulement avec notre conscient, mais aussi et plus encore avec notre inconscient, que notre manière de nous comporter peut certes être influencée par notre connaissance des données du problème, mais qu'elle l'est beaucoup plus encore par nos prises de position profondes, dont nous n'avons pas d'ordinaire une claire vision et qui par conséquent nous dirigent à notre insu. En ce qui concerne le problème de la rivalité fraternelle, on a souvent souligné (entre autres *André Berge* 4 et *Maurice Porot* 27) que la manière dont nous avons vécu, enfants, nos relations avec nos frères et sœurs laisse des traces profondes dans notre psychisme inconscient et que, si nous n'avons pu résoudre nos conflits enfantins d'une manière favorable, notre attitude ultérieure vis-à-vis de nos propres enfants s'en ressentira fâcheusement. D'où il apparaît qu'il faudrait, pour promouvoir les meilleures relations dans la famille, non seulement psychanalyser les enfants, comme le voudrait Mélanie Klein, mais aussi psychanalyser les parents.

Certes il n'est pas douteux que l'existence chez les parents d'une névrose caractérisée, les empêchant d'avoir une vue juste des problèmes éducatifs que posent leurs enfants, commande dans tous les cas une action thérapeutique qui puisse les libérer de leurs propres entraves. Mais d'une part il n'est pas toujours possible de mettre en œuvre cette intervention psychanalytique. Et d'autre part, dans les cas mineurs, qui sont nombreux, où le jugement des parents n'est pas complètement obnubilé par la névrose, la voie à suivre peut être trouvée dans un effort profond de compréhension. Il ne s'agit pas ici d'un appel à la raison, puisque celle-ci a peu de part dans la psychologie de l'inconscient, mais d'*un appel à l'amour*. Comme nous y avons longuement insisté dans un autre de nos ouvrages *(8)* [1], un amour sincère des enfants peut aider beaucoup les parents à avoir une vision claire de ce qui convient le mieux à leurs enfants. Non pas cet *amour captatif* si répandu, qui n'est qu'une autre façon de s'aimer soi-même, en faisant de l'enfant le véhicule de nos propres pensées, sentiments, craintes, désirs et ambitions, mais un *amour oblatif,* c'est-à-dire *avec détachement,* qui aime l'enfant pour lui-même, comme un être autonome, ayant son rôle propre, ses droits propres et son devenir personnel, que nous avons le devoir de respecter.

Note: En ce qui concerne le psychodrame avec marionnettes, l'ouvrage de M. Rambert ne fournit aucun renseignement sur le matériel conseillé. Ayant essayé à peu près tous les matériels en usage, nous sommes en mesure de conseiller les Psychologues désirant employer cette méthode. Les marionnettes à tête de bois (type Guignola) ou de sciure agglomérée, ou de papier mâché durci ne sont pas à recommander, car elles sont trop dures et l'acting-out des enfants (qu'il est bien difficile d'empêcher) risque de mettre à mal les doigts des Psychologues. Il faut également déconseiller les marionnettes en feutrine bourrée, car c'est un matériau trop fragile qui ne résiste pas à une séance d'agressivité. Après un long usage, nous conseillons les têtes en basane (peau de chèvre), faciles à fabriquer sur les modèles qu'on désire, et qu'on ajuste bien entendu sur un corps en tissu largement ouvert en bas (pour le passage de la main). Bourrées de coton cardé ou de kapok, elles se tiennent bien, ne font pas mal à la main qui en est heurtée et elles se montrent très résistantes à l'usage.

[1] En particulier le chapitre de l'Education dans la confiance, intitulé « L'amour et le détachement ».

TABLE DES OBSERVATIONS

(Le chiffre après le prénom indique l'âge)

6 ELIANE 11, enfant du milieu
— p. 60 inhibition de l'agressivité par formation réactionnelle.

7 PAUL 15, unique
— p. 61 inhibition de l'agressivité par formation réactionnelle
et névrose de doute.
— p. 171 ambivalence de style ou bien... ou bien... dans le PN.
— p. 206 âge d'or à 5 ans, lié à l'apparition des formations
. réactionnelles et à la névrose de scrupule.

8 ISABELLE 8, aînée de 3
— p. 61 formations réactionnelles contre l'érotisme.
— p. 178 frustration et dépression dans le PN.
— p. 182 réaction dépressive à la Fable de l'agneau.
— p. 234 les deux âges d'or par identification duelle à la mère
et au bébé.

9 MARTINE 8, aînée de 2
— p. 64 obsession-crainte par refoulement d'un désir hostile
envers le petit frère.
— p. 93 névrose obsessionnelle avec rituels.
— p. 196 thème psychodramatique de rivalité fraternelle sanctionné sévèrement par l'instance maternelle.   ,
— p. 253 défense par isolation dans le Dessin de Famille (fig. 24).
— p. 260 phobie névrotique du toucher par défense contre
l'érotisme et l'agressivité.

10 FRANÇOISE 11, enfant du milieu
— p. 70 cas d'inhibition et de névrose d'échec.
— p. 172 refus de jouer l'agressivité en psychodrame.
— p. 196 tendance dépressive à décrire des sanctions très sévères
dans les psychodrames.
— p. 225 identification sécurisante à un petit frère dans les
psychodrames.

11 ANNE 12, aînée de 3
— p. 70 dépression et névrose d'échec par retournement de
l'agressivité.
— p. 133 agressivité détournée sous forme d'accident de voiture
arrivé à un des frères dans le Village.
— p. 165 formation réactionnelle contre l'avidité orale dans le
PN.

— p. 196 terminaison dépressive dans les psychodrames.
— p. 222 identification sécurisante aux tout petits de Portée.

12 REGINE 3, aînée de 2
— p. 76 renversement des rôles par jalousie fraternelle.

13 NICOLE 3 1/2, aînée de 2
— p. 78 régression prolongée à la naissance du petit frère.

14 MARCEL 12, enfant du milieu
— p. 93 névrose obsessionnelle apparue à l'âge de 10 ans à la naissance de la petite sœur.

15 MICHEL 12, aîné de 3
— p. 94 névrose anxieuse et obsessionnelle.

16 CLAUDE 13, aîné de 3
— p. 117 extériorisation de la frustration dans le test PN.

17 SERGE 12, cadet de 2
— p. 117 extériorisation de la frustration dans un psychodrame.

18 MADELEINE 10, aînée de famille nombreuse.
— p. 122 percée d'agressivité dans le test PN.
— p. 174 forte inhibition de l'agressivité.
— p. 260 défense par relation à distance dans le test PN avec thème de l'enfant qui se veut unique.

19 MARIE-ANNIK 7, benjamine de 2
— p. 125 thème agressif fort à la Fable de l'agneau.
— p. 219 thème oral dans le PN avec Père norricier.

20 REMI 10, aîné de 3
— p. 126 thème agressif atténué à la Fable de l'agneau.

21 ALAIN 11, aîné de 4
— p. 126 thème agressif projeté sur un loup dans la Fable de l'agneau.
— p. 138 forte agressivité sanctionnée par talion dans le PN.

22 HENRI 7, aîné de 2
— p. 127 thème agressif projeté sur un loup à la Fable de l'agneau.
— p. 194 thème de culpabilité de la tache noire dans le PN.

23 FRANCIS 11, 2° de 3
— p. 128 agressivité projetée sur un loup et châtiée dans la Fable de l'agneau.

24 JEAN-LUC 8, aîné de 5
— p. 128 talion immédiat dans les Fables.
— p. 132 projection de l'agressivité fraternelle sur un lion dans le Village.
— p. 141 talion immédiat dans les psychodrames.

25 YANNICK 9, aîné de 2
— p. 130 projection de l'agressivité fraternelle sur un loup dans Dessin de famille (fig. 6).
— p. 141 agressivité projetée sur un loup dans les psychodrames.

26 CLAUDIE 8, aînée de 2
— p. 132 projection de l'agressivité fraternelle sur un fauve dans le Village.

27 BRIGITTE 8, aînée de 2
— p. 133 agressivité exprimée par un accident survenu à la maman et au petit frère dans le Village.

28 PATRICK 9
— p. 133 agressivité meurtrière dans le PN.
— p. 136 forte agressivité sadique-orale et talion immédiat dans le test PN.

29 MICHEL 9, aîné de 2
— p. 134 thème du meurtre du frère à Portée (test PN).

30 BASILE 8, aîné de 3
— p. 134 thème de dévoration de la petite sœur par le Jars (PN).

31 MARYSE 10, aînée de 4
— p. 134 thème de liquidation des tout petits à Portée.

32 CLAUDIA 24
— p. 134 thème détourné d'élimination des petits dans Portée.

33 ETIENNE 10, enfant du milieu
— p. 135 projection de l'agressivité fraternelle sur un personnage surajouté dans le PN.

44 NICOLE 10, aînée de 3
— p. 150 projette son agressivité sur un lion (Village) et rationalise son désir de ne pas avoir de frères et sœurs.
— p. 184 projection de l'agressivité sur un lion avec structures défensives contre (Village).
— p. 186 dévalorisation dépressive de soi dans le Dessin de famille (fig. 15).

45 PATRICK 12, aîné de 2
— p. 151 scotomisation de la rivalité dans le PN.

46 DOMINIQUE 12, aîné de 4
— p. 152 rejet de Portée, puis scotomisation des nouveau-nés.

47 ALAIN 16, aîné de 3
— p. 152 refus de reconnaître les rivaux comme frères et sœurs dans le PN et thème des enfants adoptés.

48 MARIE 9, aînée de 2
— p. 156 décharge brusque d'agressivité à la fin d'un test PN marqué par une constante inhibition avec défense par isolation.
— p. 259 défense systématique par isolation dans le test N.   P

49 ANNE 7, unique
— p. 157 réaction dépressive secondaire à la Fable de l'agneau.

50 JEAN 8, aîné de 2
— p. 158 négation de l'agressivité avec retournement en contraire dans le PN.
— p. 174 expression de rivalité fraternelle très forte avec anxiété dans un rêve de cauchemar.
— p. 198 identification systématique au jumeau gentil dans le PN.

51 JACQUELINE 7
— p. 160 silences par inhibition à Portée, puis identification aux tout petits.

52 CHRISTIAN 7, aîné de 3
— p. 167 formations réactionnelles contre l'agressivité, bien marquées dans le Gribouillis (fig. 12 et 13).

53 DANIEL 10, enfant du milieu
— p. 170 ambivalence et doute névrotique dans le PN.

67 MICHEL 9, aîné de 2
— p. 201 projection de l'agressivité fraternelle sur un chien.

68 JACKIE 12, enfant du milieu
— p. 205 âge d'or régressif; converge avec Dessin de famille et
test PN.

69 CHRISTIAN 10, cadet de 3
— p. 205 âge d'or de 2 ans; identification aux tout petits dans la
Fable de l'agneau, le Dessin de famille et le PN.

70 PAULETTE 22, aînée de 2
— p. 206 âge d'or de 4 ans, lié à l'apparition de la névrose
obsessionnelle phobique.

71 CHRISTINE 13, aînée de 3
— p. 209 thème dépressif à la Fable de l'agneau; identification
au tout petit.

72 MARIE-LAURE 8, enfant du milieu
— p. 209 thème dépressif à la Fable de l'agneau; identification
au tout petit.

73 LAURENT 8, aîné de 2
— p. 211 identification régressive dans le Dessin de famille
(fig. 16).
— p. 219 thèmes forts d'oralité dans le PN.

74 COLETTE 14, aînée de 4
— p. 213 identification régressive dans le Dessin de famille
(fig. 17); convergences avec l'âge d'or et le PN.

75 LOIC 15, benjamin de 3
— p. 214 identification à un bébé dans le Dessin de famille
(fig. 18).

76 SUZANNE 8
— p. 217 identification à un bébé dans le test du Village.

77 VIRGINIE 8, aînée de 3
— p. 218 avidité orale agressive dans le PN.

78 ANNIE 8, aînée de 2
— p. 220 thème oral avec frustration dans le PN.

BIBLIOGRAPHIE

1. *Aichhorn.* Wayward Youth. (Putnam. London 1936).

2. *Alexander Kate.* La délinquance juvénile (trad. franc. aux P.U.F.)

3. *Baudouin Charles.* L'âme enfantine et la psychanalyse (Delachaux et Niestlé 1954).

4. *Berge André.* L'écolier difficile (Bourellier-Colin 1969).

5. *Berge André.* Les facteurs psychiques dans l'énurésie (Presses d'Ile de France 1946).

6. *Bergler.* La névrose de base (trad. fr. chez Payot. Paris).

7. *Cahn Paulette.* La relation fraternelle chez l'enfant (P.U.F. 1962).

8. *Corman Louis.* L'éducation dans la confiance (Stock 1943).

9. Le test du Dessin de Famille (P.U.F. 1964).

10. L'examen psychologique d'un enfant (Dessart 1968).

11. La Fable de l'agneau. Etude clinique (avec A. Defefever et A. Guillemot. Revue de l'association psychologique de l'Ouest 1964).

12. Une méthode nouvelle d'interprétation du TAT: la méthode de PIOTROVSKI. traduit de l'américain: « A new evaluation of the TAT »; dans Revue de Neuro-psychiatrie de l'Ouest; Janvier 1964).

13. Déception et retrait narcissique (Archives médicales de l'Ouest. Juin 1970).

14. Le thème du talion immédiat dans les psychodrames, avec Françoise Brelet-Foulard; Revue neuro-psychiatrique de l'Ouest. Juin 1968).

15. Le test de l'âge d'or en pratique médico-psychologique; avec G. Corman, J. Dantec et F. Foulard; Revue de neuro-psychiatrie infantile Mai-Juin 1960).

16. La signification des zones blanches dans le test du Village. (Bulletin de l'association du test du Village. Juin 1960).

17. *Dolto-Marette Françoise.* L'enfant unique (Conférences de l'Ecole des parents. Avril 1950).

18. Hypothèse nouvelle concernant les réactions dites de jalousie à la naissance d'un puîné (Psyché 1947. 7 et 9-10).

19. *Düss Louisa.* La méthode des fables en psychanalyse infantile (Editions de l'Arche. 1950).

20. *Faure J.L.* Article Fratrie, Rivalité fraternelle; du Vocabulaire de psychopédagogie et de psychiatrie de l'enfant de Lafon).

21. *Fenichel Otto.* La théorie psychanalytique des névroses (trad. aux P.U.F. 1953).

22. *Freud Anna.* Le Moi et ses mécanismes de défense (trad. aux P.U.F. 1953).

23. *avec Dorothy Burlingham.* Enfants sans famille (trad. aux P.U.F. 1942).

24. *Klein Mélanie.* La psychanalyse des enfants (trad. aux P.U.F. 1932).

25. *Lebovici Serge.* A propos de la psychothérapie chez les enfants placés en internats de rééducation (Enfance 1945, 5).

26. *Mauco et Rambaud*. Le rang de l'enfant dans la famille (Revue française de psychanalyse 1951, 2).

27. *Porot Maurice*. L'enfant et les relations familiales (P.U.F. 1966).

28. *Rambert Madeleine*. La vie affective et morale de l'enfant (Delachaux et Niestlé; 1949).

29. *Rank Otto*. Le traumatisme de la naissance (Payot 1930).

DOCUMENTATION
CONCERNANT LES TESTS DE PROJECTION

FABLES DE LOUISA DUSS:

La méthode des Fables en psychanalyse infantile (un vol. aux éditions de l'Arche 1950).

DESSIN DE FAMILLE:

M. *Borelli-Vincent*. L'expression des conflits dans le dessin de famille (Revue de neuro-psychiatrie inf. 1-65 numéro entièrement consacré au dessin chez l'enfant).

L. *Corman*. Le test du Dessin de Famille (un vol. de 240 pages avec 103 figures, aux P.U.F.).

M. *Porot*. Le dessin de famille (Pédiatrie 1952, p. 359-381). Le dessin de la famille (Rev. de Psych. appliquée 1965 n° 3).

D. *Widlocher*. L'interprétation des dessins d'enfants (un vol. chez Dessart 1965).

GRIBOUILLIS:

L. *Corman*. Le gribouillis. Un test de personnalité profonde (un vol. de 200 pages avec 97 figures aux P.U.F.).

R. Meurisse. Le test du gribouillage (Psyché déc. 48 et déc. 49, et Connaissance de l'homme Nov. 56).

VILLAGE:

H. Arthus. Le Village, test d'activité créatrice (un vol. chez Hartmann 1949).
Matériel à la Maison Dufour à Paris.

P. Mabille. La technique du test du Village (un vol. Paris 1950).
Matériel à la Maison Dufour à Paris, ainsi que les tampons du Dr H. Faure.

TEST PN:

L. Corman. Le test PN; Manuel, tome I (un vol. de 265 pages aux P.U.F. 1961).
Matériel du test: 18 planches en encart, feuilles de dépouillement et feuilles « le Rêve de Pattenoire » ·au Centre de Psychologie appliquée; Square Jouvenet à Paris.
Il existe aussi une forme parallèle avec des moutons au lieu de cochons, destinée aux Psychologues faisant passer le test en milieu israélite ou musulman.

PSYCHODRAME DIAGNOSTIQUE:

D. Anzieu. Le psychodrame analytique chez l'enfant (un vol. aux P.U.F. 1956).

M. Rambert. La vie affective et morale de l'enfant (contenant un exposé complet de la technique psychodramatique par les marionnettes; un vol. chez Delachaux et Niestlé 1949).

D. Widlocher. Le psychodrame chez l'enfant (un vol. aux P.U.F. 1962; notamment chapitre 4: le psychodrame diagnostique).

TABLE DES MATIÈRES